Mutter + Vater = Eltern?

Karin Böllert • Corinna Peter (Hrsg.)

Mutter + Vater = Eltern?

Sozialer Wandel, Elternrollen und Soziale Arbeit

Springer VS

Herausgeberinnen
Dr. Karin Böllert
Institut für Erziehungswissenschaft,
Abteilung II: Sozialpädagogik,
Westfälische Wilhelms-Universität,
Münster, Deutschland

Dr. Corinna Peter
Institut für Erziehungswissenschaft,
Abteilung II: Sozialpädagogik,
Westfälische Wilhelms-Universität,
Münster, Deutschland

ISBN 978-3-531-17918-6
ISBN 978-3-351-94282-7 (eBook)
DOI 10.1007/978-3-351-94282-7

Die Deutsche Nationalbibliothek verzeichnet diese Publikation in der Deutschen Nationalbibliografie; detaillierte bibliografische Daten sind im Internet über http://dnb.d-nb.de abrufbar.

Springer VS

Einbandentwurf: KünkelLopka GmbH, Heidelberg

Gedruckt auf säurefreiem und chlorfrei gebleichtem Papier

Springer VS ist eine Marke von Springer DE. Springer DE ist Teil der Fachverlagsgruppe Springer Science+Business Media
www.springer-vs.de

Inhalt

Karin Böllert | Corinna Peter

Vorwort

Mütter und Väter stehen in der modernen Gesellschaft vor veränderten Anforderungen, die sich zum einen auf ihre biologische und/oder soziale Rolle als Eltern beziehen und zum anderen weibliche und männliche Lebenskontexte aufgrund möglicher Wahl- und Entscheidungsoptionen neu definieren. Bereits die im Titel dieses Sammelbandes enthaltene Fragestellung verweist auf damit einhergehende Unsicherheiten sowie diffuse – da im Wandlungsprozess begriffene – Rollenbilder der betreffenden sozialen Akteure. Dabei werden Mütter, Väter und Eltern in der Regel mit dem Gesamtkontext Familie zusammen gedacht bzw. gleichgesetzt. Der soziale Wandel, hier verstanden als wechselseitige gesellschaftliche sowie familiale Transformationsprozesse, seit Mitte des vorangehenden Jahrhunderts ist Thema zahlreicher wissenschaftlicher Publikationen. Neben einem häufig diskutierten etwaigen „Zerfall der Familie“, der These der Pluralisierung familialer Lebensformen und den veränderten wohlfahrtsstaatlichen Regulationsoptionen von Familie werden u.a. auch die gewandelten Rollenverständnisse von Frauen und Männern analysiert. Während einige der genannten Aspekte des sozialen Wandels kontrovers innerhalb des fachlichen Diskurses über Familie verhandelt werden, besteht hinsichtlich der sich wandelnden Rollen von Müttern und Vätern im Hinblick auf ihre Elternschaft Einigkeit dahingehend, dass diese sich aufgrund massiver gesellschaftlicher sowie ökonomischer Entwicklungen im Umbruch befinden. Frauen, die sich in ihrem Lebenswandel für eine Mutterschaft entscheiden, tun das einerseits mit zunehmendem Alter und stehen andererseits aufgrund ihrer steigenden Einbindung in Erwerbstätigkeit vor der Gleichzeitigkeit der Mutter- und der Berufsrolle. Während dies zu einer Doppelbelastung der Mütter führt, stehen die sogenannten „neuen Väter“ sowohl vor der Herausforderung, sich beruflich zu etablieren, als auch sich emotional und versorgend stärker in der Familie, beispielsweise bei der Erziehung der Kinder, zu beteiligen. Eltern, unabhängig davon, ob sie einen biologischen oder sozialen Status als solche einnehmen, haben sich nicht nur in Bezug auf die Problematik der Vereinbarkeit von Familie und Beruf neuen Herausforderungen zu stellen, sondern sind auch in innerfamilialen Beziehungen und Strukturen gefragt, mit veränderten gesellschaftlichen Einflüssen, wie z.B. der gesteigerten Aufmerksamkeit gegenüber familialen Bildungsprozessen sowie dem Monopolverlust der elterlichen Erziehung, umzugehen und sich in ihren Rollen und den damit verbundenen Erwartungshaltungen zurechtzufinden.

Im ersten Teil dieses Bandes widmen sich die Beiträge der Familie bzw. der Elternschaft im Wandel. Neben der familiensoziologischen Perspektive finden sich hier sozialpädagogische Betrachtungsweisen von Familie sowie Zugänge der Kindheitsforschung wieder. Wenn Familie und Elternschaft in den Mittelpunkt wissenschaftlicher Überlegungen rücken, wird meist auch der Blick auf die Kinder gelenkt. Diese werden in der Regel implizit als Teil der Familie mitgedacht und gelten dabei als eigenständige Subjekte und spezifische Rolleninhaber_innen in familialen Kontexten. Familie und Elternschaft im Wandel bedeuten immer auch sich verändernde Lebensbedingungen für Kinder, im Rahmen derer sie aufwachsen und sich entwickeln. Verändern sich die Selbstverständnisse von Müttern und Vätern, sind auch die Kinder in ihren Lebenswelten davon betroffen. Neben einer expliziten Thematisierung von Elternschaft im Wandel bieten die Beiträge der Kindheitsforschung interessante Perspektiven zum Erleben des sozialen Wandels und der veränderten Elternrollen aus Sicht der Kinder und vervollständigen somit die wissenschaftliche Sicht auf den familialen Wandel.

Familie im Wandel deutet auf eine neue Familialität hin, die auch als Herausforderung an die Kinder- und Jugendhilfe verstanden werden muss. Während viele Familien die an sie veränderten und neu formulierten – oben angedeuteten – Herausforderungen mit eigener Kraft meistern, sind auch familiale Lebensarrangements zu verzeichnen, welche der Unterstützung seitens der Kinder- und Jugendhilfe bedürfen. Die noch immer wahrzunehmende maßgebliche Orientierung am Modell der bürgerlichen Kleinfamilie führt zu strukturellen Benachteiligungen von familialen Lebensformen, wie z.B. Ein-Eltern-Familien, Patchworkfamilien oder kinderreichen Familien, die eben nicht dieser traditionellen Lebensweise entsprechen. Auch die gesteigerten Erwartungen, den Alltag vor dem Hintergrund der Vereinbarkeitsproblematik von Familie und Beruf zu arrangieren sowie gemeinsame Zeit zu organisieren, erfordern eine Herstellungsleistung von Familie, die nicht zu unterschätzen ist. Neben innerfamilialen Dynamiken und Konflikten nehmen auch sozioökonomische Aspekte einen nicht zu vernachlässigenden Einflussfaktor im Hinblick auf die Ausgestaltungsprozesse von Familie ein. Scheitern Familien an diesen Herausforderungen oder benötigen familienergänzende Angebote, dann ist die Soziale Arbeit bzw. die Kinder- und Jugendhilfe gefragt, familienorientierte sowie adäquate Betreuungs- und Unterstützungssettings zur Verfügung zu stellen, um strukturelle Ungleichheiten zu kompensieren und Eltern in ihrer Erziehungskompetenz zu stärken.

Die Beiträge im zweiten Teil des Buches befassen sich insbesondere mit der Thematisierung von Müttern und Vätern in der Kinder- und Jugendhilfe sowie den sozialstaatlichen und sozial- bzw. familienpolitischen Regulierungen von Familie. Neben der grundsätzlichen Reflektion sozialpädagogischer Zugangs- und Betrachtungsweisen von Familie findet zudem eine Auseinandersetzung mit Mutter- und Vaterschaft im Kontext spezifischer Hilfearrangements statt.

Corinna Peter beschäftigt sich in ihren Ausführungen mit wissenschaftlichen Bestimmungsversuchen zum Begriff der Familie. Dabei differenziert sie unterschiedliche disziplinäre Zugänge und zeigt auf, dass eine Vielfalt wissenschaftlicher Annäherungen an das, was Familie genau ausmacht, zu verzeichnen ist. Unter Berücksichtigung sozialpädagogischer Überlegungen setzt sie sich mit verschiedenen, häufig im Fachdiskurs anzutreffenden, Familienbegriffen auseinander. In Anbetracht der gegenwärtigen Heterogenität familialer Realitäten versucht sie, den bzw. die Leser_in für mögliche exklusive sowie benachteiligende Begriffsmerkmale zu sensibilisieren. Vor dem Hintergrund einer sozialpädagogischen Betrachtungsfolie wird die Möglichkeit und Realisierung eines einheitlichen sozialwissenschaftlichen Familienbegriffes kritisch reflektiert.

Rosemarie Nave-Herz analysiert in ihrem Beitrag den Wandel von Familie und Elternschaft in struktur-funktionaler Theorieperspektive, welche den Funktionswandel der Familie fokussiert. Dabei richtet sie den Blick auf einige ausgewählte Aspekte familialen Wandels. Die Nachwuchssicherung sowie die psychische und physische Regeneration und Stabilisierung ihrer Mitglieder können als spezialisierte Leistung der Institution Familie verstanden werden. Das System Familie hat sich im Laufe der letzten Jahrhunderte auf die „Bildung und Erhaltung von Humanvermögen" spezialisiert bzw. wird der Familie diese Funktion mehr oder weniger exklusiv zugeschrieben. In Bezug auf Elternschaft im Wandel befasst sich Rosemarie Nave-Herz insbesondere mit demographischen Veränderungen und deren Auswirkungen auf innerfamiliale Beziehungen, wie beispielsweise der Entstehung eines neuen Rollenpluralismus und der quantitativen Abnahme der Zwei-Eltern-Familie, sowie mit gestiegenen Leistungsanforderungen an Eltern in der gegenwärtigen Gesellschaft.

In ihrem Beitrag widmen sich *Sabine Andresen* und *Susann Fegter* der Sicht der Kinder auf ihre Eltern unter Thematisierung der Dimensionen Autonomie und Zuwendung. In diesem Kontext stellen die beiden Autorinnen einige Ergebnisse der World Vision Kinderstudie 2010 näher vor, in deren Rahmen die Sichtweisen und Erfahrungen von Kindern im Alter von 6 bis 11 Jahren erhoben wurden. Die World Vision Kinderstudie steht dabei für einen Paradigmenwechsel von einer dominierenden erwachsenenzentrierten Perspektive hin zu einer Wahrnehmung des kindlichen Alltags und des Kindes als kompetente/r Informant_in des eigenen subjektiven Erlebens. Die Daten verdeutlichen, dass eine kombinierte Erfahrung der Kinder der Beziehungsqualitäten Autonomieerleben sowie zeitlicher und emotionaler Zuwendung durch ihre Eltern einen bedeutenden Umstand bezüglich der eigenen Lebenszufriedenheit und einer hohen Selbstwirksamkeitserwartung darstellt. Die Befunde verweisen ferner auf den Zusammenhang von Fürsorge- und Autonomieerfahrungen mit der sozialen Herkunft und zeigen damit die Relevanz sozioökonomischer Bedingungen für die Erfahrungswelt von Kindern auf.

In seinem Beitrag beleuchtet *Michael Meuser* Vaterschaft im Wandel und setzt sich mit generellen Herausforderungen, Optionen und Ambivalenzen im Hinblick auf diese auseinander. Das neue politische sowie wissenschaftliche Leitmotiv des Vaterschaftsdiskurses hinterfragt das tradierte einseitige Verständnis des Vaters als Ernährer der Familie. Die Thematisierung der „neuen Väter" impliziert aktiv und engagiert an der Erziehung beteiligte Väter und deutet eine Form von Vaterschaft an, die jedoch historisch betrachtet, nicht unbedingt als neu zu verhandeln ist. Neben einer groben Skizzierung historischer Entwicklungslinien des Verständnisses von Vaterschaft beschäftigt sich der Beitrag mit dem Wandel der Geschlechterverhältnisse, dem Übergang von der Industrie- zur Dienstleistungsgesellschaft und dem gesellschaftlichen Wandel der Individualisierung, aufgrund derer sich zahlreiche Herausforderungen und Optionen für Väter in Form einer „kontingenten Vaterschaft" eröffnen. Ferner wird das – von dem Autor als schwierig bezeichnete – Verhältnis von Vaterschaftsdiskurs und Vaterschaftspraxis analysiert. Ein spezifischer Blick wird zudem auf Väter gerichtet, die in ihrem praktischen Handeln tatsächlich der Figur des „neuen Vaters" entsprechen.

Rita Braches-Chyrek behandelt in ihren Ausführungen Kinderrechte in Familien und geht – mit Bezug auf aktuelle Grundlagen der Kindheitsforschung sowie internationale Forschungserkenntnisse – der Frage nach, wie die Anordnungsbeziehungen zwischen Kindern, Familien und Rechten tatsächlich ausgestaltet werden. Aus der Perspektive der neueren Kindheitsforschung werden Kinder als eigenständige Träger spezifischer Rechte wahrgenommen und anerkannt. Differenziert in drei analytische Perspektiven, sind Kinder als Teil der Familie, als Individuen – als eigenständige Rechtssubjekte – und als Mitglieder der Gesellschaft zu verstehen. Die familialen Entwicklungen und Dynamiken haben dabei wesentliche Auswirkungen auf die Ausgestaltung von Kinderrechten in Familien. Die Autorin reflektiert in ihrem Beitrag, inwiefern der analytische Gehalt der UN-Kinderrechtskonvention Kinderrechte in Familien befördert und thematisiert in diesem Zusammenhang die drei zentralen

Rechtsbereiche *protection*, *provision* und *participation*, um auf diese Weise die gesellschaftlichen und politischen Diskurse aufzugreifen.

Der Beitrag von *Birgit Bertram* behandelt die Zukunft von Kindern und Eltern. Den Ausgangspunkt ihrer Überlegungen stellen Kinder – verstanden als „knappes Gut" der Gesellschaft – dar. In der öffentlichen Wahrnehmung nehmen Kinder zunehmend einen Minderheitenstatus ein. Bei der Bereitstellung materieller Ressourcen bezüglich der Aufwendungen für Bildung von Kindern schneidet Deutschland im internationalen Vergleich mittelmäßig ab. Kindliche Bildungsprozesse werden in der gegenwärtigen Gesellschaft zunehmend fremdbestimmt und funktionalisiert, wobei kognitive bzw. intellektuelle Fähigkeiten von Kindern gegenüber manuellen Fertigkeiten deutlich als vorrangig verhandelt werden. Um Kinder für eine ungewisse Zukunft zu stärken braucht es jedoch nicht einer einseitigen Betonung intellektueller Fähigkeiten. Kinder sollen ganzheitlich in der Vielfalt ihrer unterschiedlichen Entwicklungschancen ernst genommen werden. Dabei stellt die Familie das primäre Mikrosystem von Kindern dar. Dieses ist auch im Hinblick auf Eltern und deren Lebensentwürfe als Mütter und als Väter von sozialem Wandel gekennzeichnet. Hinsichtlich der Zukunft von Eltern und Kindern stellt sich die Frage, wie Fürsorglichkeit – *care* – in Anbetracht der Veränderungsprozesse in mütterlichen und väterlichen Kontexten in angemessener Weise erbracht und anerkannt werden kann.

In dem Beitrag von *Karin Böllert* werden die aktuellen Diskurse über die Familie in der Sozialen Arbeit rekonstruiert. Kaum eine Bevölkerungsgruppe wie die der Familie steht so prominent im Mittelpunkt politischer Strategien und kaum ein Handlungsfeld Sozialer Arbeit hat in den letzten Jahren so viel Aufmerksamkeit erfahren wie das der unterschiedlichen Familienhilfen. Bei aller Notwendigkeit entsprechender Unterstützungs- und Hilfeleistungen und der Schaffung einer familienfreundlichen sozialen Infrastruktur ist noch ungeklärt, inwieweit damit nicht auch die Rekonstruktion von Risikogruppen anhand einer technokratischen Verallgemeinerung von spezifischen Merkmalsausprägungen einhergeht und die dabei unterstellte fehlende elterliche Erziehungskompetenz strukturelle Aspekte der sozialen Ungleichheit von Familien ausblendet. Vor diesem Hintergrund wird anhand drei prominenter Beispiele – Kindertagesstättenausbau, Hilfen zur Erziehung und Frühe Hilfen – die sozialpolitische Rahmung dieses Bedeutungszuwachses von Familie bzw. der Familienhilfen vor allem in ihren Konsequenzen für die Soziale Arbeit kritisch reflektiert.

Mit Blick auf das Ausmaß des Familialismus im Wohlfahrtsarrangement sowie auf die gesellschaftlichen Prozesse der De-Familialisierung von Kindheit und Re-Familialisierung von Leistungen werden in dem Beitrag von *Nina*

Oelkers Paradoxien, Gleichzeitigkeiten und Brüche in den Programmen und Diskursen sichtbar. Im Zentrum steht die Relationierung des Verhältnisses von Staat, Markt und Familie beziehungsweise der einzelnen Mitglieder des familialen Arrangements. Soziale Arbeit fungiert dabei als Scharnier zwischen dem formellen Sektor (Staat und Markt) und dem informellen Sektor der Wohlfahrtsproduktion, zu dem insbesondere die Familie gezählt wird. In Form von Kinder- und Jugendhilfe tritt Soziale Arbeit vermittelnd zwischen Staat/Politik und Eltern mit ihren Kindern ein, wenn es um die (Neu)Justierung von privater bzw. familialer und öffentlicher Verantwortung für wohlfahrtsproduzierende Leistungen geht.

Die Ausführungen von *Jens Pothmann* verstehen sich als Beitrag zur Sozialberichterstattung an der Schnittstelle von Familienberichterstattung auf der einen sowie Kinder- und Jugendhilfeberichterstattung auf der anderen Seite. In den Fokus genommen werden – empirisch fundiert durch Ergebnisse der amtlichen Kinder- und Jugendhilfestatistik – Familien in Nordrhein-Westfalen als Adressaten einer Kinder- und Jugendhilfe. Eine solche Berichterstattung ist eine Art „Gegengift“ zu den billigend in Kauf genommenen sozialen Nebenwirkungen moderner Gegenwartsgesellschaften in den Lebenswelten von Familien und jungen Menschen. Die entsprechenden Befunde werden in einem Resümee zu gesellschaftlichen Entwicklungen bezogen auf das Aufwachsen junger Menschen, die Funktionalität von Familien sowie einem daraus resultierenden Auftrag für die Kinder- und Jugendhilfe eingeordnet.

Gerade wenn Kinder aus der Familie herausgelöst werden (müssen) und damit ein augenscheinlicher Funktionsverlust der Familie offen gelegt wird, sehen sich die Mütter – meist moralisierenden – Schuldzuweisungen ausgesetzt. Die Frage nach der Verantwortung für diesen Verlust an erzieherischer Funktionalität wird ebenso schnell gestellt wie umgehend beantwortet. Die abgebenden Mütter geraten in Erklärungsnöte und Rechtfertigungszwänge. Für die hiervon betroffenen Mütter in der Jugendhilfe ergibt sich insofern eine Gleichzeitigkeit von Hauptverantwortung für Erziehung und Bildung der Kinder in Familien auf der einen und Alleinverantwortung für das Scheitern dieser speziellen familialen Funktion auf der anderen Seite, diese Mütter treffen außerdem zumeist auf Unverständnis Dritter. Die Kenntnis über diese offensichtlichen Reflexe von Familienangehörigen oder anderen Personen des individuellen sozialen Umfelds der Mütter, manchmal auch von Angehörigen sozialpädagogischer Professionen, gaben den Anlass für ein Forschungsprojekt von *Birte Brändel, Johannes Hüning u.a.* Am Ende der Forschung steht letztlich die Erkenntnis über eine Nichtbetrachtung mütterlicher Lebenslagen nach Abgabe leiblicher Kinder in Hilfeformen durch die Kinder- und Jugendhilfe.

Das Projekt „Guter Start ins Leben“, ein Angebot des Sozialdienstes katholischer Frauen (SkF), bzw. die ersten Ergebnisse der begleitenden Evaluationsstudie zu diesem Projekt stellen die Basis des Beitrages von *Claudia Buschhorn* dar. Eine Fokussierung auf Mütter war innerhalb des Angebotes zwar ursprünglich nicht intendiert, der Fokus auf Mütter entspricht jedoch der These, dass nach wie vor primär Mütter, gemäß des noch immer vorherrschenden traditionellen Mutterbildes, für die Versorgung und Erziehung der Kinder hauptverantwortlich sind, auch dann, wenn sie nicht alleinerziehend und berufstätig sind. Diese Zuständigkeit der Mütter gilt im Besonderen, wenn Schwierigkeiten und Fragen im Zusammenhang mit der Kindererziehung und -versorgung auftreten.

Kim Patrick Sabla stellt sich die Frage, inwieweit die sozialpädagogischen Fachkräfte den sozialwissenschaftlich diagnostizierten Wandel von Vater- und Mutterrollen erleben und inwieweit er die Wahrnehmungen bezüglich erlebter Vaterschaft beeinflusst. Anknüpfend an die Themenstellung dieses Bandes ist es eine leitende These dieses Beitrags, dass der gesellschaftliche Wandel viel mehr zu veränderten Erwartungshaltungen gegenüber Vätern und Müttern beiträgt, als dass er die Elternrollen tatsächlich verändert. Vor diesem Hintergrund geht es darum, Väter sowohl als Erziehende als auch als Adressaten einer Hilfe zur Erziehung zu untersuchen. Damit soll ein Beitrag zu einer stärker sozialpädagogisch fokussierenden Väterforschung geleistet werden.

Als Herausgeberinnen gilt unser besonderer Dank der Gleichstellungsbeauftragten der Westfälischen Wilhelms-Universität für die finanzielle Unterstützung der diesem Band zugrunde liegenden Ringvorlesung.

Familie im Wandel – Elternschaft im Wandel

Corinna Peter

Familie – worüber sprechen wir überhaupt?

Der Titel dieses Sammelbandes „Vater + Mutter = Eltern?" verweist darauf, dass die Vorstellung und Bestimmung des Personenkreises, der mit dem ‚*Label*' Eltern versehen wird, bereits zur Debatte steht. Wie verhält es sich dann erst mit dem Gesamtkontext, der Familie als solche? Werden Personen nach ihrem alltäglichen Verständnis von Familie gefragt, so wird die Vielfältigkeit der Vorstellungen, die immer auch mit kulturellen, historischen, strukturellen sowie biographischen Kontexten und Zugängen verbunden sind, deutlich. So abwechslungsreich, wie sich der alltägliche Familienbegriff gestaltet, so heterogen und komplex stellen sich auch die Annährungs- und Definitionsversuche in der Wissenschaft dar. Doch welche Disziplinen bieten in dieser Hinsicht überhaupt Begriffsbestimmungen an bzw. setzen sich in ihrem wissenschaftlichen Selbstverständnis mit dem sozialen Gebilde Familie auseinander[1]?

Zunächst findet eine Skizzierung unterschiedlicher (sozial-)wissenschaftlicher Zugänge zur Familie statt, um im Anschluss auf die Vielfältigkeit disziplinärer Familienbegriffe einzugehen. Dabei erfolgt u.a. eine kritische Auseinandersetzung mit begrifflichen Bestimmungen von Familie im Kontext des familialen Diskurses, insbesondere vor dem Hintergrund der Betrachtungsfolie, dass Familie generell als eine plurale soziale Lebensform zu verstehen ist. Im abschließenden Fazit wird noch einmal grundsätzlich der Frage nachgegangen, inwieweit Familie wissenschaftlich definiert werden kann und muss.

1 (Sozial-)wissenschaftliche Annäherungen an Familie

Die *Familiensoziologie* stellt bis dato die Disziplin dar, welche sich in umfassendster Form mit der Familie als Forschungsgegenstand, ihrer makro- und mikrosoziologischen Bedeutung befasst hat. Schmidt (2002), der sich mit den

1 Die folgenden Ausführungen beziehen sich grundlegend auf Überlegungen im Rahmen der 2010 publizierten Dissertation der Verfasserin, welche sich u.a. mit professionellen Wissensbeständen zu familialen Transformationsprozessen seit Mitte des vorangehenden Jahrhunderts beschäftigen (vgl. Peter 2010).

Phasen und Entwicklungslinien der deutschen Familiensoziologie seit Mitte des vorangehenden Jahrhunderts beschäftigt, konstatiert jedoch, dass es an einer allgemein anerkannten sowie umfassenden Theorie der Familie mangele. Bestehende Theorien würden sich stets eher auf partielle Bereiche der familialen Lebenswelten beziehen (vgl. ebd.: 435, 446). So verwundert es, dass bei der Fülle der familiensoziologischen Publikationen keine allgemein anerkannte Theorie der Familie zugrunde gelegt werden kann.

Innerhalb der *Erziehungswissenschaft* wird die Familie überwiegend über deren Erziehungsleistung erforscht und beschrieben. Das Aufwachsen der Kinder und deren Erziehung sind zentrale Aspekte bzw. Funktionen von Familie, welche innerhalb dieses disziplinären Zuganges thematisiert und erforscht werden (vgl. Böllert 2003: 44). Zur Erfassung und Beschreibung der Familie und des familialen Wandels rekurrieren erziehungswissenschaftliche Beiträge jedoch meist auf familiensoziologische Erkenntnisse.

Die *Soziale Arbeit* befasst sich mit Familie primär im Hinblick auf die Analyse familialer Problemlagen und Krisen, insbesondere im Kontext des familialen Erziehungsgeschehens, sowie der Suche nach angemessenen Ressourcen und Problemlösungen. Sozialpädagogische Forschungen und das spezifische Erkenntnisinteresse beziehen sich zentral auf ‚problembehaftete Varianten' familialen Zusammenlebens und das geeignete sozialpädagogische Instrumentarium zur Bearbeitung diverser familialer Notlagen. Hier wird Familie „eher unter dem Aspekt der strukturellen Überforderung und der Zuhilfenahme öffentlicher und professioneller Angebote" (Ecarius 2002: 29) in den Blick genommen. Auch die Soziale Arbeit rekurriert auf die Breite der familiensoziologischen Forschungen und Publikationen bzw. lässt sich durch diese inspirieren.

Die (sozial-)wissenschaftliche Auseinandersetzung mit Familie erfolgt somit unter einem interdisziplinären Blickwinkel, der primär von familiensoziologischen, erziehungswissenschaftlichen und sozialpädagogischen Zugängen geprägt ist. Der dabei zu verzeichnende überwiegende Rückbezug auf die Familiensoziologie scheint laut Ecarius (2002) darin begründet, dass diese bislang die umfassendste Analyse von Familie geliefert hat (vgl. ebd.: 28). Auch Winkler (2002) verweist auf diesen Umstand, indem er konstatiert, dass „die deutsche Diskussion um Familie entschieden mehr soziologisch inspiriert ist" (ebd.: 32).

In den nachstehenden Ausführungen wird sowohl Bezug auf familiensoziologische als auch auf erziehungswissenschaftliche und sozialpädagogische Überlegungen und Perspektiven auf die Familie genommen.

2 Die Vielfalt (sozial-)wissenschaftlicher Familienbegriffe

Die folgende Auseinandersetzung mit verschiedenen begrifflichen Zugängen zur Familie stellt eine selektive Auswahl der Verfasserin dar und bezieht sich auf gängige, vielfach zitierte sowie rezipierte familiale Bestimmungsversuche, die als dominant innerhalb des wissenschaftlichen Familiendiskurses interpretiert werden können. Die Darstellung erhebt keinen Anspruch auf Vollständigkeit – dies wäre aufgrund der Fülle der dazu publizierten Beiträge auch kaum möglich –, sondern soll den Leser_innen einen ersten Eindruck über die Komplexität dieses Diskurses vermitteln.

Zunächst ist in Anlehnung an Böhnisch und Lenz (1999) anzumerken, dass davon auszugehen ist, dass es *die* Familie nicht gibt bzw. auch nie gab und grundsätzlich eine empirische Vielfalt dieser Lebensform anzunehmen ist (vgl. ebd.: 7). Familie bzw. familiale Lebensformen stellen keine ‚überzeitlichen Konstanten' dar, sondern werden von kulturellen Wandlungsprozessen maßgeblich beeinflusst (vgl. Lenz 2002: 159). Familie kann als ein flexibles und sich an den gesellschaftlichen sowie kulturellen Transformationsprozessen anpassendes soziales Gebilde aufgefasst werden, das „als eine einheitlich zu identifizierende Lebensform zu keiner historischen Phase Bestand hatte" (Richter 2008: 65). Mit Ausnahme der ‚Blütezeit der bürgerlichen Familie' und ihrer kulturellen Dominanz zur Mitte des 20. Jahrhunderts ist eine bemerkenswerte empirische Variabilität familialer Lebensformen zu erkennen. Die Entstehung der Familie ist folglich nicht auf ein konkretes familiales Lebensarrangement zurückzuführen, sondern am Ursprung steht ihre grundsätzliche Vielfältigkeit (vgl. ebd.: 65, 74). Ob sich diese Heterogenität von Familie – abgesehen von der oben bereits angedeuteten kulturellen Selbstverständlichkeit des Modells der Bürgerfamilie von 1955 bis 1965 (vgl. Peuckert 2007: 36), eine „Phase großer familienbezogener Homogenität und Stabilität" (Lange/Lettke 2007: 14) – auch in dem wissenschaftlichen Verständnis von Familie widerspiegelt, soll im Folgenden näher beleuchtet werden. Lange und Lettke konstatieren diesbezüglich: „Seit den späten 1970er Jahren wird […] die strukturelle Pluralisierung und Ausdifferenzierung [der Familie] als Interpretationsfolie genutzt […] Dabei werden die einzelnen Familienarrangements hauptsächlich in Kontrast zur bürgerlichen Familie betrachtet und als Zersplitterung und Fragmentierung derselben gedeutet, die als Lebensform stark an Selbstverständlichkeit und Verbindlichkeit verloren hat" (Lange/Lettke 2007: 18).

Es könnte, angesichts der – wie noch aufgezeigt wird – zahlreichen vorgelegten Begriffsbestimmungen von Familie von der Annahme ausgegangen werden, dass die wissenschaftlichen begrifflichen Annäherungen der familialen Heterogenität und Pluralität gerecht werden. Doch ist zu konstatieren, wie bereits in dem Zitat von Lange und Lettke angedeutet, dass innerhalb des wissenschaftlichen Diskurses die bürgerliche Familie – im Sinne eines verheirateten Elternpaares, welches zusammen mit den leiblichen Kindern in einem Haushalt lebt – häufig als Hintergrund- bzw. Kontrastfolie für die Begriffsbestimmung von Familie herangezogen wird. Aufgrund der Dominanz dieses Familientypus wird dieser im familialen Diskurs teilweise auch als ‚Normalfamilie' betitelt. Die empirischen Daten bestätigen zwar, dass diese Familienform immer noch die am weitesten verbreitete familiale Lebenskonstellation in Deutschland verkörpert (vgl. BMFSFJ 2005: 58), jedoch nimmt diese seit Ende der 1960er, Anfang der 1970er Jahre in ihren empirischen Ausmaßen anteilsmäßig ab und heterogene familiale, besonders aber auch nicht-familiale Konstellationen des Miteinanders, sind verstärkt hinzu gekommen (vgl. Peuckert 2008: 30). Hier ist insbesondere auf die Zunahme von Einpersonenhaushalten und von nicht ehelichen Lebensgemeinschaften (vgl. Ecarius/Köbel 2011: 380f.) zu verweisen. Es bleibt dennoch festzuhalten, dass die hegemoniale Vorstellung eines tradierten Familienleitbildes in vielen familiensoziologischen Bestimmungsversuchen enthalten ist, da häufig der definitorische Referenzrahmen der Bürgerfamilie herangezogen und die Variabilität und Vielfältigkeit familialer Lebenskonzepte nicht weiter betrachtet wird (vgl. Richter 2008: 71, Lenz 2002: 149). Dies ist u.a. auch auf den Umstand zurückzuführen, dass der Begriff ‚Familie' im deutschen Sprachgebrauch zu der Zeit erstmals aufkam, als das Model der bürgerlichen Kleinfamilie seine enorme Verbreitung fand (vgl. Richter 2008: 66f.). Die häufig – zu unterstellende – unkritische Verwendung des für die bürgerliche Familie konstitutiven Verweisungszusammenhanges von Ehe und Familie (vgl. Lenz 2002: 149) ist als problematisch zu betrachten, insbesondere aus einer sozialpädagogisch informierten Perspektive, wie im Kontext der verschiedenen Beiträge dieses Bandes und im Rahmen der nachfolgenden Ausführungen deutlich werden dürfte.

Wie eingangs bereits erwähnt, ist Familie als Gegenstand familiensoziologischer, erziehungswissenschaftlicher sowie sozialpädagogischer Überlegungen nicht mit einer allgemein anerkannten und gültigen Begriffsbestimmung innerhalb des disziplinären Diskurses zu erfassen. Die Bandbreite der zahlreichen Begriffsbestimmungen wird nun im weiteren Verlauf anhand ausgewählter Beispiele skizziert und reflektiert.

Zunächst soll an dieser Stelle jedoch Rekurs auf ein familienpolitisches Verständnis von Familie genommen werden, um dadurch die ‚bunte Palette' und einen historischen Wandel des Familienbegriffes zu verdeutlichen. In diesem Kontext ist anzumerken, dass familienpolitische Leitbilder einen nicht unerheblichen Einfluss auf die öffentliche und wissenschaftliche Debatte um Familie nehmen. Die ‚Zeit' beschäftigt sich in ihrer Titelgeschichte „Was braucht

Familie?" in einer Ausgabe zu Beginn des Jahres 2011 u.a. damit, wie Politik, neben den Medien, das Bild von Familie, mehr als die Eltern und Kinder selbst, bestimmt. Neben der Uneinigkeit der Parteien – vergleichbar mit den Auseinandersetzungen in der wissenschaftlichen Diskussion – im Hinblick auf die Definition dessen, was als Familie bezeichnet werden kann und was nicht, wird dort diagnostiziert, dass Familie „als bloße Menge von Personen bestimmten Verwandtschaftsgrades [...] weder für sich selbst erlebbar noch für die Politik zu greifen [ist]. Nur als Erzählung von Glück und Angst, von Mühen und Konflikten, von wirtschaftlichen Sorgen und seelischen Vorgängen, von Zukunft und Vergangenheit kann die Familie zu einem Gegenstand ihres Selbstverständnisses oder staatlichen Handelns werden" (ebd.: 22). Um so interessanter – und weitaus gegensätzlicher und traditioneller – stellt sich die nachfolgende Formulierung von Wuermeling, der von 1953 bis 1962 das Amt des deutschen Familienministers bekleidet hat, dar: „Familie als Gemeinschaft von Mann und Frau und der ihnen zur Erziehung anvertrauten Kinder hat einen doppelten Sinn: Einmal als eheliche Lebenseinheit von Mann und Frau, sodann als eine wesentliche Aufgabe dieser ehelichen Verbindung durch die Weckung neuen Lebens und die Erziehung der Kinder" (Wuermeling 1954 zit. n. Walter 1993). Der definitorische Referenzrahmen des bürgerlichen Familienmodells findet hier besonders deutlich seinen Ausdruck. Ehe und biologische Elternschaft stellen dieser Ansicht nach quasi Naturelemente von Familie dar. Die im Zuge der gesellschaftlichen und familialen Transformationsprozesse seit Mitte des vorangehenden Jahrhunderts und gegenwärtig häufig konstatierte Entkoppelung von Liebe und Ehe, von Ehe und Elternschaft sowie von biologischer und sozialer Elternschaft (vgl. Kaufmann 1995: 96ff., Peuckert 2008: 30) spielte zu dieser Zeit und in der Wahrnehmung und Interpretation der familialen Wirklichkeiten noch keine Rolle. Die zunehmende Einbindung von Frauen in die Erwerbstätigkeit, die Möglichkeit der Geburtenplanung aufgrund oraler Kontrazeption sowie die Emanzipation der Frauen (vgl. Lange/Lettke 2007: 17) sind entscheidende soziale Entwicklungen, die sich erst im Anschluss an Wuermelings Äußerung in Deutschland ereignet haben und wesentliche Auswirkungen auf das familiale Miteinander, die familiale Struktur sowie das Verständnis von Familie hatten und haben. Wuermelings Formulierung ist vor dem Hintergrund der kulturellen Dominanz der bürgerlichen Kleinfamilie Mitte des vorangehenden Jahrhunderts zu betrachten, welche durch die „goldenen Jahre" eines expansiven Sozialstaatsmodells zu charakterisieren ist (vgl. Olk 2008: 292). Zu dieser Zeit haben sich sozialpolitische Überlegungen normativ am Modell der bürgerlichen Familie ausgerichtet, und zwar mit dem Ziel, diese Familienform, die für die Produktion des Humanvermögens zuständig war, zu stabilisieren. Im fordistischen *golden age*, in welchen Massenproduktion und

Massenabsatz eine zentrale Rolle spielten und die Lohnarbeit zur „allumfassenden gesellschaftlichen Integrationsformel" (Oelkers 2007: 33) wurde, war eine starke Orientierung an diesem Familienmodell und der damit verbundenen traditionellen Rollenverteilung zwischen männlichem Ernährer und weiblicher Hausfrau zu verzeichnen (vgl. Oelkers 2009: 76). Ferner zeigt sich in Wuermelings Familienbegriff die hegemoniale Vorstellung einer heterosexuellen Partnerschaft als Grundlage eines familialen Miteinanders (vgl. Hartmann/Klesse 2007: 9), welche noch an späterer Stelle dieses Beitrages reflektiert wird.

Peuckert (2007), ein bedeutender Familiensoziologe im deutschsprachigen Raum, versteht Familie als eine „Lebensform, die mindestens ein Kind und ein Elternteil umfasst und einen dauerhaften und im Inneren durch Solidarität und persönliche Verbundenheit charakterisierten Zusammenhang aufweist" (ebd.: 36). Auch Nave-Herz (2009), ebenfalls eine vielfach zitierte Familiensoziologin, wählt eine Definition von Familie, die folgende konstitutiven Merkmale aufweist „und zwar gleichgültig, welche spezifische, historische oder regionale Ausprägungsform sie besitzen" (ebd.: 15): die biologisch-soziale Doppelnatur, ein besonderes Kooperations- und Solidaritätsverhältnis und die Generationendifferenzierung (vgl. ebd.: 15). Mit der Doppelnatur bezieht sich die Autorin zum einen in der biologischen Dimension auf die Reproduktionsfunktion von Familie und zum anderen auf sozialer Ebene auf die Integration von Kindern in gesellschaftliche Kontexte aufgrund der familialen Sozialisation. Ferner geht sie – wie Peuckert ebenfalls – davon aus, dass in Familien ein spezifisches Kooperations- und Solidaritätsverhältnis besteht, welches durch eine eigene Rollenstruktur und besondere Beziehungsmuster charakterisiert werden kann. Mit der Generationendifferenzierung bezieht sie sich sowohl auf die Ebene Eltern-/Mutter- bzw. Vater-Kind-Einheit als auch die Großeltern, gar die Urgroßeltern (vgl. ebd.: 15f.). Übereinstimmend in beiden Begriffsbestimmungen werden Merkmale der Solidarität sowie die Generationendifferenzierung hervorgehoben, wobei Peuckert den Aspekt der Generationendifferenzierung auf die Eltern-Kind-Einheit eingrenzt und gesondert noch das Kriterium der Dauerhaftigkeit der Lebensform anspricht (siehe oben).

Die Generationendifferenzierung als das wesentliche – und häufig formulierte – Definitionsmerkmal von Familie in den unterschiedlichsten Begriffsbestimmungen verkörpert eine Perspektive, die – vorsichtig und möglicherweise auch provokant formuliert – eher ein traditionell geprägtes Verständnis von Familie impliziert. Lange und Lettke, die sich mit dem Diskurs über Familie und den zugrunde liegenden Konzepten zur Analyse eben dieser befassen halten fest: „Vor dem Hintergrund der „bürgerlichen Familie" ist unstrittig, daß Eltern und Kinder dazugehören" (ebd. 2007: 21). Richter konstatiert in diesem Kontext kritisch (2008), dass die ‚Generationenfolge' häufig als konstitutives

Moment für Familie herangezogen wird und stellt sich die Frage, ob dieses Merkmal nicht einer konventionellen Vorstellung von Familie nachhängt (vgl. ebd.: 71). In dieser Hinsicht kann eine Form der definitorischen Anlehnung an das Modell der bürgerlichen Familie konstatiert werden, da demnach Paare ohne Kinder nicht unter die gängigen Vorstellungen von Familie subsumiert werden können und die hegemoniale Vorstellung eines tradierten Familienleitbildes somit zum Vorschein kommt. Darüber hinaus ist darauf zu verweisen, dass subjektive alltägliche Vorstellungen von Familie in der Gegenwart häufig auch nicht-verwandte Personen beinhalten, wie z.B. Nachbar_innen oder langjährige Freund_innen (vgl. ebd., Lettke/Lange 2007: 23). Insbesondere der Familienbegriff von Kindern verweist darauf, dass diese „viele strukturelle Spielarten“ (ebd.) von Familie zulassen. Ferner schließt die Annahme einer der Familie zu Grunde gelegten ‚solidarischen Verbindung‘ möglicherweise solche familialen Lebensarrangements aus, die sich in erheblichen Krisen- und Konfliktlagen befinden, bei denen gar Beziehungsabbrüche zu verzeichnen sind. Allerdings könnte hierzu wiederum kritisch angemerkt werden, dass die spezifische Rollenstruktur einer Familie stets ihren Bestand für alle Mitglieder behält, unabhängig davon, ob die einzelnen Familienmitglieder ihre Rolle ablehnen, da die an sie herangetragenen Erwartungen dennoch bestehen bleiben und die jeweilige Rollenstruktur von Mutter, Vater, Tochter oder Sohn etc. nicht durch einen erklärten und auch tatsächlich gelebten Beziehungsabbruch endet. So verweist Nave-Herz (2009) mit Bezug auf Dahrendorf darauf, dass der Rollenbegriff von typifizierten Erwartungen ausgeht, die an das Verhalten der Inhaber_innen von Positionen geknüpft (vgl. ebd.: 38) und erheblich sozial normiert sind. Familie kann aus dieser Betrachtung heraus auch als eine Art ‚Zwangskontext‘ begriffen werden, dem sich die Beteiligten nicht einfach entziehen können.

Derart normativ aufgeladene Begriffsbestimmungen von Familie vermitteln möglicherweise Familienideale, die in den Familienrealitäten jedoch nicht immer eingelöst werden können. Scheitern Familien an diesen Ansprüchen, müssten sie qua den o.g. Begriffsbestimmungen als ‚nicht-familiale‘ Lebensformen betrachtet werden.

Böhnisch und Lenz bestimmen die Familie als analytische Kategorie: „Das zentrale Kennzeichen von Familie ist die Zusammengehörigkeit von zwei (oder mehreren) aufeinander bezogenen Generationen, die zueinander in einer Elter-Kind-Beziehung stehen“ (ebd. 1999: 28). Diese Generalbezeichnung ermögliche nach Einschätzung der beiden Autoren eine „breite Palette“ von Ausgestaltungen und werde den verschiedensten familialen Lebensformen gerecht. Entscheidend ist ihrer Auffassung nach die „Übernahme und Anerkennung der Elter-Position gegenüber der jüngeren Generation“. Folglich wird hier die biologische Elternschaft als keine konstitutive Notwendigkeit von Familie erachtet (vgl. ebd.: 28ff.). Damit berücksichtigen Böhnisch und Lenz familiale Wandlungsprozesse in der Hinsicht, dass sie, wie Peuckert es formuliert hat, die „Erosion der bio-sozialen Doppelnatur der Familie" (Peuckert 2008: 25f.) als solche nicht negieren, sondern wahrnehmen, dass biologische und soziale Elternschaft immer häufiger auseinanderfallen.

Das Kriterium der Generationendifferenzierung findet auch hier seine Verwendung. Die Formulierung „Eltern-Kind-Beziehung" eröffnet dabei explizit eine Sichtweise von Familie, die auch Ein-Eltern-Familien inkludiert und somit eine Analogie zu dem Begriffsverständnis von Nave-Herz aufzeigt (siehe oben). Der 7. Familienbericht, welcher im Rahmen der Sozialberichterstattung der Bundesregierung erschienen ist, wurde von einer Sachverständigenkommission erarbeitet, die sich primär aus Soziologinnen und Soziologen zusammengesetzt hat. In diesem Familienbericht, der im Jahr 2006 veröffentlicht wurde, ist explizit keine Begriffsbestimmung von Familie vorzufinden. Das implizite Familienverständnis, welches diesem Bericht zugrunde liegt, verweist auf den Wandel der Familie, der insbesondere an dem veränderten Geschlechterverhältnis, der neuen Rolle der Frau, der gewandelten Partnerschaftsbeziehung und der zunehmenden Erwerbstätigkeit beider Elternteile im Vergleich zur Mitte des 20. Jahrhunderts festgemacht wird. Die Familie im modernen Sinne wird als eine ‚Verhandlungsfamilie' verstanden, die ihre Beziehungsmuster in jeder Lebensphase neu herstellen und untereinander aushandeln muss (vgl. BMFSFJ 2006: 256). Über diese Herstellungsleistungen und Aushandlungsprozesse konstituiert sich die Familie immer wieder aufs Neue (vgl. ebd.). Familie wird als eine soziale Konstruktion verstanden, deren „Konstrukteure im Binnen- und im Außenverhältnis von Familie wirken. Im Außenverhältnis sind es einerseits jene Akteure, die auf den Lebenslauf von Vätern und Müttern, Kindern und Großeltern Einfluss nehmen [z.B. private und öffentliche Institutionen wie Arbeitgeber_innen, Anm. d. Verf.] anderseits ist es staatliches Handeln im Raum der Institutionen und familienpolitische Interventionen auf der Bundes-, Landes-, kommunalen Ebene als Gestalterinnen des sozialen Umfeldes und der Zuwendungen an Familie. Im Binnenverhältnis sind es alle am Familienleben Beteiligten. Sie stellen als Familienmitglieder auf der Basis persönlicher Beziehungen besonderer Art die Familie in ihrem Alltag immer wieder her" (ebd.: 12). Die familiale Schnittsstelle mikro- und makrosozialer Transformationsprozesse kommt deutlich in diesem dargelegten Verständnis von Familie zum Ausdruck. Familie ist gefordert, sich aufgrund der veränderten Rahmenbedingungen sowie innerfamilialer Dynamiken immer wieder neu zu bestimmen (vgl. ebd.: 289). Die Annäherung an ein Verständnis von Familie geschieht hier nicht über eine explizite Zuschreibung familialer Merkmale, wie z.B. die Generationendifferenzierung oder ein besonderes Solidaritätsverhältnis, sondern Familie wird vielmehr in ihrer ihr eigenen Dynamik, ihrer Wandelbarkeit, individuellen Verhandelbarkeit, gesellschaftlichen sowie kulturellen Bedingtheit wahrgenommen und verstanden. Dieser Familienbegriff transportiert eine deutliche Botschaft: „Familie verändert sich aufgrund gesellschaftlichen Wandels von einer selbstverständlichen, quasi naturgegebenen Ressource zu einer zunehmend voraussetzungsvollen Aktivität von Frauen, Männern, Kindern, Jugendlichen und ältern Menschen, die in Familien leben bzw. leben wollen“ (Schier/Jurczyk 2007: 10). Darüber hinaus ergeben sich Herausforderungen an die Herstellung von Familie – im Sinne der Entwicklung von Praktiken, um gemeinsame Zeit miteinander zu verbringen – insbesondere durch die neuen Spannungsverhältnisse aufgrund der geforderten Verknüpfungsleistung von Familie und Beruf sowie die entgrenzten Arbeitsbedingungen (vgl. Schier 2010: 7f.). „Denn um Familie als Gemeinsamkeit zu leben und nicht als bloßes Nebeneinander von Individuen, die sich nur die Klinke in die Hand geben, braucht es Gelegenheiten“ (Schier/Jurczyk 2010: 11).

Dass Familie gegenwärtig durch ihre Mitglieder immer wieder hergestellt und verhandelt werden muss, konstatieren auch Strohmeier und Schultz (2005). Sie betrachten Familie und Partnerschaft generell als einen dynamischen Prozess. Die tatsächlich gelebten Partnerschafts- und Generationsbeziehungen gelten als konstitutiv für Familie (vgl. ebd.: 50). Jurczyk (2010) hebt ebenfalls hervor, dass sich ein Familienleben oft nicht mehr „von allein“ ergibt, sondern immer mehr zu einer „aktiven Herstellungsleistung“ aller Beteiligten wird (vgl. ebd.: 62). Lange (2007) versteht Familie in ähnlicher Weise „als immer wieder neu herzustellende Handlungszusammenhänge, platziert in konkreten Räumen und Zeiten und geprägt durch das unmittelbare Interagieren von unterschiedlichen Geschlechtern und Generationen“ (ebd.: 241). Jedoch rekurriert er auch auf das Kriterium der Generationendifferenzierung und verweist darüber hinausgehend noch auf das heteronormative Merkmal einer zweigeschlechtlichen Partnerschaft. Wie bereits angemerkt, wird nachfolgend auf diesen Umstand noch näher eingegangen.

Das moderne sowie eher als abstrakt zu bezeichnendes Verständnis von Familie, welches sich in der Begriffsbestimmung von Familie als Herstellungsleistung übereinstimmend widerspiegelt, zeichnet sich – mit Ausnahme von Langes Familienverständnis – insbesondere dadurch aus, dass keine familiale Lebensform aufgrund der Forderung von spezifischen Kennzeichen ausgeschlossen wird. Dieser sehr weit gefasste Familienbegriff betont vor allem die aktive Gestaltungs- und Herstellungsleistung der einzelnen Familienmitglieder und überlässt es somit in erster Linie den Subjekten selbst, ob sie sich als Familie verstehen oder nicht. Prozesse der alltäglichen Herstellungsleistung von Familie werden im Diskurs auch als *doing family* (vgl. Schier/Jurczyk 2007: 10) bezeichnet. *Doing family* geschieht nicht unbedingt rational, zielgerichtet und geplant, sondern eher beiläufig (vgl. ebd: 11). Die Familienmitglieder konstruieren ihre soziale Wirklichkeit Familie selbst und es ist demnach nicht die Wissenschaft, die gemäß Ihrer Definitionsmacht vorgibt, was und wer Familie ist und wie diese zu sein hat. Zu bedenken ist dabei, dass die Herstellungsleistung Familie erheblich von sozialen, strukturellen sowie normativen Vorgaben der Gesellschaft beeinflusst wird bzw., dass Familie von vorherrschenden hegeomonialen Kategorien sozialer Ungleichheit in ihrem jeweiligen Erscheinungsbild geprägt wird. So konstatiert Kahlert (2010), dass „*doing family* in der sozialen Praxis nicht jenseits von sozialer, geschlechtlicher, ethnischer uns sexualitätsbezogener Differenz erfolgt, sondern mit den verschiedenen Differenzen eng verschränkt ist" (ebd.: 184).

Grundsätzlich können folgende Aspekte – aus einer Perspektive, welche den sozialen Wandel und die pluralen gegenwärtigen familialen Lebensarrangements berücksichtigt – als problematische Grundlagen von familialen Begriffsbestimmungen erachtet werden, da sie unterschiedliche Lebensformen von Familie exkludieren, wie z.B. das Merkmal einer ‚gemeinsamen Haushaltsführung', die Vorgabe einer ‚auf Dauer angelegten Verbindung von Mann und Frau', das Vorhandensein von ‚mindestens einem eigenen (oder einem adoptierten) Kind' und die Forderung nach einer ‚Eheschließung'. Hill und Kopp heben hervor, dass – mit Ausnahme der von Ihnen explizit nicht angeführten ‚Eheschließung' – diese genannten Aspekte die Elemente des klassischen Familienbegriffs verkörpern und demnach „inhaltlich [...] durch die Festlegung eine Reihe von Verbindungen von der Kennzeichnung als Familie ausgeschlossen [werden]: Paare ohne Kinder, Einpersonenhaushalte, Gemeinschaften auf der Grundlage von Homosexualität sowie Haushalte von alleinerziehenden Elternteilen" (2006: 13). Bezogen auf den Gesichtspunkt der ‚gemeinsamen Haushaltsführung' merkt Liegle an, dass Familie nicht nur Haushalt meint, sondern sich auch auf die tatsächlich gelebten Beziehungen bezieht (vgl. ebd. 2005: 509). Wird die Familie mit dem Haushalt gleichgesetzt, werden z.B. familiale Lebensformen, in denen ein Elternteil aufgrund von Trennung oder Scheidung einen eigenen Haushalt führt, diesem Verständnis nach nicht mehr als Familie bezeichnet. Die Verwendung dieses Definitionsmerkmales führt nach Ansicht von Böhnisch und Lenz dazu, dass Familie zum Teil als ‚Auslaufmodell' bezeichnet wird (vgl. ebd. 1999: 47). Ferner findet sich Heteronormativität (vgl. Hartmann/Klesse 2007: 9) in der Forderung nach einer ‚Verbindung von Mann und Frau' wider. Damit werden beispielsweise keine gleichgeschlechtlichen Partnerschaften mit Kindern, welche gegenwärtig meist unter dem Titel der ‚Regenbogenfamilie' zusammengefasst werden, berücksichtigt. Die Selbstverständlichkeit der heterosexuellen Beziehung zwischen Mann und Frau wird als *die* Grundlage bzw. als das konstitutive Charakteristikum aller Beziehungen, somit auch bezüglich der Familie angesehen. Darin kommt besonders deutlich die hegemoniale Annahme heterosexueller Zweigeschlechtlichkeit zum Ausdruck (vgl. ebd.). Richter (2008) merkt diesbezüglich treffend an: „Aktuelle Familiendiskurse sind vielmehr durchzogen von oftmals unhinterfragten heteronormativen Annahmen. Das heißt, dass heterosexuelle Paarbildung selbstverständlich weiterhin als „natürlicher" Ursprung und unveränderliche Grundlage sozialer Beziehungen begriffen wird" (ebd.: 70). Hier sind die wissenschaftlichen Disziplinen, insbesondere die Sozialpädagogik im Zuge ihres reflexiven Professionalitätsverständnisses (vgl. Dewe/Otto 2002) gefordert, selbstkritischer sowie noch reflektierter mit ihrer Definitionsmächtigkeit umzugehen, um eben solche Ausschlüsse familialer Lebensformen zu vermeiden.

Im Hinblick auf das klassische sowie traditionelle Element von Familie der ‚Eheschließung' hebt Nave-Herz hervor, dass die Familie heute nicht ausschließlich auf einer Eheschließung basieren muss, dass diese nicht mehr ein konstituierendes Merkmal von Familie darstellt (vgl. Nave-Herz 2004: 31). Die Gleichsetzung von Familie und Ehe schließt ebenfalls familiale Lebensformen aus, da beispielsweise Stieffamilien bzw. Patchworkfamilien oder nichteheliche Lebensgemeinschaften nicht mit dem Kriterium der Eheschließung treffend definiert werden können. Die kulturelle Liberalisierung von Normen und Werten und die damit einhergehende Entkopplung von Ehe und Elternschaft (vgl. Kaufmann 1995: 96ff., Peuckert 2008: 30) ermöglichen eine zunehmende familiale Vielfältigkeit, die eben nicht dem Modell der bürgerlichen Kleinfamilie übereinstimmt.

All diese genannten definitorischen Gesichtspunkte von Familie verkörpern Ideale eines tradierten Familienbildes und tragen zu einer Benachteiligung familialer Lebensarrangements bei, welche dem Modell der Bürgerfamilie nicht entsprechen und diesen Vorstellungen zu Folge nicht unter den zugrunde gelegten Familienbegriff zu subsumieren sind. Werden derlei wissenschaftliche bzw. professionelle Familienbegriffe in die öffentliche oder die sozial- und familienpolitische Debatte transportiert, dann werden diverse familiale Realitäten nicht als solche wahrgenommen, ausgegrenzt und möglicherweise aufgrund daraus resultierender Handlungskonzepte strukturell benachteiligt. Die Pluralität und Diversität von Familie ist ein Umstand, der qua Definition nicht unbeachtet oder negiert werden darf, sondern stets seine Berücksichtigung im alltäglichen und auch wissenschaftlichen Verständnis von Familie finden muss, um jeglicher familialer Optionalität gerecht zu werden. Ist diese jedoch mit einem konsensualen Familienbegriffsverständnis einzufangen?

3 Fazit

Fraglich scheint, ob es angesichts der zahlreichen und differenten Definitionsversuche überhaupt einen einheitlichen Familienbegriff geben kann, welcher den vielfältigen theoretischen Perspektiven und disziplinären Bezügen sowie familialen heterogenen Realitäten zugrunde gelegt werden kann. Lenz (2002) beispielsweise zweifelt daran, ob Familie als wissenschaftliche Kategorie grundsätzlich brauchbar sei, da dieser Begriff in der Alltagssprache derart normativ geladen sei und seines Erachtens nach generell mit dem Modell der bürgerlichen Familie gleichgesetzt werde. Die wissenschaftliche Auseinandersetzung mit dem Familienbegriff sei nicht davor gefeit, die alltagsweltlichen Bilder implizit mit einfließen zu lassen. Aufgrund dessen erscheint ihm ein hohes Maß an wissenschaftlicher Selbstreflexion unerlässlich (vgl. ebd.: 147f.).

So kann es möglicherweise eine – um es mit Winklers Worten zu formulieren – „Illusion“ sein, „dass es einen eindeutigen, klaren und distinkten Begriff von Familie geben könnte, der aller künftigen Forschung und Debatte zu Grunde gelegt werden könnte“ (Winkler 2002: 36). Gleichzeitig verweist Winkler darauf, dass immer ein „Ringen“ um den Familienbegriff stattfinden müsse, man sich aber dennoch darauf verlassen könne, dass dieses Ringen überhaupt möglich sei – trotz aller Ungewissheit um den Begriff der Familie, könne mit einem Bild und einem Wissen von Familie gearbeitet werden –, da seines Erachtens nach eine „hinreichende Stabilität“ von Familie konstatiert werden könne (vgl. ebd.: 37). In diesem Kontext gelangt Winkler zu folgendem Resümee: „Man muss von einer geradezu zwingenden, gleichwohl sehr abstrakten Idee von Familie ausgehen, die strukturbildende Effekte nach sich zieht, indem sie die Praxis der Subjekte bestimmt, die doch als autonom erscheint, weil in ihr Optionen bestehen. Sie wollen so etwas wie Familie und konstituieren eine solche dann“ (ebd.). In seinem paradoxen Verständnis von Familie begreift Winkler diese als ein „Gebilde mit hybriden Eigenschaften“. Auf der einen Seite ist sie nur in ihrer jeweiligen historischen sowie gesellschaftlichen und kulturellen Gestalt zu begreifen, auf der anderen Seite stellt sie eine einzigartige Realität dar, die als solche für sich besteht und nicht aus den Sozialstrukturen abzuleiten ist (vgl. ebd.). Möglicherweise macht eben dieser Umstand das Spezifische aus, was das soziale Gebilde Familie von anderen sozialen Figurationen distinguiert.

Um auf die eingangs gestellte Frage zurück zu kommen, was Familie überhaupt ausmacht, wie sie in den verschiedenen sozialwissenschaftlichen Zugängen bestimmt und verstanden wird, erfolgt an dieser Stelle der Versuch eines ersten vorsichtigen Fazits:

Familie lässt sich nicht unabhängig des kulturellen und zeitlichen Kontextes als eine immer gleich zu betrachtende Konstante definieren und verstehen. Die historische sowie kulturelle als auch soziale Wirklichkeit familialer Realitäten ist derart komplex und verschieden, dass es auch der Wissenschaft nicht gelingt – vielleicht auch nicht gelingen kann – sich über eine einheitliche Definition zu verständigen. Dieser Umstand ist sicherlich auch der Vielfalt der theoretischen Betrachtungsweisen geschuldet, die sich mit der Familie als solche sowie differenten familialen Dimensionen befassen, denn der theoretische Standpunkt des bzw. der Betrachter_in entscheidet wesentlich über eine Bestimmung dessen, was Familie denn nun genau ausmacht. Demnach scheint eine klare Beantwortung der Frage, was die Familie genau ist bzw. anhand welcher spezifischen Merkmale Familie näher bestimmt werden kann, an dieser Stelle und aus der hier dargelegten Perspektive – welche die gegenwärtige Pluralität sowie Diversität von Familie berücksichtigt – auf einer allgemeingültigen und einheitlichen Basis kaum möglich. In dem, was beispielsweise die jeweilige Fachdisziplin, die Politik, der öffentliche Diskurs und auch die professionellen Fachkräfte über Familie äußern, welche Zuschreibungen sie machen, welches Bild sie von Familie konstruieren und auch transportieren, sind sowohl explizit als auch implizit die unterschiedlichsten Wissensstrukturen, Wertvorstellungen und Normmuster enthalten. Dabei sollten sich alle Beteiligten des Diskurses über den Gegenstand Familie darüber bewusst sein, dass sie auf diese Weise Einfluss auf familiale Realitäten nehmen. Die diskursive Wirkungsmacht des Leitbilds der bürgerlichen Familienhilfe (vgl. Kahlert 2010: 184), die immer noch vorherrscht, verdeutlicht diesen Umstand. Ein Diskurs über Familie, insbesondere ein wissenschaftlich geführter Diskurs, produziert Wissen und stellt pragmatisch relevante Wirklichkeitskonstruktionen zur Verfügung, denen sich die Beteiligten bedienen (vgl. Winkler 1988: 30). Der Diskurs strukturiert die Wahrnehmung der Wirklichkeit (vgl. ebd.: 31), der Realitäten von Familie und konstruiert diese auf eine eigene Weise. Bereits Berger und Luckmann (1969) haben auf den bedeutenden Konstruktionscharakter der sozialen Realität verwiesen bzw. die aktive Rolle der Individuen dabei hervorgehoben. Wichtig ist in diesem Kontext, dass eigene Zugänge stets reflektiert und kritisch hinterfragt werden sollten, um keine strukturellen Benachteiligungen und dadurch bedingte soziale Ungleichheiten für Familien zu schaffen.

Trotz einer – auf Basis der hier getätigten Ausführungen – als notwendig erachteten Weite des Familienbegriffes darf dieser gleichwohl nicht in eine beliebige Abstraktion abrutschen, um sich selbst nicht ab absurdum zu führen. Bereits Nave-Herz verweist darauf, dass Begriffe nur dann sinnvoll sind,

„wenn mit ihnen eine spezifische Ausgrenzung aus der sozialen Realität möglich ist“ (2009: 15). Eine Definition dient somit zunächst der „sprachlichen und der theoretischen Präzisierung“ (Hill/Kopp 2006: 13). Wenn die „Extension des Begriffs“ (ebd.) zu weit geht, dann müssen nahezu alle zwischenmenschlichen Lebensformen als familial betrachtet und etikettiert werden. In irgendeiner Hinsicht grenzen sich familiale Lebensarrangements jedoch von anderen sozialen Gebilden ab, da sonst eine Wahrnehmung eben dieser und ein Diskurs über sie nicht möglich wäre. Was das genau ausmacht, bleibt eine spannende Forschungsfrage.

Anschließend an die eingangs drei ausdifferenzierten (sozial-)wissenschaftlichen Perspektiven auf Familie ist an dieser Stelle Folgendes zu resümieren: Die Fachdisziplin der Familiensoziologie bedarf weiterer Anstrengungen, um das Phänomen Familie theoretisch zu erfassen und eine Theorie zu entwickeln, welche der familialen Optionalität sowie Diversität in der modernen Gesellschaft in umfassender und anerkennender Weise gerecht wird. Im Hinblick auf erziehungswissenschaftliche Auseinandersetzungen mit Familie sollte verstärkt ein eigener disziplinärer Zugang zur Erforschung familialer Lebenswirklichkeiten gefunden werden, welcher sicherlich noch einer tiefergehenden Analyse familialer Erziehungs-, Bildungs- und Betreuungsleistungen und einer Verschränkung mit familiensoziologischen Erkenntnissen bedarf. Die Soziale Arbeit, welche sich mit Aspekten der strukturellen Überforderung und sozialen Ungleichheiten von Familie auseinandersetzt, sollte weiterhin und insbesondere den Blick auf familiale Lebensarrangements richten, welche eben nicht dem Modell der bürgerlichen Familie entsprechen, und deren Lebenswirklichkeiten, Herausforderungen und Ressourcen tiefergehend erschließen und eine öffentliche und politische Lobby für diese in gesellschaftlichen sowie familien- und sozialpolitischen Bezügen schaffen und stärken.

Jedoch sei noch der Hinweis erlaubt, dass diese – hier aufgemachte – disziplinäre Differenzierung nicht dafür stehen soll, dass eine inter- oder transdisziplinäre Familienforschung nicht das oberste Primat haben sollte. Innerhalb einer breit angelegten und disziplinär verschränkten Familienforschung können unterschiedliche Schwerpunktsetzungen erfolgen, die im Idealfall „transdisziplinär, längsschnittlich, historisch, multiperspektivisch, methodenplural und ideologiefrei“ (Lange/Lettke 2007: 36) angelegt sind.

Literatur

Berger, Peter/Luckmann, Thomas (1969): Die gesellschaftliche Konstruktion der Wirklichkeit. Eine Theorie der Wissenssoziologie. S. Fischer Verlag. Stuttgart.

Böhnisch, Lothar/Lenz, Karl (1999): Zugänge zu Familien – ein Grundlagentext. In: Böhnisch, Lothar/Lenz, Karl (Hrsg.): Familien. Eine interdisziplinäre Einführung. Dresdner Studien zur Erziehungswissenschaft und Sozialforschung. 2., korrigierte Auflage. Juventa Verlag. Weinheim und München. S. 9-63.

Böllert, Karin (2003): Kindheit aus pädagogischer Sicht – oder wo lassen Sie ihr Kind erziehen? In: Institut für soziale Arbeit e.V. (Hrsg.): ISA – Jahrbuch zur Sozialen Arbeit 2003. Fuldaer Verlagsagentur. Fulda. S. 41-57.

Bundesministerium für Familie, Senioren, Frauen und Jugend (Hrsg.) (2005): 12. Kinder- und Jugendbericht. Online Publikation. Verfügbar unter: http://www.bmfsfj.de/doku/kjb/(Stand 08.09.2008)

Bundesministerium für Familie, Senioren, Frauen und Jugend (Hrsg.) (2006): Familie zwischen Flexibilität und Verlässlichkeit. Perspektiven für eine lebenslaufbezogene Familienpolitik. 7. Familienbericht. Baden-Baden.

Dewe, Bernd/Otto, Hans-Uwe (2002): Reflexive Sozialpädagogik. Grundstrukturen eines neuen Typs dienstleistungsorientierten Professionshandelns. In: Thole, Werner (Hrsg.): Grundriss Soziale Arbeit. Ein einführendes Handbuch unter Mitarbeit von Karin Bock und Ernst-Uwe Küster. Leske+Budrich. Opladen. S. 179-198.

Ecarius, Jutta (2002): Familienerziehung im historischen Wandel. Eine qualitative Studie über Erziehung und Erziehungsfragen von drei Generationen. Leske+Budrich. Opladen.

Ecarius, Jutta/Köbel, Nils (2011): Familien. In: Otto, Hans-Uwe/Thiersch, Hans (2011): Handbuch Soziale Arbeit. Grundlagen der Sozialarbeit und Sozialpädagogik. 4., völlig neu bearbeitete Auflage. S. 379-386. Ernst Reinhardt Verlag. München.

Hartmann, Jutta/Klesse, Christian (2007): Heteronormativität. Empirische Studien zu Geschlecht, Sexualität und Macht – eine Einführung. In: Hartmann, Jutta/Klesse, Christian/Wagenknecht, Peter/Fritzsche, Bettina/Hackmann, Kristina (Hrsg.): Heteronormativität. Empirische Studien zu Geschlecht, Sexualität und Macht. VS Verlag. Wiesbaden. S. 9-15.

Hill, Paul B./Kopp, Johannes (2006): Familiensoziologie. Grundlagen und theoretische Perspektiven. Studienskripte zur Soziologie. 4., überarbeitete Auflage. VS Verlag. Wiesbaden.

Jessen, Jens (2011): Zwischen Liebe und Propaganda. Politik und Medien bestimmen das Bild von der Familie mehr als Eltern und Kinder selbst – oft aus Eigeninitiative. In: Die Zeit. No 7. 10.02.2011. S. 22.

Jurczyk, Karin (2010): Neue Familienpolitik und Geschlechterverhältnisse. Sozialpolitische Dimensionen als Leerstelle? In: Böllert, Karin/Oelkers, Nina (Hrsg.): Frauenpolitik in Familienhand? Neue Verhältnisse in Konkurrenz, Autonomie oder Kooperation. VS Verlag. Wiesbaden. S. 57-78.

Kahlert, Heike (2010): Doing family – doing difference. In: Moser, Vera/Pinhard, Vera (Hrsg.): Jahrbuch Frauen- und Geschlechterforschung in der Erziehungswissenschaft. Care – Wer sorgt für wen? Verlag Barbara Budrich. Opladen & Farmington Hills. S. 181-185.

Kaufmann, Franz-Xaver (1995): Zukunft der Familie im vereinten Deutschland. Gesellschaftliche und politische Bedingungen. Perspektiven und Orientierungen. Schriftenreihe des Bundeskanzleramtes – Band 16. Beck Verlag. München.

Lange, Andreas (2007): Kindheit und Familie. In: Ecarius, Jutta (Hrsg.): Handbuch Familie. VS Verlag. Wiesbaden. S. 239-259.

Lange, Andreas/Lettke, Frank (2007): Generationen und Familie. Suhrkamp Taschenbuch Verlag. Frankfurt am Main.

Lenz, Karl (2002): Familien. In: Schröer, Wolfgang/Struck, Norbert/Wolff, Mechthild (Hrsg.): Handbuch Kinder- und Jugendhilfe. Juventa Verlag. Weinheim und München. S. 147-176.

Nave-Herz, Rosemarie (2004): Veränderte familiale Bedingungen des Aufwachsens von Kindern und Jugendlichen in Gegenwart und Zukunft. In: Bock, Karin/Thole, Werner (Hrsg.): Soziale

Arbeit und Sozialpolitik im neuen Jahrtausend. Blickpunkte Sozialer Arbeit. Band 4. VS Verlag. Wiesbaden. S. 87-100.

Nave-Herz, Rosemarie (2009): Familie heute. Wandel der Familienstrukturen und Folgen für die Erziehung. 4., überarbeitete Auflage. WBG (Wissenschaftliche Buchgesellschaft). Darmstadt.

Oelkers, Nina (2007): Aktivierung von Elternverantwortung. Zur Aufgabenwahrnehmung in Jugendämtern nach dem neuen Kindschaftsrecht. transcript Verlag. Bielefeld.

Oelkers, Nina (2009): Die Umverteilung von Verantwortung zwischen Staat und Eltern. Konturen post-wohlfahrtsstaatlicher Transformation eines sozialpädagogischen Feldes. In: Kessl, Fabian/Otto, Hans-Uwe (Hrsg.): Soziale Arbeit ohne Wohlfahrtsstaat? Zeitdiagnosen, Problematisierungen und Perspektiven. Juventa Verlag. Weinheim und München. S. 71-86.

Olk, Thomas (2008): Soziale Arbeit und Sozialpolitik – Notizen zu einem ambivalenten Verhältnis. In: Bielefelder Arbeitsgruppe 8 (Hrsg.): Soziale Arbeit in Gesellschaft. VS Verlag. Wiesbaden. S. 287-298.

Peter, Corinna (2010): Organisation und Profession Sozialer Arbeit: Kognitive Vermittlungsprozesse. Eine neo-institutionalistische Betrachtung. Wissenschaftliche Schriften der WWU Münster. Reihe VI. Band 3. MV Wissenschaft. Münster.

Peuckert, Rüdiger (2007): Zur aktuellen Lage der Familie. In: Ecarius, Jutta (Hrsg.): Handbuch Familie. VS Verlag. Wiesbaden. S. 36-56.

Peuckert, Rüdiger (2008): Familienformen im sozialen Wandel. 7., vollständig überarbeitete Auflage. VS Verlag. Wiesbaden.

Richter, Martina (2008): Familie/Generation. In: Hanses, Andreas/Homfeldt, Hans Günther (Hrsg.): Lebensalter und Soziale Arbeit. Band 1. Eine Einführung. Schneider Verlag. Baltmannsweiler. S. 64-78.

Schier, Michaela (2010): Erwerbsarbeit und Familie wandeln sich. Neue Anforderungen an die Gestaltung von Familie und Geschlechterarrangements. In: ajs informationen. Fachzeitschrift der Aktion Jugendschutz. Nr. 2. 46. JG. S. 4-9.

Schier, Michaela/Jurczyk, Karin (2007): „Familie als Herstellungsleistung" in Zeiten der Entgrenzung. In: Aus Politik und Zeitgeschichte. Beilage zur Wochenzeitung Das Parlament. 34/2007. S. 10-17.

Schmidt, Uwe (2002): Deutsche Familiensoziologie. Entwicklung nach dem zweiten Weltkrieg. Westdeutscher Verlag. Wiesbaden.

Strohmeier, Klaus Peter/Schultz, Annett (2005): Familienforschung für die Familienpolitik. Wandel der Familie und sozialer Wandel als politische Herausforderungen. Im Auftrag des Ministeriums für Gesundheit, Soziales, Frauen und Familie des Landes Nordrhein-Westfalen. Druckerei Hartmann. Ahaus.

Winkler, Michael (1988): Eine Theorie der Sozialpädagogik. Verlagsgemeinschaft Ernst Klett Verlag. Stuttgart.

Winkler, Michael (2002): Familie – zur Geschichte und Realität eines flexiblen Systems. In: Sozialwissenschaftliche Literaturrundschau. 45. JG. H. 2. S. 29-40.

Wuermeling, Franz Josef (1954) zit. n. Walter (1993): Vom Familienleitbild zur Familiendefinition. Konstanz (Arbeitspapier/Universität Konstanz, Sozialwissenschaftliche Fakultät, Forschungsschwerpunkt „Gesellschaft und Familie"; Nr. 5).

R. Nave-Herz

Familie im Wandel? – Elternschaft im Wandel?

1 Einführung

Die Frage nach dem Wandel von Familie und von Elternschaft muss zunächst in dieser zu allgemeinen Formulierung problematisiert werden. Die Begriffe „Familie" und „Elternschaft" sind soziale Konstrukte, die – je nach der gewählten theoretischen Perspektive – mit unterschiedlichen Begrifflichkeiten beschrieben werden. Insofern konzentrieren sich die Analysen von familialem Wandel dann auf jeweils unterschiedliche Dimensionen von „Familie" und „Elternschaft".

Aus strukturell-funktionaler Sicht – trotz unterschiedlicher Akzentsetzungen zwischen bestimmten Vertretern – wird z.B. „Familie" (gleiches könnte für Elternschaft entsprechend gelten) definiert als soziale Institution, die bestimmte gesellschaftliche Leistungen für die Gesamtgesellschaft erbringt bzw. zu erbringen hat und dadurch zu ihrer Stabilität beiträgt (bzw. bei Nichterfüllung zu derer Schwächung bis hin zur gesellschaftlichen Instabilität). Die Frage nach dem familialen Wandel würde sich hier auf den Funktionswandel der Familie konzentrieren. Im nächsten Kapitel versuche ich unter dieser Perspektive das o.a. Thema zu behandeln.

Unter mikrosoziologischer Perspektive (hierunter sind z.B. gruppensoziologische, interaktionistische, rollentheoretische, subjektivistische u.a. Paradigmen zu subsumieren möglich) ist die Familie eine Gruppe/ein System mit einer besonderen Binnenstruktur, die gekennzeichnet ist durch eine genau festgelegte Rollenstruktur und durch spezifische Interaktionsbeziehungen zwischen ihren Mitgliedern. Eine einseitige passive Anpassung der Individuen an ihre Umwelt wird heutzutage in keinem dieser theoretischen Ansätze mehr postuliert, wenn auch zwischen ihnen in dem Ausmaß der subjektiven Verarbeitung von Umwelten Unterschiede gegeben sind. Mit dieser theoretischen Sichtweise löst sich das soziale Konstrukt „Familie" und „Elternschaft" in sehr viele unterschiedliche Dimensionen auf mit der Folge, dass die Frage nach dem familialen Wandel in eine Vielzahl von Fragestellungen „zerfällt";

z.B.: Haben sich die gesellschaftlichen Erwartungen an den Vater, die Mutter, die Kinder und an die Großeltern verändert? Ist ein Wandel in Bezug auf die heutige Rollenbesetzung, z.B. durch vermehrten Rollenausfall und/oder Neu-Besetzung von Rollen (Stiefvater, Stiefmutter, Lebensgefährte usw.) gegeben? Welche demographischen Veränderungen haben die familiale Binnenstruktur und damit das „Familienleben" verändert? Haben neue Arten von Familienbildungsprozessen, z.B. durch die Reproduktionsmedizin, die Adoption von Kindern anderer Kulturen u.a.m., zugenommen und mit welchen Konsequenzen? Welche Veränderungen sind hinsichtlich der Erziehungs-Einstellungen und -Verhalten der Eltern und der Beziehung zwischen Eltern bzw. Mütter/Väter und Kindern, zwischen den Eltern, zwischen den Geschwistern sowie zwischen Großeltern/Eltern/Kindern zu konstatieren? Diese Reihe von Fragen ließe sich lange fortsetzen; und sie schließt zudem noch die nach den verursachenden Bedingungen und den Folgen bestimmter Wandlungsprozesse ein. Insofern können in diesem kurzen Beitrag unter dieser Perspektive nur einige Aspekte herausgegriffen und im dritten Teil dieses Artikels zu beschreiben versucht werden. Ihre Selektion basiert auf dem wissenschaftlichen Erkenntnisinteresse, die gravierenden Veränderungen im Wandel von Elternschaft in Bezug auf mögliche individuelle, aber vor allem auch gesamtgesellschaftliche Folgen aufzuzeigen und dadurch gleichzeitig beide Abschnitte zu verbinden, also die gegenseitige Bedingtheit von Makro- und Mikro-Ebene an ausgewählten Beispielen zu demonstrieren.

2. „Familialer Wandel" in strukturell-funktionaler Theorieperspektive: Kritik und Weiterentwicklung

In der Familiensoziologie wurde lange Zeit, vor allem nach dem Zweiten Weltkrieg bis zu den 1980er Jahren, die strukturell-funktionale Theorie favorisiert und unter dieser Perspektive immer wieder die Frage nach dem familialen Wandel gestellt. Viele Autoren diagnostizierten einen Funktionsverlust der Familie, weil bestimmte familiale Leistungen im Laufe der Zeit an andere hierfür spezialisierte Institutionen abgetreten wurden (z.B. durch die Entstehung von Krankenhäusern, die Ausweitung des Bildungssystems, der Fürsorgeinstitutionen für alte und behinderte Menschen usw.). Vor allem wurde in diesem Zusammenhang insbesondere auf den „Verlust" der Produktionsfunktion der Familie hingewiesen. Doch: die Kopplung von Familie und Produktion – historisch rückblickend – hat immer nur für sehr wenige Familien gegolten (Nave-Herz 2009: 37ff.). Auch in anderer Hinsicht ist an der funktionalistischen und strukturellen Analyse von Familie zu Recht Kritik geübt worden, auf die hier nur kurz hingewiesen werden kann: Manche Funktionen, z.B. die Fürsorge- und Schutzfunktion, wurden nicht von der Familie, sondern von dem Verwandtschaftsverband wahrgenommen. Ferner waren die Vertreter dieses Ansatzes nicht in der Lage, die Bestandsvoraussetzungen des gesamtgesellschaftlichen Gleichgewichts, das diese Theorie unterstellt, überzeugend zu begründen, noch Devianz zu erklären bzw. überhaupt zu berücksichtigen. Dennoch ist es durch deren Weiterentwicklung in Richtung des system- und differenzierungstheoretischen Paradigmas mit ihrer Hilfe eher möglich als mit anderen Theorieansätzen, die Leistungen der Familie für die Gesamtgesellschaft „herauszufiltern“, die ansonsten zu stark als eine „private/individualistische Angelegenheit“ dargestellt werden bzw. als solches erscheinen.

So musste zwar die Familie z.B. die Sozialisationsfunktion durch die Entstehung eines institutionalisierten Bildungssystems an diese abtreten, aber nur zum Teil. Vor allem wurde heutzutage wie nie zuvor in der Geschichte unseres Kulturkreises die frühkindliche Erziehung den Eltern so exklusiv überantwortet und von ihnen als zu verantwortende Aufgabe gesehen (Mitterauer 1989: 179ff.).

Weiterhin wird von der heutigen Familie die Wahrnehmung der biologischen und sozialen Reproduktionsfunktion erwartet. Mit dieser ist die bereits genannte Sozialisationsfunktion eng verbunden, die wiederum die soziale Platzierungsfunktion bewirkt, zumindest unterstützt. Denn welche soziale Rolle und Position eine Person in der Gesellschaft einnimmt, war in der Vergangenheit und ist noch heute vom Elternhaus stark abhängig (PISA-Konsortium 2001; Wissenschaftlicher Beirat 2002; Hartmann 2002).

Zudem hat die Familie eine neue wichtige Funktion hinzugewonnen: Ehe und Familie wurden in unserem Kulturbereich zu einem „Gegenpol“ zu der hoch spezialisierten und bürokratisierten Gesellschaft, speziell zur Arbeitswelt, „erklärt“. Die Gesellschaft übt ständig eine Vielzahl von Zwängen auf den einzelnen Menschen aus. Dort fungiert er immer nur als „Rollenträger“. Der Ehe- und Familienbereich soll hierzu einen Ausgleich schaffen und dem Einzelnen das Gefühl geben, als „ganze Person“, in all ihrer Eigenart, von anderen Menschen voll angenommen zu werden. Dass diese „Spannungsausgleichsfunktion“ nicht immer erfüllt wird oder auch insgesamt hierdurch zu hohe Anforderungen an die Familie gestellt werden und dass daraus sogar gravierende innerfamiliale Konflikte resultieren können, all das wird jedoch in einer rein makro-soziologischen Sichtweise von Familie oft nicht thematisiert.

Zusammenfassend bleibt zu konstatieren, dass nicht ein Funktionsverlust, sondern eine partielle Funktionsreduzierung und ein Funktionswandel stattgefunden hat und insgesamt von einer Konzentration auf spezielle familiale Funktionen gesprochen werden muss. Historisch gesehen, ist also in Bezug auf die familialen Funktionen und somit hinsichtlich dieser familialen Dimension *Wandel und Kontinuität* gegeben.

Diese genannten und zunächst sehr heterogen anmutenden Funktionen von Familie lassen sich unter makro- bzw. systemtheoretischer Perspektive und damit unter dem Leistungsaspekt der Familie für die Gesamtgesellschaft zusammenfassen: Als spezialisierte Leistung wird von der Institution Familie gesellschaftlich erwartet

- die Nachwuchssicherung (Geburt, Pflege und Erziehung von Kindern),
- die psychische und physische Regeneration und Stabilisierung ihrer Mitglieder.

Systemtheoretisch formuliert: Als spezialisierte Leistung werden vom Familiensystem die Produktion und Stabilisierung der personalen Umwelten für alle übrigen Sozialsysteme erwartet, und diese Leistungen wurden ihr mehr oder weniger exklusiv zugeschrieben. Diese familiale Leistung kann auch mit „Bildung und Erhaltung von Humanvermögen“ (Krüsselberg 1997: 206f.) benannt werden, eine Bezeichnung, die zunächst befremdlich erscheinen mag, weil heutzutage im Alltag Ehe und Familie durch das romantische Liebesideal und die emotionale Eltern-Kind-Beziehung gerade als zweckfrei definiert werden und – mit Habermas formuliert – „den Schein intensivierter Privatheit“ erwecken. Denn der Einzelne reflektiert seinen familialen Alltag nicht im Hinblick auf seine gesamtgesellschaftliche Leistung.

Dennoch: unter funktional differenzierungstheoretischem Aspekt hat sich das System Familie im Laufe der Jahrhunderte auf diese Funktion (Bildung und Erhaltung von Humanvermögen) spezialisiert, auf die – um es noch einmal zu betonen – die anderen gesellschaftlichen Teilbereiche, vor allem auch die Arbeitswelt, angewiesen sind (vgl. hierzu ausführlicher: Nave-Herz 2006 und 2008: 703ff.).

Auf die vielen Fakten, die an diesem Veränderungsprozess mitgewirkt haben, kann in diesem Beitrag nur hingewiesen werden: Die Entwicklung wurde einerseits durch die Aufklärung und ihrer Anerkennung der Diesseitsbejahung und durch die Ideen der Romantik ausgelöst, andererseits durch ökonomische und technische Veränderungen sowie durch den Wandel der Produktionsverhältnisse. Infolge der gegenseitigen Verflechtung dieser Faktoren ist kaum auszumachen, welche davon als verursachende, auslösende und bedingende Kräfte letztlich anzusehen sind.

3 „Elternschaft im Wandel“: Ausgewählte Aspekte

3.1 Demographische Veränderungen und mögliche Auswirkungen auf die innerfamilialen Beziehungen

Die heutigen Eltern sind älter bei der Geburt ihrer Kinder, als noch ihre eigenen Eltern und Großeltern es waren. Das Alter der Mütter bei Geburt ihres ersten Kindes ist zwischen 1970 und 2.008 um ca. 5 Jahre gestiegen und beträgt nunmehr durchschnittlich 28 Jahre (Goldstein/Kreyenfeld 2010). Das Alter der Väter ist nur geringfügig höher und variiert – wie bei den Frauen – nach dem Bildungssystem. Eine erste Vaterschaft in der Mitte des 40. Lebensalters ist ein äußerst seltenes Ereignis, wie eine neue Untersuchung aufgrund der Soep-Daten zeigt (Rost 2005). Die Gründe für das Aufschieben der Geburt des Kindes sind vielfältig, ausschlaggebend sind die langen Bildungswege und die späte finanzielle Selbständigkeit sowie die fehlende ökonomische Basis für eine Familiengründung, jedenfalls wie sie von den Betroffenen selbst als ausreichend erachtet werden. Welche Auswirkungen das gestiegene Alter der Eltern auf die Erziehung und Sozialisation der Kinder hat, ist bisher kaum bekannt.

Obwohl das Alter der Eltern bei Geburt ihres ersten Kindes gestiegen ist, erleben infolge der Verlängerung der Lebenserwartung sie ihre Kinder noch weit bis ins hohe Erwachsenenalter und somit auch in ihrer Rolle als „Vater“ und „Mutter“ und häufig ihre Enkel als Jugendliche, zuweilen sogar diese zudem als Eltern. Lauterbach hat nachgewiesen, dass zwischen der mütterlichen Abstammungslinie eine längere gemeinsame Lebenszeit als zwischen der väterlichen gegeben ist aufgrund der Altersdifferenz der Ehepaare und der längeren Lebenserwartung von Frauen (Lauterbach 1995: 23ff.). Die hohe Zahl an „Drei-“, aber ebenso der Anteil an „Vier-Generationen-Familien“, wenn auch nicht zusammen wohnend, ist – historisch gesehen – ein völlig neues soziales Phänomen.

„Elternschaft im Wandel“ beinhaltet damit derzeit auch die Entstehung eines neuen Rollenpluralismus: Eltern werden Großeltern, aber bleiben schließlich gleichzeitig auch Eltern für ihre Kinder; und diese nehmen sie nicht nur als ihre Eltern, sondern nunmehr auch als Kinder ihrer Großeltern war. Hat sich hierdurch u. a. die Erziehung erschwert und/oder die innerfamiliale Macht- und Herrschaftsverhältnisse verändert, zumal die älteste familiale Generation seit der allgemeinen Einführung der Altersversicherung und durch ihre in den letzten Jahrzehnten gestiegene bessere ökonomischen Lage (mit Ausnahme einer kleinen Gruppe) vom „Fürsorge-Empfänger“ zum „Fürsorge-Geber“, vor allem auch in Notzeiten ihrer Kinder und Enkel, „mutierte“? (vgl. Nave-Herz 2011). Derartige Untersuchungen fehlen für unseren Kulturbereich bislang.

Die Verlängerung der Lebenserwartung hat auch dazu geführt, dass sich die Geschwister (abgesehen von den Eltern) am längsten im Vergleich zu anderen Personen kennen; länger auch als den Ehepartner. Geschwistergemeinschaften sind im übrigen – trotz der zugenommenen regionalen Mobilität in unserer Gesellschaft – überwiegend als soziale Netzwerke zu definieren, vor allem im mittleren und höheren Lebensalter (Nave-Herz 2009a: 347ff.).

Die heute gegebene lange gemeinsame Lebenszeit zwischen drei und vier familialen Generationen ist sowohl in ihren familienendogenen als auch in ihren familienexogenen Auswirkungen forschungsmäßig von der Soziologie bisher kaum beleuchtet worden. Allein haben viele empirische Untersuchungen die materiellen und immateriellen Transferleistungen zwischen den familialen Generationen, das noch geltende familiale Solidaritätsprinzip – auch bei getrenntem Wohnen – nachgewiesen (Künemund 2000: 122ff.; Nave-Herz 2002; Ette/Ruckdeschel/Unger 2010; Roloff 2010: 12ff.). In einer Solidargemeinschaft gibt es selbstverständlich nicht nur gegenseitige positive Gefühle, sondern häufig Gefühlsambivalenzen und Konflikte, die aber bislang sehr selten in unserer Gesellschaft zur völligen Auflösung des Familienverbandes führt (Nave-Herz 2011: 281ff.).

Auch Vermögen werden durch Schenkungen und Erbschaften innerhalb der Familie übertragen; ganz selten werden Seitenverwandte oder Familienfremde berücksichtigt (Lauterbach 1998: 237ff,; Motel/Szydlik 1999: 12). Dadurch wird die gegenwärtig bereits bestehende soziale Ungleichheit in Deutschland durch die familialen Generationstransfers in Form von Schenkungen und vor allem von Erbschaften verstärkt (Nave-Herz 2007: 515).

Ein spezieller demographischer Wandel in Bezug auf die Familie wurde in den letzten Jahrzehnten besonders stark diskutiert: die quantitative Abnahme der Zwei-Eltern-Familie (mit biologischer Elternschaft und ehelichem Subsystem) zugunsten anderer Familienformen. Aus dieser statistischen Veränderung wurde die These von der „heutigen Pluralität von Familienformen" abgeleitet. Da ich in vielen Veröffentlichungen zu dieser Behauptung Stellung genommen habe, möchte ich hier lediglich eine kurze Zusammenfassung „einblenden", die aber gleichzeitig die aktuellen Daten berücksichtigt.

Zu unterscheiden ist zunächst zwischen dem Begriff der Lebensform als übergeordnetem Begriff, und dem der Familie, die nur eine unter anderen Lebensformen, darstellt.

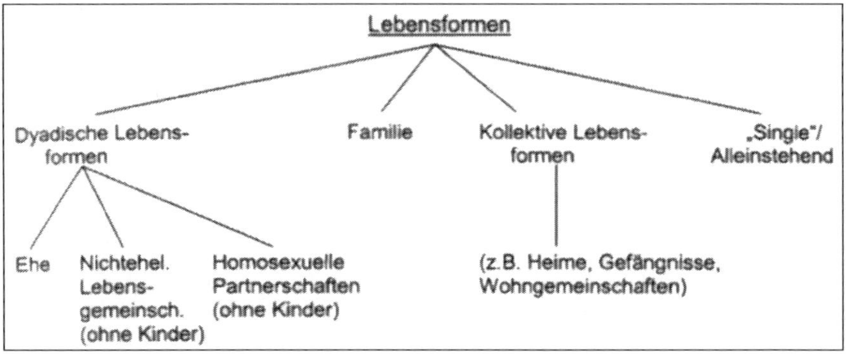

Schaubild Nr. 1. Quelle: Nave-Herz, R. (2006): Ehe- und Familiensoziologie. 2. Aufl., Weinheim, S. 29.

Das essentielle Kriterium von Familie ist die Generationsdifferenzierung, also die biologische und soziale Elternschaft, evtl. Großelternschaft, zwischen denen ganz spezifische Kooperations- und Solidaritätsbeziehungen bestehen, die in unserer Gesellschaft auf sozialen, aber auch z.T. auf kodifizierten Normen gründen. Diese Differenzierung zwischen Familien und anderen Lebensformen wird häufig von Autoren, die die These von der zugenommenen Pluralität von Familienformen vertreten, z.B. Beck (1990), nicht beachtet, und damit erwecken sie falsche Vorstellungen. Denn die zugenommene Pluralität bezieht sich nämlich nur auf bestimmte Lebensformen (Alleinlebend, Nichteheliche Lebensgemeinschaft ohne Kinder, Homosexuelle Partnerschaft ohne Kinder und vor allem auf die kinderlosen Ehen), weniger auf die Familie und auf ihre verschiedenen Varianten.

Bei statistischen Trendverläufen ist ferner – das ist allgemein bekannt, wird aber in der Literatur zu wenig beachtet – immer die Künstlichkeit der Ausgrenzung einer bestimmten Zeitepoche zu beachten, m. a. Worten: das Problem der Bestimmung der Anfangs- und Endpunkte.

Gehen wir in die Geschichte weit zurück, z.B. in die vorindustrielle Zeit, so war damals eine viel größere Pluralität von Familienformen gegeben als heute: Der Anteil an Ein-Elternfamilien, Stief-, Adoptions-, Patchwork- und der Pflegefamilien war weit höher als heute. Die Entstehungsgründe jedoch waren andere: Verwitwung und Nichtehelichkeit sowie Trennung statt wie heutzutage überwiegend Scheidung. Die Mehrgenerationenfamilie war (wie bereits betont) dagegen eine Seltenheit wegen der sehr geringen Lebenswahrscheinlichkeit und einem – ökonomisch bedingten – relativ hohen Heiratsalter, abgesehen von kurzen epochalen und regionalen Schwankungen sowie schichtspezifischer Unterschieden (Gestrich 2003). Darüber hinaus gab es Familienformen, die wir nicht oder kaum noch kennen, z.B. Geschwisterfamilien ohne Eltern oder Großeltern/Enkelfamilien.

Im Laufe der Jahrhunderte hat – wenn auch sehr langsam – eine stetige Abnahme an unterschiedlichen Familienformen stattgefunden (vgl. Nave-Herz: 2011). Seit dem 19., vor allem bis Mitte des 20. Jahrhundert, hat sich die Zwei- (biologische) Elternfamilie quantitativ und als Familienideal letztlich durchgesetzt. Erst seit den 1970er Jahren nahm diese Familienform vor allem zahlenmäßig stetig ab, wenn sie auch bis heute quantitativ dominant geblieben ist (zwar mit großen quantitativen Unterschieden zwischen Ost- und West-Deutschland): in den alten Bundesländern beträgt ihr Anteil 77% und in den neuen 55% an allen Familienformen. Das wird besonders deutlich, wenn man nicht nach den Familienformen differenziert, sondern fragt, in welchen Familienformen Kinder heutzutage aufwachsen. So zeigen die neuesten Daten (Mikrozensus 2008), dass die große Mehrheit der Kinder (über 75%) zumindest bis zum 18. Lebensjahr mit beiden leiblichen Eltern zusammenlebt. Wie ist der hohe Anteil von Kindern, die mit ihren leiblichen Eltern in der Bundesrepublik Deutschland zusammenleben, zu erklären, da doch heutzutage bereits jede dritte Ehe geschieden wird? Doch: Die Ehescheidungsquoten der kinderlosen Ehen sind am höchsten und die der Kinderreichen am geringsten; ferner trennen sich relativ viele Ehen erst in der nachelterlichen Phase, also wenn die Kinder über 18 Jahre alt sind.

Auch im Hinblick auf die Alleinerziehenden mit Kindern sind die Differenzen zwischen West und Ost groß: 17% zu 26%[1]. Gleiches gilt für die Nichtehelichen Lebensgemeinschaften mit Kindern: 6% zu 19%. Fux deutet die höheren Anteile in den neuen Bundesländern als „Erbe der DDR-Gesellschaft“ (Fux 2011).

Häufig wird behauptet, dass es in alleinerziehenden Mutter-Familien eher Erziehungsprobleme als in anderen Familien gäbe, jedenfalls suchen Alleinerziehende eher, schneller und öfter eine Beratungsstelle auf. In wissenschaftlichen Veröffentlichungen wurde zudem lange Zeit festgestellt, dass Kinder aus alleinerziehenden Familien eher kriminelle Karrieren aufweisen würden; sie hätten starke Anpassungsschwierigkeiten in Kindergruppen; sie wiesen eher Defizite im kognitiven Bereich und schlechte Schulleistungen u.a.m. auf.

Diese statistischen Korrelationen sind auch heute noch nachweisbar. Dennoch: Sie sind in ihrer Generalisierung und durch ihre monokausale Zuordnung

1 Nach dem Zweiten Weltkrieg war ihr Anteil sehr hoch; leider besitzen wir keine exakten statistischen Daten, da diese zunächst in den Nachkriegsjahren nicht erhoben wurden und später diese amtlichen Daten zu niedrig angesetzt waren. Vermisste und kriegsgefangene Väter wurden wie „Anwesende“ statistisch gezählt.

zu dem einzigen Faktor „alleinerziehend" falsch; z.T. handelt es sich hierbei um die berüchtigten Schein-Korrelationen, die Dritt-Faktoren nicht berücksichtigen. So ist zwar de facto z.B. eine höhere Kriminalitätsziffer von Kindern aus Mutter-Familien feststellbar, aber ebenso werden überhaupt vermehrt Kinder aus finanziell sehr schlecht gestellten Familien eher straffällig (auf die Ursachenfrage kann hier nicht eingegangen werden). Da aber die Mehrzahl der Mutter-Familien ökonomisch unterprivilegierte Familien sind, ist dieser Sachverhalt der eigentliche Verursacher. Und de facto werden auch nur jene Kinder von alleinerziehenden Müttern in stärkerem Umfang straffällig, deren (neben anderen Faktoren) ökonomische Lage besonders schlecht ist. Ein weiteres Beispiel: Anpassungsschwierigkeiten an Kindergruppen zeigen ebenfalls vermehrt Kinder von alleinerziehenden Müttern; aber ebenso Einzelkinder. Und die Mehrzahl der Ein-Eltern-Familien sind gleichzeitig Ein-Kind-Familien. Es ist also falsch, das Faktum „Alleinerzieherschafft" als unabhängige Variable zu setzen, also als verursachend anzusehen. Im Übrigen bedingt nicht ein Faktor allein den Sozialisationsprozess des Kindes, sondern immer ein Bündel von Faktoren, die sich zumeist noch gegenseitig bedingen.Ausschlaggebend für den Sozialisationsprozess der Kinder sind andere Faktoren als die Alleinerzieherschaft; und es sind die gleichen Faktoren, die den Sozialisationsprozess in Ein-Eltern- und in Zwei-Eltern-Familien bedingen. Also: für die Mutter- bzw. Vater-Familien und für die Eltern-Familien sind für einen gelungenen Sozialisationsprozess vor allem wichtig bzw. ausschlaggebend: die häusliche Atmosphäre, der Lebensstil und die Einstellung der Mutter bzw. der Eltern zu ihrer Lebensform, das Gefühl des Angenommenseins seitens der Kinder bzw. des Kindes, die richtige – vor allem auch altersmäßig ausgerichtete – Balance zwischen Freiheitsspielräumen und ihrer Begrenzung usw. (Nave-Herz 2009: 94ff.).

Auf eine weitere demographische Veränderung, die vor allem die alten Bundesländer betrifft, möchte ich in diesem Beitrag noch kurz eingehen. Hier sind die heutigen Mütter eher erwerbstätig im Vergleich zu ihren eigenen Müttern und Großmüttern. Die Erwerbsquote für Mütter mit Kindern unter 18 Jahren betrug: 1950 = 24,3%, 1980 = 42,3 %, 1996 = 61% und 2009 = 72% (Sommerkorn 1988: 299; Scharein 2011: 29).

Erwähnt sei, dass wiederum die Erwerbstätigkeit von Müttern – historisch gesehen und in der DDR – immer eine Selbstverständlichkeit, aber auch Notwendigkeit für alle Frauen war. Nur während einer sehr kurzen Epoche, nämlich in den 1950er/1960er Jahren, war die Zahl der erwerbstätigen Mütter in der (alten) Bundesrepublik sehr gering (vgl. hierzu ausführlicher Nave-Herz 2012).

Der Einfluss der mütterlichen Erwerbstätigkeit auf den Sozialisationsprozess wird noch heute in der Öffentlichkeit in Deutschland negativ bewertet und ein Sozialisationsdefizit der Kleinstkinder bei Erwerbstätigkeit der Mütter vermutet. So stimmten 71 % in einer repräsentativen Befragung dem Statement zu: „Ein Vorschulkind leidet, wenn seine Mutter erwerbstätig ist" (Gerhards/Hölscher 2003: 214; ebenso Schneider 2011: 14).

Inzwischen liegen zahlreiche empirische Untersuchungen und theoretische Abhandlungen über die Folgen der mütterlichen Erwerbstätigkeit für ihre Kinder vor. Sie zeigen, dass die pauschalen Abwertungen, wie sie den Alleinerziehenden gegenüber geäußert werden, auch für die mütterliche Erwerbstätigkeit und gegenüber der institutionellen Kleinkindbetreuung gelten, aber nicht haltbar sind. Wiederum gilt für die Erwerbstätigkeit von Müttern wie für die Alleinerzieherschaft, dass eine eindimensionale Betrachtungsweise den höchstkomplexen Sozialisationsprozess nicht erfassen kann. Erwerbstätigkeit der Mutter sagt per se nichts über Risiken oder Chancen für den Entwicklungsprozess ihres Kindes aus. Relevant sind vielmehr: der Grund der Erwerbstätigkeit der Mutter, ihre Einstellung zur Berufsarbeit, die Arbeitsbedingungen und –zeiten, die Einstellung des Ehemannes zur Erwerbstätigkeit seiner Frau, die Qualität der Ersatzbetreuung, die Einstellung der Betreuerin oder der Betreuerinnen zu ihrer Tätigkeit usw. Viele Bedingungen also, die sich gegenseitig kompensieren und verstärken können, bestimmen die kindliche Entwicklung und nicht ein einzelner Faktor. Gleiches gilt in Hinblick auf die Mutter als „Ganztags-Hausfrau". Auch hier ist zu berücksichtigen: die mütterliche Zufriedenheit und die Einstellung der Mutter zur Hausfrauenrolle, die Einstellung des Mannes zur Nicht-Erwerbstätigkeit seiner Frau, mögliche ökonomische Belastungen u.a.m. Insgesamt kommt es vor allem darauf an, ob die betreffende Mutter freiwillig oder unfreiwillig zuhause bleibt, also ob sie tatsächlich den Wunsch hat, arbeiten zu gehen, aber sich verpflichtet fühlt, bei ihren Kindern zu bleiben. In diesem Fall kann es zu einer ausgesprochenen oder auch unbewussten Vorwurfshaltung gegenüber dem Kind kommen. Im Jugendalter der Kinder kommt noch ihre Einstellung zur Erwerbstätigkeit ihrer Mutter hinzu und größtenteils bejahen sie diese, noch stärker die Kinder in den neuen als in den alten Bundesländern (Nave-Herz 1999: 39ff.).

Interessant ist ferner, dass der Anteil der Familien-Ernährerinnen etwas angestiegen ist, aber gleichzeitig der Anteil der Familien, in denen der Mann zu mehr als 60% des Einkommens erarbeitet, in den neuen Bundesländern stark gesunken ist, weniger stark in den alten Bundesländern.

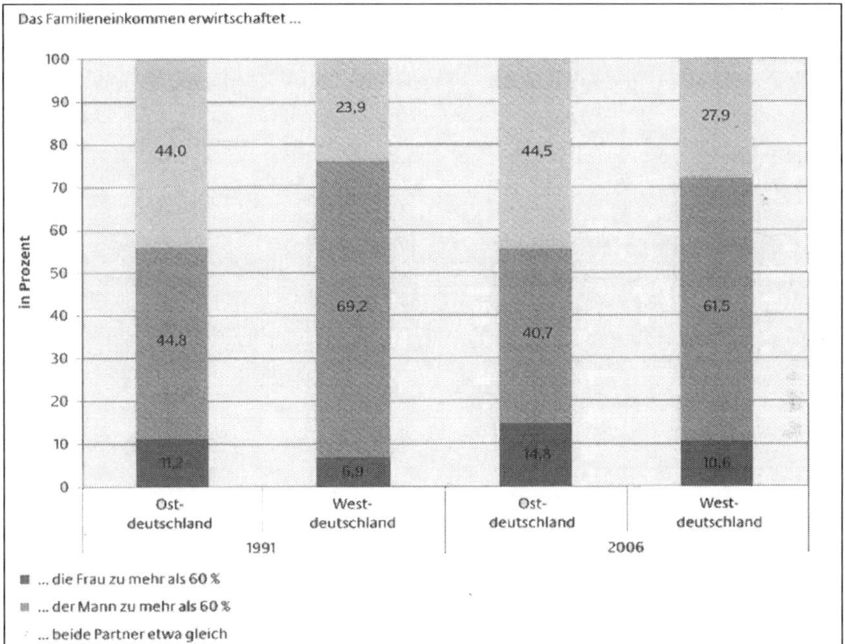

Quelle: Ch. Klenner, 2009: Wer ernährt die Familie? Erwerbs- und Einkommenskonstellationen in Ostdeutschland, in: WSI Mitteilungen 11/2009, S. 619–625, Hans-Böckler-Stiftung, Daten des Sozio-oekonomischen Panels

Schaubild Nr. 2

So zeigt die Grafik keine rückläufige Tendenz zur „Hausfrauen-Ehe", sondern die Zunahme des „Einkommenszuverdienst-Modells" seitens der Frauen. Arbeitsmarktprobleme und Arbeitsbedingungen, aber auch die immer noch ungleiche innerfamiliale Arbeitsbelastung (Wengler/Trappe/Schmitt 2008) könnten diesen Trend bewirkt haben.

Wenn in diesem Abschnitt versucht wurde, zeitgeschichtlich gravierende demographische Veränderungsprozesse und ihre mögliche Rückwirkung auf das Familienleben aufzuzeigen und z.T. auch zu problematisieren, so musste jedoch auch in Bezug auf einige dieser Wandlungsprozesse betont werden, dass wir ihre Folgen wissenschaftlich bisher noch ungenügend erforscht haben, z. B. die Bedeutung des gestiegenen Alters der Eltern und die Auswirkung der kleineren Geschwistergemeinschaft auf den Sozialisationsprozess der Kinder, der Einfluss des heutigen Mehrgenerationenverbandes für alle einzelnen Familienmitglieder und –generationen in allen seinen Dimensionen. Immer noch wird in der Wissenschaft zu stark mit „Familie" die „Kernfamilie" assoziiert und diese empirisch isoliert erfasst und damit der familiale Wandel zur Drei- und Vier-Generationen-Familie, also die Veränderung der sozialen Realität, nicht genügend beachtet. Ferner verlaufen die familienstatistischen Trends – wie gezeigt wurde – nicht so gradlinig, wie häufig unterstellt wird. Vor allem – das sei nochmals betont – ist bei ihrer Interpretation die Künstlichkeit der Ausgrenzung bestimmter Zeitpochen zu beachten.

3.2 Die gestiegenen Leistungsanforderungen an die Eltern[2]

Die gewählte Kapitelüberschrift beinhaltet eine Behauptung, die ich mit sieben Thesen begründen möchte.

- Die moderne Familie ist durch eine geringe Kinderzahl, durch 1-2 Kinder, und durch eine hohe Kindzentrierung gekennzeichnet. Früher bildeten Geschwister ein eigenes System innerhalb der Familie und das bedeutete, dass einerseits die Eltern in ihrer Betreuungsfunktion hierdurch entlastet wurden, und andererseits, dass die Kinder weniger auf die ständige Präsenz der Eltern oder eines Elternteiles als Ansprechpartner angewiesen waren, als dies heutzutage, vor allem bei den Einzelkindern, der Fall ist.
- Der Geburtenrückgang hat ferner bewirkt, dass es häufiger an einer nachbarschaftlichen Spielgruppe für die Kinder mangelt. Das bedeutet, dass das Einzelkind heute nicht nur in der Familie, sondern auch in der nächsten Umgebung allein ist. Dadurch wird es nunmehr neuerdings notwendig, Kinder überhaupt miteinander in Kontakt zu bringen. Spielgruppen müssen organisiert werden, weil das Spielen nicht mehr in spontanen geschwisterlichen und/oder nachbarschaftlichen Spielgruppen vollzogen werden kann. Deshalb werden die Kinder bereits schon im frühen Alter in Krabbel- und Kinderkreise gebracht und mit steigendem Alter in zweckrationale Gruppen: in Schwimm- Mutter-Kind-, Gymnastik-, Turn-, sowie Musik-, Mal- und sonstige Kurse, wodurch sie frühzeitig lernen müssen, sich in unterschiedlichen Rollenkontexten kompetent und autonom zu verhalten.

Der Partizipationsgrad an derartigen Kursen korreliert mit der sozialen Schicht – vor allem mit dem Bildungsniveau der Mutter. Durch die zunehmende Pädagogisierung und damit verbundene Institutionalisierung von Kindheit wurden ferner die Mütter stärker zu Transporteurinnen ihrer Kinder, die sie von einer „Insel" zur anderen bringen. Man spricht deshalb zu Recht von der heutigen „Verinselung" und der „Pädagogisierung" von Kindheit. Ferner haben die

2 Dieses Kapitel stellt eine kurze systematische Zusammenfassung, aber auch eine Ergänzung meiner ausführlicheren Erörterungen dieses familialen Wandels in meinem Buch „Familie heute" (2009) dar. Auf die dort angegebene Literatur sei verwiesen.

Mütter die Probleme der Zeitorganisation für ihre Kinder – aber auch in Bezug auf das gesamte Familienleben – zu lösen.

- In der Psychologie wird heute häufig das Thema „Liebesentzug" als Erziehungsmittel der Eltern gegenüber ihren Kindern behandelt, aber dabei nicht genügend bedacht, dass – auch umgekehrt – manche Eltern den Liebesentzug ihres einzigen Kindes, das sie haben, fürchten, was früher, bei einer höheren Geschwisterzahl, nicht galt. Manche Eltern trauen sich deshalb ihren Kindern kaum einen Wunsch zu verweigern, um ihren Liebesentzug nicht zu spüren zu bekommen.
- Der Mehrzahl der jungen Eltern fehlt vor der Geburt ihres eigenen Kindes die Erfahrung im Umgang mit Säuglingen und Kleinstkindern. Durch diese fehlende Erfahrung mit Kindern und dem fehlenden Wissen über Kinder haben die Unsicherheit und Ambivalenz in der Elternrolle zugenommen. Manche Eltern bzw. Mütter oder Väter können häufig Probleme, die es immer in der Erziehung gegeben hat, nicht mehr mit der angemessenen Ruhe und Geduld betrachten, weil ihnen einfach die Erfahrung fehlt.
- Verändert haben sich zeitgeschichtlich ferner die elterlichen Erziehungsziele und das Verhalten der Eltern gegenüber ihren Kindern und auch Jugendlichen. Mehrere Untersuchungen über elterliche Erziehungsziele weisen alle in die gleiche Richtung: Während der letzten 30 Jahre ist ein Wandel von traditionellen Zielen, wie Ehrlichkeit, Sauberkeit und Gehorsam, erfolgt hin zu einer stärkeren Betonung von Selbständigkeit und – nach einer neuesten Umfrage (Brehm 2010: 6) – zu Verantwortungsgefühl und (wieder: wie früher) zu guten Umgangsformen. Auch auf der Ebene der Erziehungspraktiken sind zeitgeschichtlich entsprechende Veränderungen festgestellt worden, vor allem haben sich liberalere Umgangsmuster kontinuierlich durchgesetzt; das fängt bei der Reinlichkeitserziehung an und setzt sich bis zur Ablehnung der Prügelstrafe als Erziehungsmittel fort. Dennoch werden körperliche Strafen von wenigen noch immer zur Durchsetzung elterlicher Vorstellungen angewandt. Insgesamt setzte sich aber eine „Versprachlichung der Erziehung" durch.

Die heutige gültige kindorientierte Pädagogik bedeutet stärker – wie Teichert (1990: 18) ausführt – ich zitiere: „... eine zähe Verhandlungsarbeit in Form von Erklärungen und Diskussionen ... Die neuen Erziehungspraktiken verlangen demnach sehr viel Zeit und Energie"; ich möchte hinzufügen: und kognitive Kompetenz. Diese Entwicklung hat de Swaan bereits 1982 mit den kurzen Worten treffend beschrieben: Die Entwicklung wäre verlaufen „vom Befehls- zum Verhandlungshaushalt".

Die Erziehungspraktik der Verhandlungsstrategie beginnt zwar heutzutage in der Kleinkindphase, wird aber deutlich fortgesetzt im Jugendalter.

Weiterhin haben die Leistungsanforderungen an das familiale System im Hinblick auf die Pflege und Erziehung der Kinder durch den Leistungszuwachs anderer Systeme zugenommen, eine Folge der neuen Erkenntnisse der Forschung in der Medizin, der Psychologie, Ernährungslehre u.a.m. Gesundheitliche Vorsorgeuntersuchungen der Kinder wurden eingeführt, die die Eltern zu überwachen haben. Noch vor Jahrzehnten kam dagegen der Schularzt in die Schulen hinein, um die Kinder reihenmäßig zu untersuchen und entsprechende Maßnahmen zu formulieren. Das galt ebenso für den Schul-Zahnarzt.

Ein besseres Ernährungsverhalten, vor allem auch für Kinder, wird medizinisch und in allen Arten von Massenkommunikationsmitteln proklamiert, das Angebot an Vermittlung von pädagogischem und psychologischem Wissen ist enorm gestiegen. Die Eltern aller sozialen Schichten fühlen sich heute in verstärktem Maße als Advokat ihrer Kinder. Ob in der Realität alle Eltern diesen gestellten Anforderungen entsprechen und die Angebote annehmen, mag dahingestellt sein. Sie stehen aber zumindest als Forderungen im Raum und können zumindest zu dem bekannten „schlechten Gewissen" der Eltern führen.

Vor allem aber werden die heutigen Eltern durch die Schule stark belastet, weil hier eine Funktionsrückverlagerung stattgefunden hat. Es wird von ihnen z.T. verlangt, z.T. freiwillig von ihnen übernommen, die Hausaufgaben ihrer Kinder zu begleiten und zu kontrollieren. Sie – vor allem die Mütter – sind zu Hilfslehrern avanciert. Nach einer Befragung von 3.000 Eltern mit Kindern zwischen 3 und 16 Jahren gaben drei Viertel von ihnen an, ihren Kindern bei Hausaufgaben und der Vorbereitung von Klassenarbeiten und Referaten zu helfen (Bildungsstudie 2011). Ökonomisch besser gestellte Eltern delegieren diese Aufgabe an private Nachhilfe-Institutionen. Die gesellschaftliche Ungleichheit wird hierdurch stabilisiert.

Diese Rückverlagerung von Teilen der schulischen Bildung an die Eltern mag dazu geführt haben, dass 54% der Eltern ihre Unzufriedenheit mit dem deutschen Schulsystem in einer repräsentativen Umfrage betonen (FORSA 2011).

4 Ausblick

Sowohl unter der Makro- als auch unter der Mikro-Perspektive sind bei Auflösung der sozialen Konstrukte „Familie" und „Elternschaft" in verschiedene Dimensionen bei einigen ein gravierender Wandel, bei anderen jedoch Kontinuitäten feststellbar.

Ein Veränderungsprozess sei nochmals wegen seiner Bedeutung, auch für die Zukunft, zusammenfassend hervorgehoben:

Aus system- und differenzierungstheoretischer Sicht – so wurde gezeigt – wird der Familie die Funktion der „Bildung und Erhaltung von Humanvermögen" mehr oder weniger exklusiv zugeschrieben, auf die alle übrigen gesellschaftlichen Teilbereiche angewiesen sind. Diese Leistung, welche im Rahmen privater Beziehungen, von den Eltern, erbracht wird, hat sich in den letzten Jahrzehnten ständig erhöht: durch die aufgezeigte Kind-Zentrierung der Familie und die fehlende Geschwistergemeinschaft, durch die beschriebene Verinselung und Pädagogisierung von Kindheit, durch veränderte Erziehungsmethoden, durch das Schulsystem sowie durch die Leistungsanforderungen anderer gesellschaftlicher Institutionen an die Eltern. Die Erwartungen und die Ansprüche an die Elternrolle sind derart gestiegen, dass heutzutage eine neue Gefahr besteht, dass nämlich diese Leistungsanforderungen an die Eltern in Leistungsüberforderungen „umkippen". Das könnte nicht nur den Sozialisationsprozess der Kinder gefährden, sondern auch sehr unterschiedliche gesamtgesellschaftliche Auswirkungen nach sich ziehen: z.B. soziale und kognitive Defizite im Hinblick auf die Qualifizierung von Arbeitskräften, aber auch eine Verweigerung junger Erwachsener, derartige Leistungen auf sich zu nehmen. Die in Deutschland bereits hohe Kinderlosigkeit könnte hierdurch weiter steigen. Da eine der Aufgaben der Soziologie es ist, als Frühwarnsystem zu fungieren, d.h. auf zukünftige mögliche gesellschaftliche Entwicklungen, Konflikte, Krisen hinzuweisen, muss im Hinblick auf das behandelte Thema vor weiteren Leistungssteigerungen und -anforderungen an das familiale System gewarnt werden und stattdessen stärkere öffentliche, vor allem politische Unterstützung erfolgen, aber nicht in Form von neuen Kontrollen (was z.B. für den diskutierten Schuleingangstest gelten würde).

Literatur

Beck, Ulrich (1990): Der Konflikt der zwei Modernen. In: Zapf, Wolfgang (Hrsg): Die Modernisierung der modernen Gesellschaften – Verhandlungen des 25. Deutschen Soziologentages in Frankfurt am Main. Frankfurt: Campus Verlag, 40-54.

Bertram, Hans; Ehlert, Nancy (Hrsg.) (2011): Familie, Bindungen und Fürsorge. Familiärer Wandel in einer vielfältigen Moderne. Opladen: Verlag Barbara Budrich.

Bildungsstudie vom 14.4.2011. Online verfügbar unter http://www.jako-o.de/presse

Brandt, Martina (2009): Hilfe zwischen den Generationen. Ein europäischer Vergleich. Wiesbaden: VS Verlag.

Brehm, Uta (2010): Die Erziehungsziele von berufstätigen, arbeitsnahen und als Hausfrauen tätigen Müttern. Eine Analyse anhand der Daten des Generations and Gender Surveys. In: Bevölkerungsforschung, 6; 2-11.

Ette, Andreas; Ruckdeschel, Kerstin; Unger, Rainer (Hrsg.) (2010): Potentiale intergenerationaler Beziehungen – Chancen und Herausforderungen für die Gestaltung des demographischen Wandels. Würzburg: Ergon Verlag.

FORSA-Umfrage vom 16.06.2011. Online verfügbar unter: http://www.rp-online.de

Fux, Beat (2011): Sozioökonomische Situation und soziale Beziehungen von Alleinerziehenden. Würzburg: Ergon Verlag. Reihe: Beiträge zur Bevölkerungswissenschaft Bd. 41.

Gerhards, Jürgen; Hölscher, Michael (2003): Kulturelle Unterschiede zwischen den Mitglieds- und Beitrittsländern der EU: Das Beispiel Familien- und Gleichberechtigungsvorstellungen. In: Zeitschrift für Soziologie, 206-225.

Gestrich, Andreas (2003): Neuzeit. In: Gestrich, Andreas; Krause, Jens-Uwe; Mitterauer, Michael (Hrsg.): Geschichte der Familie. Stuttgart: Kröner Verlag, 364-652.

Goldstein, Joshua; Kreyenfeld, Michaela (2010): Geburtenentwicklung. In: Familie und Partnerschaft in Ost- und Westdeutschland. Rostock: Max Planck Institut.

Hartmann, Michael (2002): Der Mythos von den Leistungseliten – Spitzenkarrieren und soziale Herkunft in Wirtschaft, Politik, Justiz und Wissenschaft. Frankfurt, New York: Campus Verlag.

Hornung, Anne (2010): Zwischen Kinderlosigkeit und Zwei-Kind-Familie. In: Familie und Partnerschaft in Ost- und Westdeutschland. Rostock: Max Planck Institut.

Klenner, Christina (2009): Wer ernährt die Familie? Erwerbs- und Einkommenskonstellationen in Ostdeutschland. In: WSI-Mitteilungen 11, Hans-Böckler Stiftung, 619-625.

Kohli, Martin; Künemund, Harald; Motel-Klingebiel, Andreas; Szydlik, Marc (2000): Grunddaten zur Lebenssituation der 40-85jährigen deutschen Bevölkerung – Ergebnisse des Alters-Survey, Beiträge zur Alterns- und Lebenslaufforschung. Berlin: Weißensee Verlag.

Krüsselberg, Hans-Günter (1997): Ethik, Vermögen und Familie – Quellen des Wohlstands in einer menschenwürdigen Ordnung. Stuttgart: Lucius & Lucius.

Künemund, Harald (2000): Verbreitung, Motivation und Entwicklungsperspektiven privater intergenerationaler Hilfeleistungen und Transfers. In: Kohli, Martin; Szydlik, Marc (Hrsg): Generationen in Familie und Gesellschaft. Opladen: Westdeutscher Verlag, 122-137.

Lauterbach, Wolfgang (1995): Die gemeinsame Lebenszeit von Familiengenerationen. In: Zeitschrift für Soziologie, 23-43.

Lauterbach, Wolfgang (1998): Familiensystem und Vermögensübertragung – Zur Bedeutung einer Erbschaft für Erben und Erblasser. In: Wagner, Michael; Schütze, Yvonne (Hrsg.): Verwandtschaft. Stuttgart: Enke Verlag, 237-262.

Mitterauer, Michael (1989): Entwicklungstrends der Familie in der europäischen Neuzeit. In: Nave-Herz, Rosemarie; Markefka, Manfred (Hrsg.): Handbuch der Familien- und Jugendforschung. Bd. 1 Familienforschung. Neuwied: Luchterhand Verlag, 179-194.

Motel, Andreas; Szydlik, Marc (1999): Private Transfers zwischen den Generationen. In: Zeitschrift für Soziologie, 3-22.

Nave-Herz, Rosemarie (2006): Ehe- und Familiensoziologie. Eine Einführung in Geschichte, theoretische Ansätze und empirische Befunde. 2. Aufl. Weinheim, München: Juventa Verlag.

Nave-Herz, Rosemarie (2007): Die soziologische Relevanz von Vererbungspraktiken in Deutschland. In: Gesellschaft – Wirtschaft – Politik 56/4, 505-516.

Nave-Herz, Rosemarie (2008): Ehe und Familie. In: Willems, Herbert (Hrsg.): Lehr(er)buch Soziologie. Bd. 2. Wiesbaden: VS Verlag für Sozialwissenschaften, 703-720.

Nave-Herz, Rosemarie (2009): Familie heute. 4. Aufl. Darmstadt: Primus Verlag.

Nave-Herz, Rosemarie (2009a): Geschwisterbeziehungen. In: Lenz, Karl; Nestmann, Frank (Hrsg.): Handbuch Persönliche Beziehungen. Weinheim, München: Juventa Verlag, 337-352.

Nave-Herz, Rosemarie (2011): Die Fürsorgeleistung der Familie in Europa für ihre älteren Mitglieder – historischer Rückblick und zukünftige Perspektiven. In: Bertram, Hans; Ehlert, Nancy (Hrsg.): Familie, Bindungen und Fürsorge. Familiärer Wandel in einer vielfältigen Moderne. Opladen: Barbara Budrich, 281-298.

Nave-Herz, Rosemarie (2012): Das „bürgerliche Familienideal" – Entstehung und Verbreitung in Deutschland. In: Krüger, Dorothea; Herma, Holger; Schierbaum, Anja (Hrsg.): Familie heute – Entwicklung, Kontroversen, Prognosen. Weinheim: Juventa Verlag (im Druck).

Nave-Herz, Rosemarie (Hrsg.) (2002): Family Change and Intergenerational Relations in Different Cultures. Würzburg: Ergon Verlag.

PISA-Konsortium (2001): PISA 2000. Basiskompetenzen von Schülerinnen und Schülern im internationalen Vergleich. Opladen: Leske & Budrich.

Roloff, Juliane (2010): Informelle und materielle Hilf-/Unterstützungsleistungen – Wer sind die Akteure? In: Bevölkerungsforschung 6, 12-18.

Rost, Harald (2005): Kinder – Wunsch und Wirklichkeit. In: Zeitschrift für Familienforschung 17, 8-20.

Scharein, Manfred (2011): Eine unmögliche Mission? Der Vergleich der Müttererwerbstätigkeit in West- und Ost-Deutschland im Zeitverlauf. In: Bevölkerungsforschung 2, 20-30.

Schneider, Norbert F., zit. in: Gückel, Bernhard (2011): Aktuelle Mitteilungen aus dem BIB. In: Bevölkerungsforschung 3, 13-16.

Sommerkorn, Ingrid (1988): Die erwerbstätige Mutter in der Bundesrepublik: Einstellungs- und Problemveränderung. In: Nave-Herz, Rosemarie (Hrsg.): Wandel und Kontinuität der Familie in der Bundesrepublik Deutschland. Stuttgart: Enke Verlag, 115-144.

Swaan, Andy de (1982): Vom Ausgehverbot zur Angst vor der Straße. In: päd. Extra 3, 48-55.

Teichert, Volker (1990): Familie und Gesellschaftsstruktur. In: Teichert, Volker (Hrsg.): Junge Familien in der Bundesrepublik, Opladen: Leske & Budrich.

Wengler, Annelene; Trappe, Heike; Schmitt, Christian (2008): Partnerschaftliche Arbeitsteilung und Elternschaft. Analysen zur Aufteilung von Hausarbeit und Elternaufgaben auf Basis des Generations und Gender Survey. Wiesbaden: Bundesinstitut für Bevölkerungsforschung.

Wissenschaftlicher Beirat für Familienfragen (2002): Die bildungspolitische Bedeutung der Familie – Folgerungen aus der PISA-Studie. Schriftenreihe des BMFSFJ. Bd. 224. Stuttgart: Kohlhammer.

Sabine Andresen | Susann Fegter

Autonomie und Zuwendung: Die Sicht der Kinder auf ihre Eltern

1 Einleitung

Eltern und Kinder sind in der Kindheitsforschung traditionell eng aufeinander bezogen. Die Sozialberichterstattung hat Kinder lange Zeit überhaupt nur als Bestandteil von Familien erfasst und sich auf Aussagen der Eltern (und anderer Erwachsener) bezogen (vgl. Heinzel 2000, Andresen 2010). Kinder methodologisch als eigenständige soziale Gruppe zu betrachten und sie selbst nach ihren Sichtweisen und Erfahrungen zu befragen, ist eine Entwicklung der letzen Jahre (vgl. James/Jenks/Prout 1998; Andresen/Hurrelmann 2007). Damit wird u.a. nicht nur die Sicht von Eltern auf ihre Kinder, sondern auch umgekehrt die Sicht von Kindern auf ihre Eltern systematisch und repräsentativ zugänglich. Der folgende Beitrag stellt die World Vision Kinderstudie 2010 als Ausdruck dieser international zu beobachtenden Trendwende im Bereich der Sozialberichterstattung vor. Er fokussiert dabei im Ergebnisteil auf Beziehungsqualitäten, zu denen sich Kinder in Bezug auf ihre Eltern äußern, fragt nach sozialen Einflussfaktoren auf entsprechende Erfahrungen und stellt Zusammenhänge mit dem Wohlergehen von Kindern dar. Eine Kombination aus Autonomieerleben und Zuwendung durch Eltern stellt sich dabei im Anschluss an die Aussagen der Kinder als jene Erfahrung dar, die den größten Einfluss auf eine hohe Lebenszufriedenheit sowie eine hohe Selbstwirksamkeitserwartung der befragten Kinder hat. Abschließend wird auf die Gefahren einer Kulturalisierung von Armut hingewiesen, wenn diese Befunde eine verkürzte Rezeption erfahren.

2 Die World Vision Kinderstudie 2010 im Kontext der neueren Kindheitsforschung

Die World Vision Kinderstudie 2010 verbindet einen repräsentativen Survey über Kinder zwischen 6 und 11 Jahren in Deutschland mit einer qualitativen Vertiefungsstudie. 2529 Kinder wurden standardisiert zu Hause und zu den Themen Familie, Schule, Freizeit, Gleichaltrige, sowie über Wünsche, Ängste und ihr subjektives Wohlbefinden befragt. Zwölf der Kinder zwischen sechs und elf Jahren wurden zusätzlich in individuellen Fallstudien portraitiert. Die ausführlichen Interviews basieren auf dem bereits für die erste Studie entwickelten Spiel, das den Kindern die Möglichkeit gibt, ihre psychosoziale Umwelt darzustellen und im Interviewverlauf eine Tiefenstruktur räumlich sichtbar zu machen. Darüber hinaus haben wir uns intensiver als in der ersten Studie mit der Zeiterfahrung der Kinder befasst und insbesondere die selbstbestimmten Anteile der Zeit in den Blick genommen sowie über den Einsatz von Fotografien die Vorstellungen der Kinder von Armut und Reichtum in den Blick nehmen können. Am Ende des Interviews wurden die Kinder dann gebeten, die fünf wichtigsten „Dinge“, die jedes Kind, egal, wo es aufwächst, für ein gutes Leben benötigt, aufzuzeichnen oder zu benennen.

Mit diesem Design vollzieht die World Vision Kinderstudie jenen Paradigmenwechsel nach, der sich seit der zweiten Hälfte der 1980er Jahre in der Erforschung von Kindern vollzieht (vgl. James/Jenks/Prout 1998; Grunert/Krüger 2006; Schweizer 2007). Einer vorherrschenden erwachsenenzentrierten, auf Entwicklungsziele in der Zukunft gerichteten Perspektive wird zunehmend eine entgegengestellt, die das „Hier und Jetzt“ des Kindes und den kindlichen Alltag in den Vordergrund rücken (Schweizer 2007). In der empirischen Forschung artikuliert sich dieser Paradigmenwechsel in einem Erkenntnisinteresse an den Sinnwelten, Wahrnehmungen, Deutungen und Praktiken von Kindern selbst (Breidenstein/Prengel 2005; Krappmann/Oswald 2005,2006; Andresen/Diehm 2006; Bühler-Niederberger/Sünker 2006; Schweizer 2007, Andresen/Fegter 2009). Kinder werden insgesamt als kompetente Informanten seines subjektiven Erlebens konzipiert und ihre eigenständigen Lebensäußerungen stehen vermehrt im Forschungsfokus. Kindheitstheoretisch und –methodologisch werden diese Entwicklungen wiederum begleitet von kontroversen Debatten um Konzepte und Begriffe: Das Konzept vom „Kind als kompetenten Akteur“ läuft beispielsweise Gefahr, zu einer neuen Ontologisierung von Kindern und Kindheit beizutragen, wenn der Kindbegriff entsprechend substanziell gefüllt wird, wenn also Aktivität und Kompetenz zu kindlichen Eigenschaften werden (vgl. Honig 2009). Hingewiesen wird in diesem Zusammenhängen auch auf die Anschlussfähigkeit entsprechender Kindverständnisse an ökonomische Diskurse, die „kompetente Kinder“ als Ressourcen der Wissensgesellschaft ‚entdecken‘ (vgl. Magalhaes/Stoer 2003). Die World Vision Kinderstudie versteht das Konzept vom „Kind als sozialen Akteur“ dem entgegen als *methodologischen* Ansatz, mit dem Kinder als eigenständige *soziale* Gruppe in den Mittelpunkt empirischer Forschung rücken, ohne ihnen dabei spezifische Merkmale wesenhaft zuzuordnen. Mit dem Interesse am *gegenwärtigen* Leben und Erleben von Kindern sieht sich die World Vision Studie des weiteren in der Traditionen jener Kinderforschungen, die bereits im frühen 20. Jahrhundert Kinder nicht (ausschließlich) als Werdende sondern als Seiende in ihren aktuellen Lebenswelten betrachteten, wie z.B. in den Forschungen des polnischen Kinderarztes Janusz Korczak (vgl. Korzcak 1967) oder der Studie zum Lebensraum des Großstadtkindes von Martha Muchow (vgl. Muchow/Muchow 1935: 98)

3 Die Beziehung zu Eltern aus Sicht der Kinder

Aus den Ausführungen sollte deutlich geworden sein, dass wir uns mit der Formulierung „aus Sicht der Kinder“ auf Selbstaussagen der befragten Kinder im Rahmen der Interviewsituation beziehen. Wir verstehen diese weder als ‚authentische‘ Sichtweisen noch als genuine Kinderperspektiven, die auf eine kindliche Natur verweisen. Vielmehr handelt es sich um Aussagen sozialer Akteure, die eingebettet sind in kulturelle Konventionen und Strukturen. Erfahrungen, auf die Kinder mit ihren Äußerungen verweisen, sind stets Ergebnis und nicht Ausgangspunkt von Kindheiten, an deren sozialer Herstellung Kinder selbst beteiligt sind. Damit stellt sich die Frage, zu welchen Aussagen wir hinsichtlich ihrer Sichtweisen auf Erwachsene kommen. Im ersten Schritt sollen einige Befunde aus den qualitativen Interviews referiert werden (Schröder/Picot/Andresen 2010).1 Durch die Aufstellung von sozialräumlich gedachten Netzwerken während des Interviews war es möglich, die Kontakte der Kinder zu rekonstruieren. An der folgenden Abbildung ist exemplarisch die Aufstellung der elfjährigen Fatma aus Berlin zu sehen.

Sie haben wir für die erste World Vision Kinderstudie interviewt. Fatma war zum Zeitpunkt des Interviews zehn Jahre alt, ihre Eltern sind aus dem Libanon nach Deutschland gekommen, dort ist Fatma geboren und lebt mit ihrer Familie in Berlin. Der Vater ist arbeitslos, die Mutter arbeitet als Putzfrau, beide sprechen nur gebrochen Deutsch, sie haben sechs Kinder und Fatma teilt sich mit zwei Brüdern ein Zimmer. Zu ihren großen Leidenschaften zählt das Schwimmen, dorthin begleitet sie ihr zwölfjähriger Bruder. Aber Fatma geht

1 Wir greifen hier maßgeblich auf Kapitel 7.1 der World Vision Kinderstudie 2010 zurück.

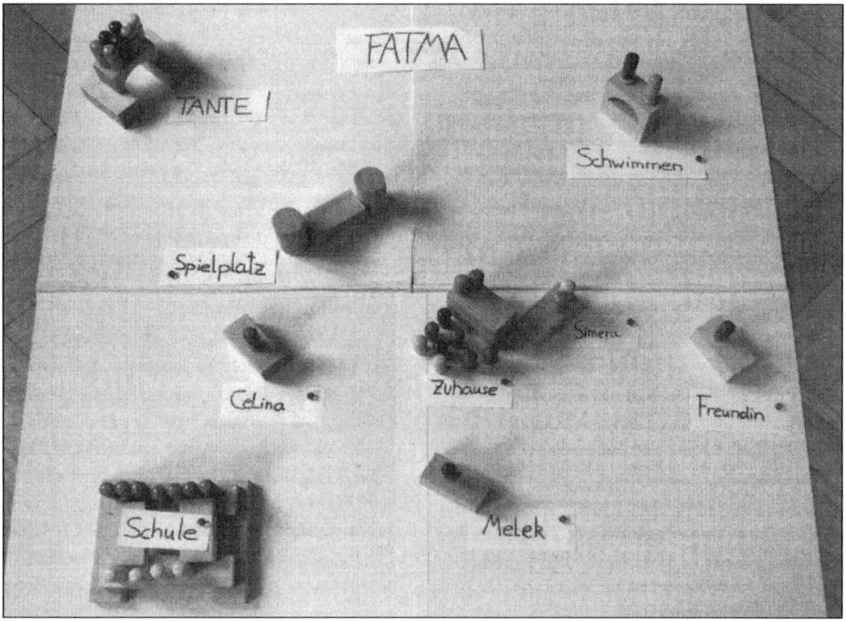

auch sehr gerne in die Schule und erzählt von ihrer Versetzung in die vierte Klasse. In der Schule hat sie die Gelegenheit, mit ihren Freundinnen zu spielen. Gegen 16 Uhr kommt sie jeweils nach Hause, so dass sie nachmittags ihre Zeit meist auf dem Spielplatz in der Nähe der Wohnung verbringt. Auch die Wohnung der Tante wird aufgebaut, denn dorthin kann Fatma nicht ohne eine erwachsene Begleitung gehen, obwohl die Tante mit ihrer Familie ebenfalls in Berlin lebt. Wenn sie diese besuchen, so übernachtet Fatma meistens dort. Wichtig sind ihr zudem die Wohnungen ihrer drei besten Freundinnen. Zu allen anderen Orten begleitet Fatma ihr älterer Bruder.

Insgesamt tritt in den qualitativen Interviews ein Befund zunächst deutlich hervor, Kinder verfügen durchaus über differenzierte soziale Umwelten. Wie diese aussehen, wie der Grad der Differenzierung ist und ob die Kontakte vornehmlich aus dem familiären Nahbereich stammen oder weiter darüber hinaus gehen, hat auch mit dem jeweiligen sozialen Hintergrund des Kindes zu tun. Hier ließe sich auch an die Ergebnisse von Annette Lareaus (2003) Untersuchung zu ungleichen Kindheiten anschließen. Lareau arbeitete heraus, dass gerade Kinder aus den unteren Herkunftsschichten in ihrem psychosozialen Netzwerk ebenso wie in ihrer räumlichen Bewegungsfreiheit insofern eingeschränkt sind, als dass sie vornehmlich auf familiäre, verwandtschaftliche und nachbarschaftliche Beziehungen zurückgreifen müssen. Dafür aber erfahren sie im Alltag mehr Autonomie hinsichtlich ihrer Zeitgestaltung, weil ihre Eltern weder die sozialen Ressourcen haben, die Freizeit ihrer Kinder zu verplanen, noch davon überzeugt sind, dass es gut für ihre Kinder sei. Dem gegenüber sind Eltern der Mittelschicht und der oberen Herkunftsschichten intensiv damit beschäftigt, das Netzwerk ihrer Kinder über die Familie hinaus auszubauen, so spielen etwa Cousins und Cousinen keine nennenswerte Rolle und die Freizeitaktivitäten ihrer Kinder offensiv zu gestalten. Entsprechend ist die Sicht der Kinder auf ihre Eltern: Kinder, die sich mehr oder weniger selbst überlassen bleiben, erfahren ein entsprechendes Maß an Freiheit und nehmen die Eltern als wenig eingreifend wahr. Kinder, deren Zeit stark vom Zusammensein mit der Mutter und ihrem Gestaltungswillen geprägt ist, blicken stärker auf eine erwachsenenzentrierte psychosoziale Umwelt. Auch bei den Kindern der World Vision Studie zeigen sich solche Tendenzen. Die Anzahl der Kontaktpersonen variiert bei den Kindernetzwerken sehr stark. „Dabei gilt es zwischen der Anzahl der Kontakte, also der aufgestellten Spielfiguren, und der Anzahl der Kontaktpersonen zu unterscheiden. Die Kinder stellen auch Spielfiguren auf, die sie selbst symbolisiert, und manchmal auch für andere Personen Figuren an mehr als einem Ort. Zieht man also die eigenen und die doppelt platzierten Spielfiguren ab, so haben unsere 12 Kinder insgesamt 249 Figuren als Kontaktpersonen aufgestellt. (Mit den Kindern selbst und den doppelt oder mehrfach aufgestellten Figuren sind es 266 Kontakte.) Das heißt, dass sie im Durchschnitt 21 Kontaktpersonen aufstellen, davon waren 11 Erwachsene und 10 Kinder. Der Mittelwert von 10 Kindern (Geschwister mit eingerechnet) passt in etwa zu den Angaben im repräsentativen Teil, wo die Kinder nach der Zahl ihrer Freunde gefragt wurden. Die Anzahl der Kontaktpersonen variiert sehr stark. Dabei spielt das Alter unserer Befragten kaum eine Rolle. Die wenigsten Kontakte gab mit 10 Personen ein 7-Jähriger an, die meisten mit 32 Personen ein 8-Jähriger. Eine Überraschung war für uns, dass die Kinder insgesamt mehr erwachsene Kontaktpersonen aufstellten als Kinder. Dies wird noch bedeutend interessanter, wenn man sich die Angaben genauer anschaut: Bei einigen Kindern ist das Netzwerk stark von Erwachsenen dominiert, bei anderen ist es deutlich von Kontakten zu Kindern bestimmt." (Schröder/Picot/Andresen 2010, S. 231/232)

Ein weiterer Zusammenhang soll an dieser Stelle noch einmal hervorgehoben werden: Die von uns interviewten Kinder nehmen insgesamt die Erwachsenen – und hier insbesondere ihre Eltern – als „Bestimmer" wahr. Das sehen sie keineswegs nur negativ, aber sie wünschen sich doch mehr Möglichkeiten der Selbstbestimmung und das zeigt sich insbesondere mit Blick auf die Verfügbarkeit von Zeit. Vergleicht man die von allen zwölf Kindern angelegten

„Zeitstreifen“[2], so wird deutlich, über wie wenig selbstbestimmte Zeit sie verfügen, wobei die Schule der größte „Zeitfresser“ ist, Kinder hingegen wenig zur Hausarbeit herangezogen werden. Ein interessantes Detail ist, dass eine echte Kontroverse zwischen Kindern und Eltern nur im Umgang mit Medien deutlich wird, denn die Kinder wollen Medienzeit gern als selbstbestimmte Zeit, wohingegen sie hier auf den fürsorglichen Widerstand der Eltern stoßen. Fürsorge der Eltern und anderer Erwachsener ist aber insgesamt von großer Bedeutung für die Kinder und das zeigt sich auch an ihren Vorstellungen vom „guten Leben“. Ein liebevolles Zuhause, Erwachsene, die für mich sorgen, ein „Dach über dem Kopf“, eine Mutter oder ein Vater, die mich nachts trösten, halten die Kinder für unverzichtbar für alle Kinder. Dies deckt sich mit Untersuchungen dazu, was Kinder, die unter Armutsbedingungen aufwachsen, unter einem „gutes Leben“ verstehen (Andresen/Fegter 2009). So nannten Kinder im Rahmen einer standardisierten Befragung in einem Feriencamp auf die offene Frage nach Dingen[3], die für sie wichtig sind, vielfach konkrete Menschen aus ihrer Familie. Offene Antworten auf eine weitere Frage danach, was sie für alle Kinder wichtig finden lautete: „dass Eltern immer, obwohl sie arbeiten müssen, Zeit für ihre Kinder haben“ und „dass sie ein zuhause haben und Eltern“, „dass die Eltern den Kindern auch zuhören“, sowie „dass die Eltern da sein müssen“ (vgl. Andresen/Fegter 2009).

4 Autonomie *und* Zuwendung: Beziehungsqualitäten in Kombination

Themen, die Kinder in ihrer Sicht auf Eltern wichtig machen, kreisen damit wiederkehrend um Fürsorge und Autonomie: Es geht um zeitliche und emotionale Zuwendung sowie darum, gehört zu werden mit eigenen Wünschen und Vorstellungen. Der quantitative Teil der World Vision Kinderstudie 2010 gibt Hinweise darauf, dass es genau die Verbindung aus gewährter Autonomie und Zuwendung ist, die Kinder in der Beziehung zu ihren Eltern in der Form

2 Den Kindern wurde ein Papierstreifen mit der Bitte vorgelegt, auf diesem anhand vorgegebener Kategorien einzuteilen, wie viel Zeit sie in den jeweiligen Lebensbereichen verbringen. Bezug genommen wurde dabei auf die (wache) Zeit eines Tages und zwar getrennt nach Schultagen und Wochenende. Insgesamt wurden sechs Kategorien vorgegeben: Schule und damit verbundene Aufgaben, andere Pflichten wie Jobs oder Hilfe im Haushalt, feste Freizeitaktivitäten wie Teilnahme in einem Verein, Zeit mit der Familie, freie Spielzeit ohne Aufsicht sowie Nutzung von elektronischen Medien.

3 Die Frage lautete: „Was sind für Dich die 3 wichtigsten Dinge, die Dir gehören? Schreibe sie bitte auf.“ (Vgl. Andresen/Fegter 2009: Fragebogen im Anhang)

schätzen, dass sich ein signifikanter Zusammenhang mit einer hohen Lebenszufriedenheit aufzeigen lässt. Deutlich wird dabei zugleich die Relevanz von Armut, sozialer Herkunft sowie dem Aufwachsen bei einem alleinerziehenden Elternteil für entsprechende Erfahrungen. Kindheiten in Deutschland stellen sich damit auch in der Sicht auf ihre Eltern als ungleiche Kindheiten dar. Diese These soll im Folgenden unter Rückgriff auf die Befunde entfaltet werden.

Familiäre Zuwendung wird in der World Vision Kinderstudie 2010 zum einen enger gefasst als Zufriedenheit mit der zeitlichen Zuwendung durch die Eltern erhoben, zum anderen weiter gefasst durch die allgemeine Frage nach der Zufriedenheit damit, wie die Eltern für ihr Kind da sind (vgl. Schneekloth/ Pupeter 2010a: 86ff). Im ersten Fall schlagen sich auch in der Wahrnehmung der Kinder soziale Geschlechterverhältnisse erkennbar nieder: So sind 2/3 der befragten Kinder mit Zeit zufrieden, die ihre Mutter für sie aufwendet, aber nur jedes dritte Kind mit der Zeit der Väter. Nimmt man die Aussagen der Kinder zu den Müttern und Vätern zusammen und bezieht ihre familiären Konstellationen ein, ergibt sich folgendes Bild: 87 % aller Kinder äußern keine Zuwendungsdefizite in dem Sinne, dass sie angeben, von mindestens einem Elternteil genügend zeitliche Zuwendung zu bekommen. 11 % der Kinder geben dagegen an, dass ein Elternteil nicht genügend Zeit für sie hat und der andere (wenn vorhanden) nur ‚mal so, mal so' für sie da ist. Zeitliche Defizite werden hier somit nicht durchgängig ausgeglichen. 2% der Kinder äußern ungenügende zeitliche Zuwendung in Bezug auf beide Eltern. Ingesamt können damit für 13% der Kinder Zuwendungsdefizite festgehalten werden. Wie schon in der ersten World Vision Kinderstudie zeigt sich dabei, dass eine regelmäßige Erwerbsbeteiligung beider Eltern kein Indikator für Zuwendungsdefizite ist, sondern ganz im Gegenteil Zuwendungsdefizite bei jenen Kindern überdurchschnittlich oft genannt werden, deren Eltern arbeitslos sind. Eine weitere Risikogruppe stellen Kinder Alleinerziehender dar, die erwerbstätig sind. Besonders junge Kinder leiden unter dieser Situation: So artikulieren 40% der 6-7-jährigen, die bei einem alleinerziehenden, erwerbstätigen Elternteil aufwachsen, Zuwendungsdefizite. Das in Deutschland nach wie vor nicht hinreichend vorhandene Betreuungsangebot aber auch der zunehmende arbeitsmarktpolitische Druck auf alleinerziehende Mütter und Väter kleiner Kinder wirken sich hier erkennbar negativ auf die Erfahrungen von deren Kindern aus. Diese Tendenzen wiederholen sich bei der allgemeiner gefassten Frage nach der Gesamtzufriedenheit mit der elterlichen Zuwendung (vgl. ebd.: 90ff). Auch hier zeigt sich zunächst die für Kinderbefragungen typische, sehr hohe Zufriedenheitsbekundung: Über ¾ der befragten Kinder äußern sich positiv bis sehr positiv. Analysiert man die Befunde genauer zeigt sich jedoch auch hier, dass Kinder mit Armutserfahrungen (mit 35%), Kinder der unteren sozialen Herkunftsschicht (zu 34%) sowie Kinder Alleinerziehender (mit 27%) erkennbar überrepräsentiert sind unter jenen, die elterliche Zuwendungen aus ihrer Sicht als negativ oder sehr negativ bewerten. Über Zuwendungserfahrungen hinaus hat die World Vision Kinderstudie 2010 auch nach Autonomieerfahrungen standardisiert gefragt (vgl. Schneekloth/Pupeter 2010b S. 201ff.) Eine der Fragen war etwa darauf gerichtet zu erfahren, wo Kinder im Alltag mitbestimmen dürfen. Hier zeigen sich einerseits Altersunterschiede: Je älter die Kinder sind, desto höher bewerten sie ihre Mitgestaltungsmöglichkeiten. Anderseits machen auch die Mitbestimmungsgegenstände einen Unterschied: Den größten Entscheidungsspielraum sehen Kinder bei der familiären Gestaltung der Freizeit: 80% aller Kinder geben an, in diesen Fragen mitbestimmen zu können. An zweiter Stelle folgt die tägliche Auswahl der Kleidung (77%). An dritter Stelle der vorgegebenen Antwortmöglichkeiten folgt die eigene Entscheidung oder das Mitbestimmen darüber, wofür das Taschengeld ausgegeben wird (73%). Deutlich seltener können Kinder (mit)entscheiden, wie viele Freunde sie nach Hause mitbringen (42%). Schichtspezifika zeigen sich bei allen diesen Gegenständen der Mitbestimmung: Die höchsten Werte bei der Mitgestaltung der Familienfreizeit erreichen Kinder der Mittelschicht. Bei der Kleidung und beim Taschengeld sehen wiederum Kinder aus der Oberschicht die größten Gestaltungsspielräume. Die Anzahl der Freunde, die nachhause mitgebracht werden dürfen, ist dagegen am häufigsten für Kinder der unteren sozialen Herkunftsschicht gestaltbar. Bedenkt man die hohe Bedeutung, die Kinder ihren Freunden und Freundinnen beimessen, zeigen sich hier wichtige Erfahrungsräume selbstbestimmter Freizeit. Wie wichtig nun gerade das Zusammenspiel von Fürsorge- und Autonomieerfahrungen ist und wie wenig das eine das andere ersetzen kann, zeigen die Befunde der World Vision Kinderstudie 2010 zur subjektiven Lebenszufriedenheit der Kinder (vgl. ebd.: S.210 ff) Auf dies Frage danach, wie zufrieden die Kinder insgesamt mit ihrem Lebens sind, haben sich die meisten Kinder sehr positiv (59%) bis positiv (30%) geäußert. 11 % der Kinder haben dagegen neutral bis negativ geantwortet. Multiplen Regressionsanalysen zeigen dabei, dass sowohl die Zufriedenheit mit den in der Familie gewährten Freiheiten als auch die Zufriedenheit damit, wie Eltern für einen da sind, signifikanten Einfluss auf die allgemeine Lebenszufriedenheit der Kinder hat. Es sind somit beide Erfahrungen für Kinder von großer Bedeutung: Mitbestimmen zu können, gehört zu werden und eingebunden zu sein in Entscheidungen ebenso wie zeitliche Zuwendung zu erfahren, getröstet zu werden, jemanden zu haben, der für sie da ist. Für Fragen nach dem Wohlergehen von Kindern kann die subjektive Lebenszufriedenheit stets nur ein Aspekt unter andern sein, da sie Gefahr läuft soziale Missstände zu verschleiern. Diese Diskussion wird vor allem unter dem Begriff der adaptiven Präferenzen geführt: So können sich Menschen ihren Lebensumständen anpassen und selbst bei deutlichen Misständen unter Umständen noch angeben, zufrieden zu sein (vgl. Sen, 1992, 1999; Nussbaum, 2000). Vor dem Hintergrund der oben ausgeführten Befunde zu den Zusammenhängen von Fürsorge- und Autonomieerfahrungen mit sozialer Herkunft, einem Aufwachsen in Armut oder bei einem alleinerziehendem Elternteil wird jedoch die Relevanz sozialer Lebensumstände für die subjektive Lebenszufriedenheit bereits vermittelt erkennbar.

5 Wider eine Kulturalisierung von Armut: Ausblick und Diskussion

Die befragen Kinder geben mit ihren Äußerungen wichtige Hinweise darauf, welche Erfahrungen sie mit ihren Eltern machen und welche Bedeutung eine spezifische Kombination aus Autonomie- und Zuwendungserfahrung für sie hat. Durchgängig zeigt sich dabei, die Relevanz sozioökonomischer Rahmenbedingungen für die Erfahrungswelten der Kinder. Kindheiten stellen sich damit auch in der Frage von Beziehungsqualitäten als tendenziell ungleiche Kindheiten dar. Zu einer Kulturalisierung von Armut taugen die Befunde zugleich nicht. Neue öffentliche Armutsdiskurse produzieren einen defizitären Blick auf davon betroffene Eltern und ihr *Verhalten* und tragen damit einer Logik der Thematisierung sozialer Ungleichheit Rechnung, die sozialstrukturelle Voraussetzungen vernachlässigt (vgl. Kessl/Ziegler/Reutlinger 2007). Die World Vision Studie zeigt jedoch, dass Kinder aus Familien mit niedrigem sozio-ökonomischem Status keineswegs per se vernachlässigt werden. Manche von ihnen machen sowohl in Fragen von Zuwendung als auch Mitbestimmungsmöglichkeiten sehr positive Erfahrungen und weisen hohe Werte in Bezug auf ihre subjektive Lebenszufriedenheit als auch ihre Selbstwirksamkeitserwartungen auf. Andere wachsen dagegen in sehr belastenden Lebensverhältnissen auf, bei denen durchaus mit Überforderungen auf Seiten der Eltern gerechnet werden kann. Die Befunde zu Kindern alleinerziehender Eltern machen besonders deutlich, wie Zuwendungsdefizite mit sozialstrukturellen Möglichkeiten zusammenhängen. Wo eine Gesellschaft nicht hinreichend auf gewandelte Familienformen und Bedingungen des Aufwachsens von Kindern eingestellt ist, können nicht alle Elternteile in gleicher Weise ihren Kindern jene Zuwendungs- und Autonomieerfahrungen ermöglichen, die sich aus Sicht der Kinder als eine gelungene Kombination für ihr Wohlbefinden darstellt.

Literatur

Andresen, S. & Diehm, I. (2006). Einleitung. In: Dies. (Hrsg.): Kinder, Kindheiten, Konstruktionen (S. 9-21). Wiesbaden: VS Verlag.

Andresen, S.& Hurrelmann, K. (2007): Was bedeutet es, heute Kind zu sein? Die World Vision Kinderstudie als Beitrag zur Kinder- und Kindheitsforschung. In: World Vision Deutschland (Hrsg.): Kinder in Deutschland 2007. 1. World Vision Kinderstudie. Frankfurt/M.: S. Fischer. S. 35-64

Andresen, S. & Fegter, S. (2009). Spielräume sozial benachteiligter Kinder. Bepanthen Kinderarmutsstudie. Eine ethnographische Studie zu Kinderarmut in Hamburg und Berlin. Vorläufiger Abschlussbericht. Bielefeld.

Andresen, S. & Hurrelmann, K.: 2010 Kindheit. Weinheim: Beltz.

Andresen, S. (2010): Kinderberichterstattung. In: Heinzel F. (Hrsg.): Kinder in Gesellschaft. Was wissen wir über aktuelle Kindheiten? Grundschulverband. Frankfurt/M. S. 32-40.

Breidenstein, G., and Prengel, A. 2005. Schulforschung und Kindheitsforschung – ein Gegensatz? Wiesbaden: VS Verlag.

Bühler-Niederberger, D. & Sünker, H. 2006. Der Blick auf das Kind. Sozialisationsforschung, Kindheitssoziologie und die Frage nach der gesellschaftlich-generationalen Ordnung. In: Andresen, S. & Diehm, I. (Hrsg.): Kinder, Kindheiten, Konstruktionen. Wiesbaden: VS Verlag, S. 25-53.

Grunert, C. & Krüger, H. (2006): Kindheit und Kindheitsforschung in Deutschland: Forschungszugänge und Lebenslagen. Opladen: Leske und Budrich

Heinzel, F. (2000): Methoden und Zugänge der Kindheitsforschung im Überblick. In: Dies. (Hrsg.) (2000): Methoden der Kindheitsforschung. Ein Überblick über Forschungszugänge zur kindlichen Perspektiven. Weinheim u. München: Juventa, S. 21- 35.

Honig, M.-S. (2009): Ordnungen der Kindheit. Problemstellungen und Perspektiven der Kindheitsforschung. Weinheim: Juventa.

Honig, M.-S. (2009): Das Kind der Kindheitsforschung. Gegenstandkonstitution in den childhood studies. In: Ders. (Hrsg.): Ordnungen der Kindheit. Problemstellungen und Perspektiven der Kindheitsforschung. Weinheim, München: Juventa, S. 25-52.

James, A., Jenks, C. & Prout, A. (1998). Theorizing Childhood. Cambridge: Polity Press.

Kessl, F., Reutlinger, Ch.& Ziegler, H. : Erziehung zur Armut? Soziale Arbeit und die „neue Unterschicht" – eine Einführung. In: Dies. (Hrsg.): Erziehung zur Armut? Soziale Arbeit und die ‚neue Unterschicht'. VS Verlag. Wiesbaden. S. 7-16.

Korczak, J. (1967). Wie man ein Kind lieben soll, Vandenhoeck & Ruprecht: Göttingen

Krappmann, L. & Oswald, H. 2005. Kinderforschung als Grundlagenforschung mit Praxisrelevanz. In: Breidenstein, G. & Prengel, A. (Hrsg.): Schulforschung und Kindheitsforschung – ein Gegensatz?. Wiesbaden: VS Verlag.

Krappmann, L. & Oswald, H. 2006. Soziale Herkunft, Ungleichheit in der Schulklasse und Schulerfolg – unter besonderer Berücksichtigung der von Kindern ausländischer Eltern. In: Rehberg, K.-S. (Hrsg.): Soziale Ungleichheit, kulturelle Unterschiede.Frankfurt a. M.: Campus Verlag, S. 752-764.

Lareau, A. (2003): Unequal Childhoods. Class, Race, and Family Life. Berkeley: University of California Press.

Magalhães, A. & S. Stoer (2003). „Performance, Citizenship and the Knowledge Society: a new mandate for European education policy." Globalisation, Societies and Education 1(1): 41-66.

Muchow, M.(1935,1998). Der Lebensraum des Großstadtkindes. Weinheim: Juventa.

Nussbaum, M. (2000). Women and human development. Cambridge: CUP.

Sen, A. (1992). Inequality Re-examined. Oxford: Oxford University Press.

Sen, A. (1999). Investing in early childhood: Its role in development. Paper read at the Conference on Breaking the Poverty Cycle. Investing in Early Childhood, at Washington, D.C.

Schneekloth, U. & Pupeter, M (2010a).: Familie als Zentrum. Bunt und vielfältig aber nicht für alle Kinder gleich verlässlich. In: World Vision (Hrsg.): Kinder in Deutschland 2010. 2. World Vision Kinderstudie. Fischerverlag: Frankfurt. S. 61-94.

Schneekloth, U. & Pupeter, M.: (2010b): Wohlbefinden, Wertschätzung, Selbstwirksamkeit: Was Kinder für ein gutes Leben brauchen. In: World Vision (Hrsg.): Kinder in Deutschland 2010. 2. World Vision Kinderstudie, Fischerverlag: Frankfurt. S.187-222.

Schroeder, D, Picot, S. & Andresen, S. (2010): Die qualitative Studie: 12 Porträts von Kinderpersönlichkeiten. Methodisches Vorgehen und Eindrücke aus dem empirischen Material. In: World Vision (Hrsg.): Kinder in Deutschland 2010. 2. World Vision Kinderstudie, Fischerverlag: Frankfurt

Schweizer, Herbert (2007): Soziologie der Kindheit: verletzlicher Eigen-Sinn. Wiesbaden: VS Verlag

Michael Meuser

Vaterschaft im Wandel. Herausforderungen, Optionen, Ambivalenzen

1 Einleitung

„Sie haben Berufsgeschäfte, können nicht jede Stunde des Tages Ihren Kindern widmen; und doch muß, wer Kinder erziehen will, darauf Verzicht thun, irgend etwas Anderes nebenher zu treiben.“ So radikal, wie Adolph Freiherr von Knigge (zit. nach Trepp 1996: 31) im Jahr 1784 es formulierte, würde gegenwärtig niemand unter den Protagonistinnen und Protagonisten eines stärkeren Engagements des Vaters in der Familie die Väter in die erzieherische Pflicht nehmen wollen. Das Leitmotiv, das den aktuellen – politischen wie wissenschaftlichen – Vaterschaftsdiskurs bestimmt, ist die Absage an eine einseitige Orientierung am Leitbild des Vaters als Ernährer der Familie. Auf EU-Ebene wird eine aktive Teilhabe von Vätern am Familienleben seit Beginn des 21. Jahrhunderts gefördert (Hofäcker 2007: 161ff.). Die deutsche Familienpolitik hat spätestens seit 2005, als Ursula von der Leyen zur Familienministerin ernannt wurde, nicht mehr nur die Mütter, sondern auch die Väter zu Adressaten familienpolitischer Programme gemacht, die darauf zielen, Väter zu einem stärkeren Engagement in der Familie zu bewegen. Die zu Beginn des Jahres 2007 erfolgte Novellierung des Elternzeit- und Elterngeldgesetzes, das die Bezugsdauer von zwölf auf 14 Monate unter der Voraussetzung ausdehnt, dass beide Elternteile in Elternzeit gehen und einer der Partner (im empirischen Regelfall der Vater) mindestens zwei Monate in Anspruch nimmt, ist sichtbarster Ausdruck dessen. Die psychologische Väterforschung betont die Bedeutung des Vaters für die kindliche Entwicklung (Nickel 2002; Seiffge-Krenke 2009) und liefert damit einen wissenschaftlichen Legitimationsrahmen für eine stärkere In-die-Pflicht-Nahme der Väter. Damit trägt sie, möglicherweise unintendiert, dazu bei, den normativen Druck auf Väter zu erhöhen, die sich, dem tradierten Verständnis von Vaterschaft folgend, ausschließlich oder primär über die Rolle des Ernährers der Familie definieren.

Wenn gegenwärtig von „neuen Vätern" die Rede ist, dann wird das Neue darin gesehen, dass diese Väter ein Verständnis von Vaterschaft entwickeln (und mitunter auch praktizieren), das sich mehr oder minder radikal von der Bestimmung des Vaters im Rahmen des Modells der sog. bürgerlichen Kleinfamilie unterscheidet. Dieses basiert bekanntlich auf einer klaren Trennung der Sphären der Produktion und der Reproduktion bzw. des Berufs und der Familie und sieht für den Mann die erste und für die Frau die zweite Sphäre vor, wobei diese Reihenfolge als Rangfolge zu verstehen ist. Zwischen Produktion und Reproduktion besteht ein hierarchisches Gefälle, das dem Mann die dominante Position im Geschlechterverhältnis zuweist. Wie die eingangs zitierte Mahnung des Freiherrn von Knigge zeigt, scheint diese klare Trennung und die darin gründende Bestimmung des Vaters als Ernährer der Familie in den Anfängen der bürgerlichen Gesellschaft nicht in der Weise fraglos gegeben gewesen zu sein, wie dies vielfach angenommen wird und für die weitere Entwicklung dieser Gesellschaftsform dann auch in wachsendem Maße zutrifft. Ein sich um das Wohlergehen der Kinder nicht nur sorgender, sondern in deren Erziehung aktiv engagierter Vater ist, legt man einen weiteren historischen Blick an, offenkundig gar nicht so neu, wie es der aktuelle Vaterschaftsdiskurs insinuiert.

Ich werde im folgenden zunächst in groben Zügen die historischen Entwicklungslinien skizzieren, in deren Zuge sich das Vaterschaftsverständnis zunehmend auf die instrumentelle Funktion des Vaters verengt hat (2). Sodann werde ich darlegen, wie im Kontext von zwei ineinander verwobenern Entwicklungen, des Wandels der Geschlechterverhältnisse seit den 1970er Jahren und des sich seit dem 1980er Jahren sich abzeichnenden Endes der Industriegesellschaft, Vaterschaft in einer Weise kontingent zu werden beginnt, die der Logik gesellschaftlicher Individualisierung entspricht: einer Gleichzeitigkeit neuer Herausforderungen und neuer Optionen (3). In einem nächsten Schritt werde ich auf das schwierige Verhältnis von Vaterschaftsdiskurs, in dem sich die neuen Optionen zunächst auftun, und Vaterschaftspraxis eingehen, die weitgehend tradierten Mustern verhaftet bleibt (4). Daran anschließend werde ich den Blick auf die Minderheit von Vätern richten, die ein neues, auf erzieherische Tätigkeiten fokussiertes Verständnis von Vaterschaft in die alltägliche Praxis umsetzen, und zeigen, mit welchen Ambivalenzen dies verbunden ist (5). In einem Fazit werden diese Befunde in einen geschlechter- und männlichkeitstheoretischen Rahmen gestellt (6).

2 Vom anwesenden und engagierten Vater zum Ernährer der Familie – Zur Begrenzung des Vaters in der bürgerlichen Gesellschaft

Die geschichtswissenschaftliche Geschlechter- und Familienforschung hat gezeigt, dass die bürgerliche Kleinfamilie mit einer klar nach Geschlechtern differenzierenden Aufgabenzuweisung „in der historischen Realität kaum jemals existierte" (Martschukat/Stieglitz 2005: 107). Selbst im Bürgertum wurde sie erst ab der Mitte des 19. Jahrhunderts praktizierte Realität. In der Arbeiterklasse erlaubten es die schwierigen ökonomischen Bedingungen nicht, dass die Frauen sich in die Sphäre des Haushalts zurückzogen; bis auf die sehr kurze Periode wirtschaftlicher Prosperität in der Folge des sog. Wirtschaftswunders von Ende der 1950er bis Anfang der 1970er Jahre war das Einkommen der Ehefrau – und ist es wieder – notwendig, um die ökonomische Basis eines Arbeiterhaushalts zu sichern. Gleichwohl hat sich das Modell der bürgerlichen Kleinfamilie, in welcher dem Vater die Funktion des Ernährers der Familie, der Mutter die der für den Haushalt Sorgenden und sich um die Kinder Kümmernden zukommt, als Normalitätsfolie durchsetzen können, gegenüber der die aktuellen Veränderungen im Verständnis von Vaterschaft diskutiert werden. Dass selbst im bürgerlichen Milieu Vaterschaft einmal anders verstanden wurde, gerät dabei leicht aus dem Blick.

Trepp (1996: 31f.) hat darauf hingewiesen, dass in den Erziehungskonzepten der Aufklärung der Vater und nicht die Mutter dominierte; er war der primäre Adressat der Erziehungsempfehlungen. Sie zeigt anhand von zeitgenössischen Selbstzeugnissen, „wie bewußt die Männer um 1800 tatsächlich Väter wurden" (ebd.: 33). Trepp beschreibt sie als „Väter zum Anfassen" und als „zärtliche Väter" (ebd.: 38). Ein Vater notiert, seine noch keine ein Monat alte Tochter scheine zu ihm eine „besondere Instinkt-mäßige Neigung zu haben. Wenn keiner die Schreiende beschwichtigen kann, so brauche ich sie nur auf den Arm zu nehmen, u. ihr vorzusingen, so ist sie still, und sogar voll Behagens" (ebd.). Eine Illustration aus der fünften Auflage des seinerzeit sehr populären Buchs „Über die Ehe" von Theodor Gottlieb von Hippel zeigt Vater und Mutter nebeneinander auf dem Sofa sitzend und sich gleichermaßen um die vier Kinder kümmernd – ganz im Unterschied zu dem „klassischen" bürgerlichen Familienarrangement, in dem der Vater in einer erhöhten Position hinter den anderen Familienmitgliedern steht und damit zwar die Gemeinschaft dominiert, zugleich aber auch in einer distanzierten Position sich befindet. Im frühen 19. Jahrhundert überwog die Berufs- und Leistungsorientierung des Mannes noch nicht das Interesse an der „häuslichen Glückseligkeit" (ebd.: 42). Bis zur Mitte dieses Jahrhunderts waren Väter in der Familie präsent, im

Umgang mit ihren Kindern „emotional überaus engagiert", „an der frühkindlichen Entwicklung interessiert und an der Erziehung beteiligt" (Martschukat/Stieglitz 2005: 115).

Die Polarisierung weiblicher und männlicher Sphären setzte in den Familien des Bürgertums erst Mitte des 19. Jahrhunderts ein – und damit eine wachsende Fokussierung der Männer auf den Beruf. „Jetzt erst begann sich der Mann primär über den seinen Beruf zu definieren; die Spielräume der Männer wurden enger und andere männliche Verhaltensmuster erforderlich. Diesen entsprechend demonstrierten die Väter des späteren 19. Jahrhunderts emotionale Distanziertheit, Ernsthaftigkeit und Strenge." (Trepp 1996: 47) Ihre Position in der Familie verlagerte sich von deren Zentrum an deren Peripherie; sie wurden zu den „strenge[n], unnahbare[n] Autoritäten im Hintergrund der Familie" (ebd.), als die sie seit den sechziger Jahren des vergangenen Jahrhunderts vermehrt in kritischer Perspektive dargestellt werden.

Trepp beschreibt die Entwicklung der Position des (bürgerlichen) Vaters im 19. Jahrhundert als einen Prozess der Vernichtung von Kontingenz; Vaterschaft wird zunehmend auf die instrumentelle Funktion des Ernährers eingeengt, die nur durch beruflichen Erfolg erfüllt werden kann (vgl. auch Drinck 2005; Habermas 2000; Martschukat/Stieglitz 2005). Dies wird im zeitgenössischen Diskurs zunächst durchaus noch als „*Verfall* der väterlichen Erziehungsgewalt" (Drinck 2005: 31; Herv. i.O.) kritisch thematisiert. Rerrich (1988) weist darauf hin, dass mit der Trennung und geschlechtsspezifischen Zuweisung der Sphären von Produktion und Reproduktion den Männern binnenfamiliäre Zuständigkeiten und Kompetenzen abgesprochen wurden. Die Durchsetzung des auf Geschlechterpolarität beruhenden bürgerlichen Familienmodells seit Mitte des 19. Jahrhunderts erweist sich als ein ambivalenter Prozess: „als Stärkung und Schwächung des Vaters zugleich" (ebd.). Bourdieu (1997: 187) hat in seinem Aufsatz über die männliche Herrschaft auch die Männer als „Gefangene und auf versteckte Weise Opfer der herrschenden Vorstellung" bezeichnet, „die gleichwohl so perfekt ihren Interessen entspricht". Der aus dem Binnengeschehen der Familie ausgeschlossene bzw. sich ausschließende Vater befestigt, indem er sich auf den Beruf und die Ernährerrolle konzentriert, die männliche Herrschaft, zahlt dafür aber gleichsam den Preis, in der Familie in eine periphere Position zu geraten (Liebold 2001). Er engagiert sich – im Beruf – *für* die Familie, kaum aber *in* der Familie.

Im 20. Jahrhundert scheinen die Begrenzung auf die Ernährerfunktion und der Rückzug des Vaters aus dem familialen Binnenraum dann für lange Zeit den Charakter einer fraglosen Gegebenheit zu haben. Noch Mitte des 20. Jahrhunderts postulierte der seinerzeit äußerst einflussreiche Psychologe Bowlby (1951), dass nur die Mutter als primäre Bezugsperson der Kinder in Frage käme. Zur gleichen Zeit tendierten einflussreiche Vertreter der Familiensoziologie dazu, ein in den damaligen (US-amerikanischen) Mittelschichtfamilien durchaus verbreitetes Arrangement als überhistorische Konstante festzuschreiben.

Mit Bezug auf die von ihm in seiner allgemeinen Handlungstheorie formulierten „pattern variables“ bestimmte Parsons die als komplementär konzipierten Rollen des Vaters und der Mutter entlang der Achse instrumentell-adaptiv – expressiv-intergrativ. Diese Unterscheidung folgt einem allgemeinen und elementaren Muster der funktionalen Differenzierung sozialer Systeme (Parsons/Bales 1955: 22f.). Instrumentelle Rollen sind vor allem auf die Verwirklichung von Systemzielen gerichtet, expressive auf die Integration der Gruppe. Parsons (1968: 58) sieht hierin „die Hauptachse der Differenzierung von Geschlechtsrollen in allen Gesellschaften“. Dem Vater komme die Funktion der instrumentellen Führerschaft („instrumental leader“) in der Familie zu, und dies sei darin verankert, dass in der modernen Gesellschaft die Berufsrolle des Mannes ein zentraler Teil seiner Familienrolle ist (Parsons/Bales 1955: 13). Während die erwachsene weibliche Geschlechtsrolle, definiert durch die Merkmale „wife, mother and manager of the household“, primär in den internen Angelegenheiten der Familie fundiert sei, sei die erwachsene männliche Rolle in der Berufswelt verankert: „in his job and through it by his status-giving and income-earning functions for the family“ (Parsons/Bales 1955: 14f.). Bedeutung in der Familie erlange der Vater in erster Linie dadurch, dass er die Außenwelt (symbolisch) repräsentiert, weniger durch „fathering“, durch eine spezifische Weise der Zuwendung zum Kind. Die Außenwelt zu symbolisieren ist dem Vater nach Parsons möglich, da die männliche Rolle – anders als die weibliche Rolle – über die Grenzen der Familie hinausweise.

3 Herausforderungen und neue Optionen: kontingente Vaterschaft

Das berufszentrierte Vaterschaftsverständnis, wie es von Parsons zugleich präzise und unzulässig generalisierend auf den Begriff gebracht worden ist, war gelebte alltägliche Realität für etwas mehr als ein Jahrhundert, und dies auch nur in den bürgerlichen Schichten, in denen ein Einkommen, das des Vaters, ausreichte, um den ökonomischen Unterhalt der Familie zu gewährleisten. Zwar gaben in einer Befragung noch Anfang der 1980er Jahre 64 Prozent der Väter, die 1950 geheiratet hatten, an, nach Feierabend nie mit ihren Kindern gespielt zu haben (Nave-Herz 1984), doch formierten sich zur gleichen Zeit erste Initiativen von Vätern, die sich nicht mehr mit der Ernährerfunktion begnügen wollten.[1] Zu dieser Zeit erschienen die ersten „Väterbücher" auf dem Sachbuchmarkt (Meuser 2007: 49ff.). Die Neubestimmung von Vaterschaft war Teil eines darüber hinaus gehenden allgemeinen Männlichkeitsdiskurses (vgl. hierzu Meuser 2010, 141ff.), dem daran gelegen war, den Erfahrungsraum von Männern um solche Dimensionen zu erweitern, die dem traditionellen Verständnis von Geschlechtsrollen zufolge weiblich konnotiert sind. Bullinger (1983) unterschied in einem seinerzeit populären Buch über Vaterschaft den neuen Vater von dem alten. Der neue Vater verabschiede sich von den Selbstverständlichkeiten der alten Vaterrolle, er gestalte seine Rolle vielmehr aktiv und bewusst. Ebenfalls in den 1980er Jahren datieren die Anfänge der Thematisierung des Vaters in der (deutschsprachigen) psychologischen Familienforschung (Fthenakis 1985).

Das neu erwachte Interesse an den Vätern und an einer Neudefinition der Vaterrolle muss vor dem Hintergrund von zwei Prozessen gesellschaftlichen Wandels betrachtet werden: des durch die Frauenbewegung forcierten Wandels der Geschlechterverhältnisse, in dessen Zuge tradierte Männlichkeitspositionen in Frage gestellt wurden und werden, und des Übergangs von der Industrie- zu einer Dienstleistungs- und Wissensgesellschaft, der mit einer grundlegenden Transformation der Strukturen der Erwerbsarbeit verbunden ist. Beide Prozesse lassen ein auf die Ernährerfunktion begrenztes Vaterschaftsverständnis zunehmend obsolet werden.

Ein Kernpunkt der Kritik der Frauenbewegung ist die geschlechtliche Arbeitsteilung mit ihrer Festschreibung der oben skizzierten Sphärentrennung. Diese Kritik erstreckt sich zwangsläufig auf die Position des Vaters als Ernährer der Familie. Außerhalb der Frauenbewegung, gleichsam in der Normalität des gesellschaftlichen Mainstream, hat sie wachsende Forderungen seitens der Frauen nach einer Beteiligung der Männer an den Familienarbeiten und einen wachsenden Rechtfertigungsdruck auf Väter, die dem tradierten Modell verhaftet bleiben, zur Folge. Strukturell bedeutsamer dürfte jedoch ein anderer Aspekt des Wandels der Geschlechterverhältnisse sein. Die steigende Erwerbsbeteiligung der Frauen, und auch der Mütter, entzieht dem männlichen Ernährermodell zumindest ein Stück weit die (ökonomische) Grundlage.[2] Zwar ist der Mann in der Mehrzahl der Haushalte weiterhin der Hauptemährer, da er den größeren Teil des Familieneinkommens erwirtschaftet, doch immer we-

1 Für die Eheschließungssjahrgänge 1970 und 1980 lagen die Werte der Väter, die angaben, niemals mit ihren Kindern gespielt zu haben, nur noch bei 11 bzw. 10 Prozent (Nave-Herz 1984).

2 Die Erwerbstätigenquote der Frauen ist in Deutschland im letzten Jahrzehnt von ca. 58 Prozent auf ca. 66 Prozent gestiegen (Statistisches Bundesamt 2010: 87). Damit liegt Deutschland oberhalb des OECD-Durchschnittswertes, aber unterhalb der Werte z.B. der USA, von Großbritannien und vor allem der skandinavischen Länder (OECD 2010).

niger der Alleinernährer. 2006 war der Mann in 56,5 Prozent der Haushalte der Allein- oder Hauptemährer, 31,9 Prozent wiesen eine egalitäre Einkommenserwirtschaftung auf, und in 11,6 Prozent war die Frau die Allein- oder Haupternährerin (Klenner/Klammer 2009: 73).[3] Das bürgerliche Familien- und Vaterschaftsmodell hat mithin nur noch in etwas mehr als der Hälfte der Familien eine ökonomische Basis.[4]

Eine weitere Erschütterung erfährt diese Basis durch die Transformationen der Erwerbsarbeit, wie sie seit den 1990er Jahren auch auf dem deutschen Arbeitsmarkt zu beobachten sind. Das Ende der Industriegesellschaft geht einher mit einer Aushöhlung des sog. Normalarbeitsverhältnisses, d.h. einer stabilen, sozial abgesicherten, in der Regel abhängigen Vollzeitbeschäftigung. Diskontinuität und Prekarität von Beschäftigungsverhältnis betreffen nicht mehr nur Frauen, sondern in wachsenden Maße auch Männer (Lengersdorf/Meuser 2010). Jeder zweite neu geschlossene Arbeitsvertrag ist gegenwärtig befristet. Der Anteil atypischer, nicht dem Normalarbeitsverhältnis entsprechender Beschäftigungsverhältnisse ist in den letzten Jahren stark gestiegen. Zwar sind deutlich mehr Frauen als Männer atypisch beschäftigt, doch ist zwischen 2005 und 2009 der Anstieg bei den Männern stärker ausgeprägt als bei den Frauen. Im Segment der ausschließlich geringfügig Beschäftigten ist die Anzahl der Frauen zwischen 2003 und 2009 um 9,5 Prozent, die der Männer um 19,8 Prozent gestiegen (Herzog-Stein 2011). Basis des Ernährermodells ist ein gesichertes Beschäftigungsverhältnis. Es ist ein Familienmodell „wirtschaftlicher Prosperität [...], dem seit den 90er Jahren die ‚Korsettstangen' des männlichen Lebenslaufs, d.h. die sichere Erwerbskarriere auf der Basis des gelernten Berufs, wegbrechen" (Krüger 2006: 196). Angesichts dieser Entwicklungen ist festzustellen, dass die Position des Vaters in der Familie sich unabhängig von familienpolitischen Interventionen und auch unabhängig von den Intentionen sog. neuer Väter ändert, denen daran gelegen ist, ein neues Verständnis von Vaterschaft zu entwickeln. Mit dem Ende der Industriegesellschaft ändern sich nicht nur die Bedingungen von Erwerbsarbeit und Beschäftigung, ins Wanken geraten auch die institutionellen Grundlagen des bürgerlichen Geschlechterarrangements

3 Nach wie vor gibt es hier deutliche Unterschiede zwischen den westlichen und den östlichen Bundesländern. Im Osten waren es 2006 nur 40,7 Prozent der Haushalte, in denen der Mann den das Einkommen ganz oder überwiegend erwirtschaftete, eine egalitäre Einkommenserwirtschaftung gab es hingegen in 44,5 Prozent der Haushalte.

4 Es darf allerdings nicht verkannt werden, dass trotz des Wegbrechens der ökonomischen Basis Männer mitunter kontrafaktisch und gleichsam imaginär an der Vorstellung des Mannes als Ernährer – und daran geknüpft – an der des Oberhaupts der Familie festzuhalten vermögen (Meuser 2010: 204ff.).

Befördert wird dies des weiteren durch ein anderes Charakteristikum der Transformation der Erwerbsarbeit, welches die Trennung der Sphären von Produktion und Reproduktion gefährdet. Arbeitsverhältnisse sind zunehmend entgrenzte Verhältnisse mit flexibilisierten Arbeitsorten und -zeiten. Die vormals klar definierten Grenzen zwischen Arbeitsplatz und Familie brechen auf. Eine wachsende Zahl von Beschäftigten erledigt Teile ihrer Arbeit zu Hause. Die Grenzen werden kontingent und müssen im Binnenraum der Familie zwischen Vater, Mutter und Kindern (ständig neu) ausgehandelt werden. Eine britische Studie von Halford (2006) zeigt, dass Väter, die teilweise zu Hause arbeiten, ihre Vaterschaftspraktiken ändern. Die physische Nähe zu den Kindern involviert sie zumindest partiell in die alltägliche Kinderbetreuung. Sie verbringen mehr Zeit mit ihren Kindern, als dies britische Väter durchschnittlich tun. Die Grenzen zwischen Beruf und Familie werden durchlässig, ohne jedoch sich aufzulösen. Allerdings sind die Grenzen nun nicht mehr institutionell in der Trennung der Sphären von Produktion und Reproduktion verankert, sie müssen aktiv immer wieder aufs Neue markiert und durchgesetzt werden – vom Vater selbst und unterstützt durch die Mutter. Halfords Studie zeigt, dass eine stärkere Involvierung des Vaters in das familiale Binnengeschehen nicht nur durch veränderte Einstellungen zustande kommt, sondern auch durch einen strukturellen Wandel der Erwerbsarbeit verursacht sein kann, unabhängig von den Intentionen der Väter.

Der Vaterschaftsdiskurs, dessen Anfänge in den 1980er Jahren datieren und der seit ca. zehn Jahren durch eine wachsende Zahl wissenschaftlicher Publikationen flankiert wird, entfaltet sich in einer Zeit, in der die ökonomischen und institutionellen Grundlagen des tradierten, auf die Ernährerfunktion fokussierten Vaterschaftskonzepts wegbrechen. Die neuen, das Engagement *in* der Familie betonenden Optionen, die dieser Diskurs für Väter bereithält, sind begleitet von Herausforderungen an tradierte, berufszentrierte Männlichkeitspositionen, denen sich eine wachsende Zahl von Männern und Vätern nicht mehr entziehen kann. Der Wandel von Vaterschaft, der auf diese Weise angestoßen wird, präsentiert sich als ein Ineinander von neuen Bedürfnissen und neuen Zwängen. Er lässt sich nicht allein auf eine veränderte Interessenlage der Väter zurückführen. Auch wächst der soziale Druck, der Ernährerrolle die des erziehenden Vaters hinzuzufügen. Eine „passive Rolle im Familienalltag [ist] kein attraktives Konzept mehr für das Vatersein" (Cyprian 2007: 31).Gleichwohl zeigen mehrere Studien, dass das tradierte bürgerliche Vaterschaftskonzept ein beträchtliches Beharrungsvermögen aufweist. Einer qualitativen Studie von Matzner (2004: 339ff.) zufolge lassen sich vier koexistierende Typen väterlichen Selbstverständnisses unterscheiden: der „traditionelle Ernährer", der „moderne Ernährer", der „ganzheitliche Vater" und der „familienzentrierte Vater“. Andere Studien legen nahe, dass der „moderne Ernährer“ gegenwärtig das am stärksten verbreitete Vaterschaftskonzept ist (Helfferich 2006; Schulz/Blossfeld 2006). Wie der traditionelle bürgerliche Vater sieht er sich als Ernährer und die Mutter als für Hausarbeit und Kinderbetreuung zuständig. Allerdings wird die Arbeitsteilung weniger strikt gehandhabt als im traditionellen bürgerlichen Familienarrangement. Der moderne Ernährer assistiert seiner Frau bei den Hausarbeiten. Sein Identitätskonzept umfasst Beruf und Familie. Während der Schwangerschaft und nach der Geburt des Kindes ist seine Präsenz in der Familie vergleichsweise hoch, wird dann jedoch geringer. Gegenüber seinen Kindern agiert er vornehmlich in der Rolle des Spielkameraden, ist zuweilen aber auch deren Vertrauensperson (Matzner 2004: 352ff.). Diesem Typus eignet eine fundamentale Ambivalenz. Der moderne Ernährer will sowohl Ernährer als auch fürsorglicher Vater sein.

In einer aktuellen Studie zu Vaterschaftskonzepten junger Männer gaben knapp 95 Prozent der befragten Männer sowohl an, es sei Aufgabe des Vaters, den Lebensunterhalt für die Familie zu verdienen, als auch, es sei dessen Aufgabe, sich Zeit für das Kind zu nehmen. 80 Prozent sahen es als Aufgabe des Vaters, das Kind zu betreuen und zu beaufsichtigen (Zerle/Krok 2009: 130). Die Daten dieser Studie enthalten einen Hinweis, wie dieses Spannungsverhältnis unterschiedlicher Interessen gewöhnlich aufgelöst werden dürfte. Weniger als die Hälfte der Befragten (43 Prozent) waren bereit, die „eigene Berufskarriere zugunsten des Kindes zurückzustellen“ (ebd.). Gegenwärtig erfahren viele Väter, vor allem jüngere, diese Diskrepanz von Interessen, und das Muster des „modernen Ernährers“ ist die verbreitetste Lösung, damit umzugehen. Dass 43 Prozent ihre Bereitschaft äußerten, die Karriere zurückzustellen, und dass neben dem traditionellen und modernen Ernährer zwei weitere Vaterschaftskonzepte empirisch rekonstruierbar sind, verweist allerdings auch darauf, dass das Ernährermodell an Bedeutung als Orientierungsmuster verliert. Vaterschaft wird zumindest in dem Sinne kontingent, dass Alternativen zum tradierten Ernährermodell Konturen gewinnen.[5]

5 Gumbinger und Bambay (2009) haben in einer quantitative und qualitative Verfahren kombinierenden Studie sechs Vatertypen identifiziert. Ob die vier Typen von Matzner oder die sechs von Gumbinger und Bambay die gegenwärtige Realität von Vaterschaft angemessen abbilden, kann hier nicht entschieden werden. Bedeutsam ist im vorliegenden Zusammenhang, dass beide Studien eine Vielgestaltigkeit von Vaterschaftskonzepten aufzeigen.

4 Alles neu oder alles beim Alten? Zum schwierigen Verhältnis von Diskurs und Praxis

Gleichwohl hat das Ernährermodell als Orientierungsfolie nicht ausgedient. Hierfür gibt es deutliche Indikatoren. Männer vollziehen, anders als Frauen, den Übergang zur Elternschaft in der Regel erst, wenn sie den Einstieg in den Arbeitsmarkt erfolgreich bewältigt haben (Rost 2007). Väter erhöhen ihre Erwerbsarbeitszeit nach der Geburt des ersten Kindes und noch einmal nach der Geburt des zweiten. Während 56 Prozent der kinderlosen Männer 36 und mehr Stunden pro Woche arbeiten, sind es bei denen, die ein Kind haben, 75 Prozent und bei denen mit zwei und mehr Kindern 82 Prozent (BMFSFJ 2003: 114). Die Ausdehnung der Erwerbsarbeitszeit dürfte sowohl dem gewachsenen finanziellen Bedarf geschuldet sein, der mit der Familiengründung einhergeht, als auch dem Umstand, dass, da in der großen Mehrzahl der Familien die Mutter in Elternzeit geht oder ihre Erwerbsarbeitszeit reduziert, ein wegfallendes oder geringer werdendes Einkommen kompensiert werden muss. Wie auch immer die Mehrarbeit des Vaters motiviert sein mag, sie bekräftigt faktisch das traditionelle Ernährermodell.

Eine deutliche Diskrepanz besteht zwischen den in Befragungen bekundeten Einstellungen, die ein großes Bedürfnis der Väter, an der Betreuung der Kinder teilzuhaben, erkennen lassen, und den in Zeitbudgetstudien und anderen Erhebungen ermittelten Werten einer faktischen Beteiligung von Männern und Vätern an Familienarbeiten. Obwohl 95% der Väter sich für eine Beteiligung daran aussprechen, übernimmt nur etwa die Hälfte der Väter Kinderbetreuungsaufgaben. (Bien 2006: 270f.). Gemäß den Daten des European Social Survey gehört Deutschland zu den europäischen Ländern mit der geringsten Kooperationsrate der Männer bei Haushaltstätigkeiten. Nur 17 Prozent der deutschen Haushalte weisen eine kooperative Arbeitsteilung zwischen Frau und Mann auf. Lediglich in Portugal, Polen, Griechenland und der Türkei ist die Kooperationsrate der Männer noch geringer (Gonzáles/Jurado-Guerrero/Naldini 2009). Väter beteiligen sich in geringerem Maße an Hausarbeiten als kinderlose Ehemänner. Der durchschnittliche tägliche Zeitaufwand, den Männer in kinderlosen Partnerschaften für Haus- und Familienarbeiten aufwenden, beträgt 211 Minuten. Er reduziert sich auf 187 Minuten, wenn Kinder zu betreuen sind (Döge 2006: 31). Allerdings beteiligen sich Väter in höherem Maße an der Kinderbetreuung als an sonstigen Haus- und Familienarbeiten (Hofäcker 2007).

Diese Daten zeigen, dass die von LaRossa (1988) getroffene Unterscheidung von „culture of fatherhood and conduct of fatherhood" weiterhin Gültigkeit hat. Bemerkenswert ist, dass die Kluft zwischen diesen Dimensionen im

Milieu der gebildeten Mittelschicht am größten zu sein scheint. In diesem Milieu werden gerne die Träger von Modernisierungsprozessen vermutet. Dies gilt zumindest für Veränderungen in den Geschlechterverhältnissen offensichtlich jedoch nur in der Dimension der Kultur bzw. des Diskurses (vgl. hierzu allgemein (Koppetsch/Burkart 1999). Hofäcker (2007: 198) hält als Ergebnis eines internationalen Vergleichs fest, „dass *individuelle* Charakteristika wie Bildung, Religiosität oder die mit ihnen eng verbundene Einstellung zum Ernährermodell in keiner der betrachteten Ländergruppen einen systematischen Einfluss auf die Hausarbeitsbeteiligung *von Männern selbst* zu haben scheinen“ (Herv. i.O.). Einflüsse des sozialen Milieus, „die auf der Einstellungsebene noch eine hochstrukturierende Bedeutung innehatten, [sind] auf der Verhaltensebene von vergleichsweise geringerer Wichtigkeit“ (ebd.: 198). Cyprian (2007: 43) zufolge sind „neue Väter“ eher unter Facharbeitern als im akademischen Milieu zu finden, mithin in „Berufen, die relative ökonomische Sicherheit mit geringen Aufstiegschancen verbinden“.

Erste Ergebnisse aus einem eigenen, laufenden Forschungsprojekt weisen in die gleiche Richtung.[6] Im Arbeitermilieu, in dem eine berufliche Karriere eine eher geringe Rolle spielt, weil sie strukturell nicht vorgesehen ist, scheint auch eher eine nicht auf die Karriere fokussierte Lebensführung möglich zu sein. Dies wiederum ist eine günstige Voraussetzung für ein nicht Karrierezentriertes Männlichkeitsverständnis, in welches sich aktive Vaterschaft integrieren lässt (Behnke/Meuser 2011). Das Konzept der Karriere charakterisiert typisch bürgerliche Berufe. Im bürgerlichen Milieu können wir einerseits eine starke Betonung der Bedeutung einer Beteiligung des Vaters an der Familienarbeit beobachten, andererseits zeigt sich ein aus der Geschlechterforschung bekanntes Muster (Hochschild/Machung 1993; Koppetsch/Burkart 1999): Mann und Frau finden – dem Vater wie der Mutter – plausible Erklärungen dafür, dass das väterliche Engagement nicht dem Maß entspricht, das dem Selbstverständnis des Paares zufolge angemessen wäre. Typischerweise ist es vor allem die Frau, die diese Erklärungen findet.

Dem Familiensurvey des Deutschen Jugendinstituts ist zu entnehmen, dass nicht nur die Mehrzahl der Männer, sondern auch die meisten erwerbstätigen Frauen mit der familialen Arbeitsteilung zufrieden sind; auch die, „die die Tätigkeit überwiegend selbst ausüben, [wollen] nichts an der Arbeitsteilung verändern“ (Bien 2006: 273). Um die nicht zu übersehende Kluft zwischen Einstellungen, die für eine stärkere Involvierung des Vaters in das Binnengeschehen der Familie plädieren, und einer weitgehend traditionellen Mustern

6 Das Forschungsprojekt "Gewinne und Verluste. Ambivalenzen einer stärkeren Involvierung des Vaters im familialen Binnenraum“ wird von der Deutschen Forschungsgemeinschaft gefördert.

geschlechtlicher Arbeitsteilung folgenden väterlichen Praxis zu verstehen, muss in Rechnung gestellt werden, dass sowohl im Feld der Erwerbsarbeit als auch in der Familie tradierte, über Geschlechtsnormen gesicherte symbolische Konnotationen eine hartnäckige Persistenz aufweisen. Erwerbsarbeit und Männlichkeit stehen in einem engen Verweisungsverhältnis. Das gleiche gilt für das Verhältnis von Familienarbeit und Weiblichkeit. Diese Verweisungsverhältnisse machen sich auch dort – als mehr oder minder latente Struktur – geltend, wo (bislang noch wenige) Väter sich ihnen zu entziehen versuchen.

5 Ambivalenzen aktiver Vaterschaft

Väter, die ihr berufliches Engagement zugunsten des familiären reduzieren wollen, treffen nach wie vor auf eine hochgradig widerständige Berufswelt. Dieser Wunsch bricht sich, so Born und Krüger (2002: 117) „an den Grenzen der Institution Arbeitsmarkt". Neue Formen von Vaterschaft „müssen nicht nur normativ gewünscht, sondern faktisch geformt durchgesetzt werden – gegen eine bestehende Struktur, die die veränderte Vaterschaft nur so weit hinnimmt, wie sie nicht die Arbeitsmarktverfügbarkeit des Mannes betrifft." (ebd.: 138) Dies ist in der Forschung inzwischen einigermaßen gut belegt (vgl. zusammenfassend Meuser 2007: 62f.). Weniger Beachtung findet, dass aktive Vaterschaft auch gegen etablierte Routinen und Einflusszonen in der Familie durchgesetzt werden muss.

Das Ausmaß, in dem Väter in das Binnengeschehen der Familie involviert sind, werden in nicht geringem Maße davon bestimmt, inwieweit die Frauen bereit sind, die Zuständigkeit für Familienaufgaben aus der Hand zu geben – und damit tradierte Einflusszonen zu verlieren. In der amerikanischen Forschung wird diese Frage schon länger unter dem Begriff des „maternal gatekeeping" diskutiert (Allen/Hawkins 1999; Fagan/Barnett 2003; Gaunt 2008). Allen und Hawkins (1999: 200) definieren „maternal gatekeeping" als eine Ansammlung von Überzeugungen und Verhaltensweisen, die eine Kooperation von Frauen und Männern in der Familienarbeit erschweren, indem die Gelegenheiten der Männer, durch Beteiligung an der Familienarbeit zu lernen, begrenzt werden. Gatekeeping ist nicht als intentionales Machthandeln zu begreifen. Mütter sind sich ihres gatekeeping in der Regel ebensowenig bewusst wie der potentiellen (negativen) Konsequenzen für das väterliche Engagement. Auf diese Weise leisten Mütter einen nicht beabsichtigten Beitrag zur Festschreibung der geschlechtlichen Teilung der elterlichen Verantwortlichkeiten. (Gaunt 2008: 375). Gatekeeping lässt sich als eine unbewusste Strategie begreifen, um das geschlechtliche Selbst zu bestätigen. Hier spielen auch Wünsche und Ängste der Frauen hinsichtlich ihrer Rolle als Mutter eine

Rolle, die beeinflusst sind vom Diskurs der „guten Mutter“ (Lupton/Barclay 1997: 147), der in Deutschland mehr noch als in anderen europäischen Ländern das Verständnis von Mutterschaft normiert hat (Schütze 1986; Vinken 2001). Väter, die sich verstärkt in der Familienarbeit engagieren, befinden sich oft in einer ambivalenten Lage. Einerseits erfährt ihr Engagement die Wertschätzung ihrer Frauen, gleichwohl verteidigen diese den Haushalt als ihre Domäne. Sie beanspruchen, die Standards der Hausarbeit zu definieren. Der Vater gerät leicht in die Position des Juniorpartners seiner Frau. Es entwickelt sich ein „manager-helper“- Beziehungsmuster zwischen Frau und Mann (Allen/Hawkins 1999: 203). Das väterliche Engagement erfolgt zu großen Teilen unter ‚Anleitung‘ der Mutter. In der erwähnten eigenen laufenden Studie bringt eine Frau dies in einem Paarinterview unmissverständlich auf den Punkt. Sie sagt zu ihrem, ebenfalls am Interview teilnehmenden Mann: „Du bist so mehr mein Praktikant“. Seinem Einwand, dass er sich nicht nur hin und wieder, sondern regelmäßig an der Hausarbeit beteilige, regelmäßig das Essen zubereite und einkaufe, entgegnet sie leicht ungehalten, sie sei für die Organisation des Haushalts zuständig: „Orga ist doch mein Part, den mache ich, sonst passiert‘s doch nicht“.

Jean-Claude Kaufmann (1994: 279-290) beschreibt den Mann als „schuldbewussten Schüler“ seiner Frau. Sein „Stellvertreterdasein“ wird unter den Ansprüchen einer involvierten Vaterschaft zu einem paradoxen Problem. Einerseits stellt es einen „Defekt“ dar (ebd.: 279), den es zu beheben gilt, andererseits garantiert der „Defekt“ den Kompetenzvorsprung und die Definitionsmacht der Frau in Haushalts- und Erziehungsangelegenheiten. Weder Mann noch Frau verabschieden bislang konsequent die Vorstellung einer größeren Kompetenz der Frau in Betreuungs- und Erziehungsfragen (Burkart 2007: 88). Orientierungsfolie ist die Art und Weise, wie die Frauen die Familienarbeiten erledigen (Gaunt 2008; Tazi-Preve 2004). Neben den Standards der Haushaltsführung ist insbesondere die fürsorgende Zuwendung zum Kind ein Bereich, in dem die Kompetenz des Vaters in Frage steht. Als Folge der in der bürgerlichen Gesellschaft tief verankerten, über kulturelle Deutungsmuster von Weiblichkeit gestützten Feminisierung von Fürsorglichkeit („care“) gelten emotionale Wärme und liebevolle Zuwendung immer noch als weibliche Eigenschaften (Wall/Arnold 2007: 521). Dies zeigt sich noch dann, wenn Frauen von ihren Männern geleistete Fürsorgearbeit wertschätzen, diese aber nicht als etwas Selbstverständliches verstehen, sondern sich bemüßigt sehen, die fürsorglichen Qualitäten des Mannes herauszustreichen. Wie bei den Hausarbeiten ist auch hier die Frau in der Position der Evaluatorin – und wird von der Mehrzahl der Männer als solche akzeptiert. Vor dem Hintergrund des von Mann und Frau bestätigten Kompetenzvorsprungs der Frau erscheint die fürsorgliche ‚Leistung‘ des Mannes als etwas Besonderes (Behnke/Meuser 2010). Man kann dies als ein von beiden Seiten akzeptiertes Arrangement sehen, „im Sinne einer unproblematischen Selbstverständlichkeit bzw. eines stillschweigenden Konsenses“ (Koppetsch/Burkart 1999: 7).

6 Fazit: Aktive Vaterschaft und Männlichkeit

Aktive Vaterschaft stellt sich, mit Blick auf die Verteilung von intrafamilialer Definitionsmacht innerhalb der heterosexuellen Paarkonstellation, für die Väter als ein Anerkennungsproblem dar, das in der Struktur der Geschlechterordnung der bürgerlichen Gesellschaft, insbesondere der Trennung der Sphären von Produktion und Reproduktion, und in den darin eingelassenen Geschlechterkonstruktionen begründet ist. „Die Konstruktion von Männlichkeit in Abgrenzung von Weiblichkeit konstituierte Teile des sozialen Raums der Familie als exklusiv ‚weibliche Territorien‘ und damit als ein für Männer ‚fremdes‘ Territorium“ (Helfferich 2009: 196). Die ‚Eroberung‘ dieses Territoriums durch Männer evoziert Fragen nach der Kompatibilität von aktiver Vaterschaft mit Männlichkeit. Dies äußert sich z.B. in karikierenden Darstellungen des sog. Hausmanns oder in scherzhaften, mehr oder minder provozierenden Bemerkungen, mit denen der Adressat aufgefordert wird, unter Beweis zu stellen, dass sein väterliches Engagement seine Männlichkeit nicht beeinträchtigt. Obwohl sich aktive Vaterschaft zu einem neuen Leitbild zu entwickeln beginnt, löst die Diskrepanz zwischen diesem Leitbild und etablierten, am Ideal der hegemonialen Männlichkeit orientierten Männlichkeitskonstruktionen Irritationen aus.

Dies scheint auch der mediale Diskurs der neuen Vaterschaft als ein Problem erkannt zu haben. Er bemüht sich zu versichern, dass Väter, die sich in der Familie engagieren, ‚richtige Männer‘ sind. „It is presented as good news in these stories that men can be both traditionally masculine and involved fathers. Readers are reassured that the two can be combined in ways that do not involve redefining what it means to be a man.” (Wall/Arnold 2007: 521) Die der Montagsausgabe der Süddeutschen Zeitung beiliegende Ausgabe der New York Times enthielt am 28. Juni 2010 einen Artikel über „The Masculinity of the Future“. Das diesen Artikel illustrierende Bild verdeutlicht das Bemühen, aktive Vaterschaft mit traditioneller Männlichkeit zu vereinbaren, in exemplarischer Weise. Es zeigt einen Vater, der sich mit seinem Kind auf dem Rücken, einem Hund an der Leine und über der Schulter hängendem Gewehr in freier Natur bewegt. Mit dieser, die amerikanische Pionier-Männlichkeit bemühenden Symbolik wird die Männlichkeit dieses, sich um sein Kind kümmernden Vaters unmissverständlich akzentuiert.

Die laufende eigene Studie zeigt, dass auch Väter, die selbstbewusst ihr intrafamiliales Engagement praktizieren, sich (implizit) auf das Leitbild der hegemonialen Männlichkeit beziehen. Sie beschreiben ihre Entscheidung, die Erwerbsarbeitszeit zu reduzieren, und vor allem den Umstand, dies gegenüber dem Arbeitgeber geltend gemacht zu haben, als mutigen Schritt, der zeige, dass sie ‚Manns genug' sind, ihre Ansprüche durchzusetzen – im Unterschied zu den Kollegen, die sich dies nicht trauten. Oder sie stellen ihr unkonventionelles Handeln in den Rahmen männlicher Autonomie und Authentizität. Auf diese Weise gelingt es ihnen, sich im Vergleich mit den Geschlechtsgenossen, die am tradierten berufsbezogenen Männlichkeitskonzept festhalten, nicht als Verlierer zu sehen (Behnke/Meuser 2011).

Eine offene, geschlechtertheoretisch bedeutsame Frage ist, ob im Fall einer aktiven Vaterschaft das intrafamiliale Geschehen zu einer wichtigen Arena der Konstruktion von Männlichkeit wird, die es im Rahmen des traditionellen Ernährermodells in deutlich geringerem Maße war. Die eigene Studie enthält Hinweise, dass aktive Väter für ihr familiales Engagement nicht nur Wertschätzung erwarten, sondern die Familienarbeit als einen Bereich wahrnehmen, in dem sie sich *als Mann* beweisen können und *als Mann* anerkannt werden möchten. In einem Interview erläutert ein Vater, er würde es als eine „Beschneidung" der eigenen Männlichkeit sehen, wenn seine Frau ihm nicht zutrauen würde, sich für einen längeren Zeitraum angemessen um die Kinder zu kümmern. „Dann würde ich denken, sach mal was bist du eigentlich für 'n Kerl." Helfferich (2009: 196) hat die Frage aufgeworfen, ob das Fremde, d.h. der familiale Binnenraum, den Männern „auch unter egalitären Verhältnissen ‚fremd'" bleibe. Dies dürfte umso eher der Fall sein, je mehr der Vater in der Rolle des „Juniorpartners" der Mutter agiert. Gelingt es ihm hingegen, die Familienarbeit in sein Männlichkeitskonzept zu integrieren, besteht die Chance, dass das Fremde zum Vertrauten wird. Dies ist freilich keine rein individuelle Leistung, sondern eine interaktiv hergestellte, was angesichts dessen, dass der Vater als Mitglied einer sozialen Gruppe agiert, nicht verwunderlich ist. In dem angeführten Beispiel ist die Ehefrau, die dem Vater zutraut, die Kinder selbständig zu versorgen, die relevante Interaktionspartnerin. Bedeutsam sind aber auch das weitere soziale Umfeld der Verwandten, Freunde und Bekannten sowie die Kinder. Über deren Einfluss auf das familiale Geschlechterarrangement und die Männlichkeitskonstruktionen der Väter ist allerdings wenig bekannt.

Literatur

Allen, Sarah M./Hawkins, Alan J. (1999): Maternal Gatekeeping: Mothers' Beliefs and Behaviors That Inhibit Greater Father Involvement in Family Work. In: Journal of Marriage and the Family 61: 199-212.

Behnke, Cornelia/Meuser, Michael (2010): „Ich bin dann mehr die Frau". Männliche Gefühle im Rahmen von Vaterschaft und Familiengründung (http://www.fk12.tu-dortmund.de/cms/ISO/de/arbeitsbereiche/soziologie_der_geschlechterverhaeltnisse/Medienpool/AIM_Beitraege_siebte_Tagung/Behnke_Meuser_Gefuehle_und_Vaterschaft.pdf).

Behnke, Cornelia/Meuser, Michael (2011): "Look out mate! I'll take parental leave for a year" – Involved Fatherhood and Images of Masculinity. Erscheint in: Oechsle/Müller/Hess (2011).

Bertram, Hans/Krüger, Helga/Spieß, C. Katharina (Hrsg.) (2006): Wem gehört die Familie der Zukunft? Expertisen zum 7. Familienbericht der Bundesregierung. Opladen: Verlag Barbara Budrich.

Bien, Walter (2006): Familie zwischen Wunsch und Wirklichkeit, zwischen Ideologie und Realität. In: Bertram, Hans/Krüger, Helga/Spieß, C. Katharina (Hrsg.) (2006): Wem gehört die Familie der Zukunft? Expertisen zum 7. Familienbericht der Bundesregierung. Opladen: Verlag Barbara Budrich.

BMFSFJ (2003): Die Familie im Spiegel der amtlichen Statistik. Berlin: Bundesministerium für Familie, Senioren, Frauen und Jugend.

BMFSFJ (Hrsg.) (2009): Rollenleitbilder und -realitäten in Europa: Rechtliche, ökonomische und kulturelle Dimensionen. Baden-Baden: Nomos.

Born, Claudia/Krüger, Helga (2002): Vaterschaft und Väter im Kontext sozialen Wandels. Über die Notwendigkeit der Differenzierung zwischen strukturellen Gegebenheiten und kulturellen Wünschen. In: Walter (2002): 117-143.

Bourdieu, Pierre (1997): Die männliche Herrschaft. In: Dölling, Irene/Krais, Beate (Hrsg.) (1997): Ein alltägliches Spiel. Geschlechterkonstruktion in der sozialen Praxis. Frankfurt a.M.: Suhrkamp.

Bowlby, John (1951): Maternal Care and Mental Health. Geneva: World Health Organization.

Bullinger, Hermann (1983). Wenn Männer Väter werden. Reinbek: Rowohlt.

Burkart, Günter (2007): Das modernisierte Patriarchat. Neue Väter und alte Probleme. In: WestEnd. Neue Zeitschrift für Sozialforschung 4, 1: 82-91.

Cizek, Brigitte (Hrsg.) (2004): Familienforschung in Österreich. Markierungen – Ergebnisse – Perspektiven. Schriftenreihe des Österreichischen Instituts für Familienforschung, Heft 12. Wien.

Cyprian, Gudrun (2007): Väterforschung im deutschsprachigen Raum – ein Überblick über Methoden, Ergebnisse und offene Fragen. In: Mühling/Rost (2007): 23-48.

Döge, Peter (2006): Männer – Paschas oder Nestflüchter? Opladen: Verlag Barbara Budrich.

Dölling, Irene/Krais, Beate (Hrsg.) (1997): Ein alltägliches Spiel. Geschlechterkonstruktion in der sozialen Praxis. Frankfurt a.M.: Suhrkamp.

Drinck, Barbara (2005): Vatertheorien. Geschichte und Perspektive. Opladen: Verlag Barbara Budrich.

Evangelische Aktionsgemeinschaft für Familienfragen (Hrsg.) (2006): Männer und Familie! Dokumentation. Berlin.

Fagan, Jay/Barnett, Marina (2003): The Relationsship Between Maternal Gatekeeping, Paternal Competence, Mothers' Attitudes ABout the Father Role, and Father Involvement. In: Journal of Family Issues 24: 1020-1043.

Fthenakis, Wassilios E. (1985): Väter. 2 Bde. München: Urban & Schwarzenberg.

Gaunt, Ruth (2008): Maternal Gatekeeping. Antecedents and Consequences. In: Journal of Family Issues 29: 373-395.

Gonzáles, M. José/Jurado-Guerrero, Teresa/Naldini, Manuela (2009): What Made Him Change? An Individual an National Analysis of Men's Participation in Housework in 26 Countries. DemoSoc Working Paper No. 2009–30. Universitat Pompeu Fabra. Barcelona. http://www.recercat.net/bitstream/2072/41841/1/DEMOSOC30[1].pdf (gesehen: 22.5.2010).

Gumbinger, Hans-Walter/Bambey, Andrea (2009): Zwischen „traditionellen" und „neuen" Vätern. Zur Vielgestaltigkeit eines Wandlungsprozesses. In: Jurczyk, Karin/Lange, Andreas (Hrsg.) (2009): Vaterwerden und Vatersein heute. Neue Wege – neue Chancen! Gütersloh: Bertelsmann Stiftung.

Habermas, Rebekka (2000): Frauen und Männer des Bürgertums. Eine Familiengeschichte (1750-1850). Göttingen: Vandenhoeck & Ruprecht.

Halford, Susan (2006). Collapsing the Boundaries? Fatherhood, Organization and Home-Working. In: Gender, Work and Organization 13. 383-402.

Helfferich, Cornelia (2006): Familie im Leben von Männern – fremde Welt und/oder vertraute Nähe? In: Evangelische Aktionsgemeinschaft für Familienfragen (2006): 16-29.

Helfferich, Cornelia (2009): Männer in der Familie. In: Kapella u.a. (2009): 189-202.

Herzog-Stein, Alexander (2011): Atypische Beschäftigung in Deutschland. Düsseldorf: Hans-Böckler-Stiftung. http://www.boeckler.de/pdf/atyp/D.pdf (gesehen: 13.7.2011).

Hochschild, Arlie Russel/Machung, Anne (1993): Der 48-Stunden-Tag. Wege aus dem Dilemma berufstätiger Eltern. München: Knaur.

Hofäcker, Dirk (2007): Väter im internationalen Vergleich. In: Mühling/Rost (2007): 161-204.

Jurczyk, Karin/Lange, Andreas (Hrsg.) (2009): Vaterwerden und Vatersein heute. Neue Wege – neue Chancen! Gütersloh: Bertelsmann Stiftung.

Kapella, Olaf/Rille-Pfeifer, Christiane/Rupp, Marina/Schneider, Norbert F. (Hrsg.) (2009): Die Vielfalt der Familie. Opladen: Verlag Barbara Budrich.

Kaufmann, Jean-Claude (1994): Schmutzige Wäsche. Ein ungewöhnlicher Blick auf gewöhnliche Paarbeziehungen. Konstanz: UVK.

Klenner, Christina/Klammer, Ute (2009): Weibliche Familienernährerinnen in West- und Ostdeutschland – Wunschmodell oder neue Prekarität? In: BMFSFJ (2009): 62-84.

Koppetsch, Cornelia/Günter Burkart (1999): Die Illusion der Emanzipation. Zur Wirksamkeit latenter Geschlechtsnormen im Milieuvergleich. Konstanz: UVK.

Krüger, Helga (2006): Geschlechterrollen im Wandel – Modernisierung der Familienpolitik. In: Bertram, Hans/Krüger, Helga/Spieß, C. Katharina (Hrsg.) (2006): Wem gehört die Familie der Zukunft? Expertisen zum 7. Familienbericht der Bundesregierung. Opladen: Verlag Barbara Budrich.

Kühne, Thomas (Hrsg.) (1996): Männergeschichte – Geschlechtergeschichte. Männlichkeit im Wandel der Moderne. Frankfurt a.M./New York: Campus.

LaRossa, Ralph (1988): Fatherhood and Social Change. In: Family Relations 37: 451-457.

Lengersdorf, Diana/Meuser, Michael (2010): Wandel von Arbeit – Wandel von Männlichkeiten. In: Österreichische Zeitschrift für Soziologie 35, 2: 89-103.

Liebold, Renate (2001): „Meine Frau managt das ganze Leben zu Hause …". Partnerschaft und Familie aus der Sicht männlicher Führungskräfte. Wiesbaden: Westdeutscher Verlag.

Lupton, Deborah/Barclay, Lexley (1997): Constructing Fatherhood. Discourses and Experiences. London: Sage.

Martschukat, Jürgen/Stieglitz, Olaf (2005): „Es ist ein Junge!". Einführung in die Geschichte der Männlichkeiten in der Neuzeit. Tübingen: edition diskord.

Matzner, Michael (2004). Vaterschaft aus der Sicht von Vätern. Wiesbaden: VS Verlag.

Meuser, Michael (2007): Herausforderungen. Männlichkeit im Wandel der Geschlechterverhältnisse, Köln: Rüdiger Köppe Verlag.

Meuser, Michael (2010): Geschlecht und Männlichkeit. Soziologische Theorie und kulturelle Deutungsmuster. 3. Aufl. Wiesbaden: VS Verlag.

Mühling, Tanja/Rost, Harald (Hrsg.) (2007): Väter im Blickpunkt. Perspektiven der Familienforschung. Opladen: Verlag Barbara Budrich.

Nave-Herz, Rosemarie (1984): Familiale Veränderungen in der Bundesrepublik Deutschland seit 1950. In: Zeitschrift für Sozialisationsforschung und Erziehungssoziologie 4: 45-63.

Nickel, Horst (2002): Väter und ihre Kinder vor und nach der Geburt. Befunde zum Übergang zur Vaterschaft aus deutscher und kulturvergleichender Perspektive. In: Walter (2002): 555-584.

OECD (2010): OECD Factbook 2010: Economic, Environmental and Social Statistics. http://www.oecd-ilibrary.org/sites/factbook-2010-en/06/01/01/index.html?contentType=&itemId=/content/chapter/factbook-2010-45-en&containerItemId=/content/serial/18147364&accessItemIds=&mimeType=text/html (gesehen: 13.5.2010).

Oechsle, Mechtild/Müller, Ursula/Hess, Sabine (Hrsg.) (2011): Fatherhood in Late Modernity. Cultural Images, Social Practices, Structural Frames. Opladen/Famington Hills: Verlag Barbara Budrich (im Druck).

Parsons, Talcott (1968): Sozialstruktur und Persönlichkeit. Frankfurt a.M.: Europäische Verlagsanstalt.

Parsons, Talcott/Bales, Robert F. (1955): Family, Socialization and Interaction Process. Glencoe, Ill.: The Free Press.

Rerrich, Maria S. (1988): Balanceakt Familie. Zwischen alten Leitbildern und neuen Lebensformen. Freiburg: Lambertus.

Rost, Harald (2007): Der Kinderwunsch von Männern und ihr Alter beim Übergang zur Vaterschaft. In: Mühling/Rost (2007): 77-96.

Schütze, Yvonne (1986): Die gute Mutter. Zur Geschichte des normativen Musters „Mutterliebe". Bielefeld: Kleine.

Schulz, Florian/Blossfeld, Hans-Peter (2006): Wie verändert sich die häusliche Arbeitsteilung im Eheverlauf? Eine Längsschnittstudie der ersten 14 Ehejahre in Westdeutschland. In: Kölner Zeitschrift für Soziologie und Sozialpsychologie 58: 23-49.

Seiffge-Krenke, Inge (2009): Veränderungen der Vaterschaft. In: Kapella u.a. (2009): 203-219.

Statistisches Bundesamt (2010): Statistisches Jahrbuch 2010 für die Bundesrepublik Deutschland mit „Internationalen Übersichten". Wiesbaden 2010: Statistisches Bundesamt.

Tazi-Preve, Irene M. (2004): Vaterschaft im Wandel? Eine Bestandsaufnahme von Verhalten und Einstellung von Vätern. In: Cizek (2007): 109-129.

Trepp, Anne-Charlott (1996): Männerwelten privat: Vaterschaft im späten 18. Und beginnenden 19. Jahrhundert. In: Kühne (1996): 31-50.

Vinken, Barbara (2001): Die deutsche Mutter. Der lange Schatten eines Mythos. München: Piper.

Wall, Glenda/Arnold, Stephanie (2007): How Involved Is Involved Fathering? An Exploration of the Contemporary Culture of Fatherhood. In: Gender & Society 21: 508-527.

Walter, Heinz (Hrsg.) (2002): Männer als Väter. Sozialwissenschaftliche Theorie und Empirie. Gießen: Psychosozial-Verlag

Zerle, Claudia/Krok, Isabelle (2009). Null Bock auf Familie!? Schwierige Wege junger Männer in die Vaterschaft. In: Jurczyk/Lange (2009): 121-140.

Rita Braches-Chyrek

Kinderrechte in Familien – Internationale Perspektiven

In den letzten drei Jahrzehnten ist es in Deutschland vor dem Hintergrund internationaler Entwicklungen im Bereich der Kinderrechte zu einem tiefgreifenden politischen und gesellschaftlichen Perspektivenwechsel gekommen. Neben der Etablierung völkerrechtlicher Bestimmungen – der UN-Kinderrechtskonvention[1] vom 20. November 1989 – konnte sich die Kindheitsforschung als eigenständige wissenschaftliche Disziplin herausbilden. Aus der Kritik und Aufarbeitung der wissenschaftlichen Diagnosen und Paradigmen der siebziger und achtziger Jahre entstanden Forschungsarbeiten, die Kindheit neu zu denken suchen. Frühe soziale Ungleichheiten und Ausgrenzungen wurden im Kontext generationaler Ordnungen in den Mittelpunkt des Interesses gerückt, um die wissenschaftliche Erforschung und politische Thematisierung ungleicher kindlicher Lebenslagen zu erreichen (Bühler-Niederberger 2005, Hengst/Zeiher 2005; Honig 1999, Alanen 2005). Unter Bezugnahme auf internationale Forschungsergebnisse und der neuen konzeptionellen Grundlagen in der Kindheitsforschung wird in diesem Beitrag gefragt, wie die Anordnungsbeziehung zwischen Kindern, Familien und Rechten tatsächlich ausgestaltet werden, ob Kinderrechte von Familien befördert werden können, welche ökonomischen, sozialen und politischen Rahmenbedingungen Kinderrechte beeinflussen und

1 Im angloamerikanischen Sprachraum konnte sich seit Beginn des 18. Jahrhunderts im Kontext der Sozialreformbewegungen ein „child welfare movement" herausbilden. 1912 wurde das erste us-amerikanische Children's Bureau und 1919 die „International Save the Children Union" gegründet (Braches-Chyrek 2010). Erweitert in die internationale Organisation „Save the Children Fund" gelang es eine erste Kindercarta zu verfassen, die „Declaration of the Right of the Child". Diese wurde 1948 erweitert und in einer Resolution der UN erstmals als ein unveräußerlichtes Recht formuliert. 11 Jahre später erfolgte dann die Anerkennung der Kinder durch die Vollversammlung der UN als Rechtssubjekte mit eigenen Schutz- und Anspruchsrechten. Aber erst 1979 – im Internationalen Jahr des Kindes – setzte sich eine polnische Regierungsinitiative dafür ein, eine völkerrechtlich bindende Konvention zu entwickeln, die 10 Jahre später verabschiedet werden konnte (Sünker/Güthoff 2001); Kerber-Ganse (2009); Liebel (2007); Surall (2009).

welche Rolle staatliche Instanzen in der Relation zu Erziehungsberechtigten respektive Betreuern, Kindern und ihren Rechten spielen?

1 Konzeptuelle Grundlagen der neueren Kindheitsforschung

In der neueren Kindheitsforschung werden Kinder nicht mehr nur als Teil von Familie wahrgenommen, sondern es wird inhaltlich von einer klar kodifizierten Eigenständigkeit der Kinder ausgegangen. Die Wahrnehmung von Kindern als teil-kompetente und teil-autonome Akteure ihres Selbst und ihrer Sozialwelten führt zur Frage nach den gesellschaftlichen Konstitutionsbedingungen kindlicher Subjektivität (Alt/Lange 2009, Winkler 2006). Ausgehend von der Annahme, dass subjektive als auch gesellschaftlich beeinflusste Wahrnehmungs- und Deutungsmuster auf eine substanzielle ontologische Weise erkennbar werden, können mit dem theoretischen Konzept von Kindheit – methodisch und methodologisch angelehnt an die soziologische Forschung – Formen sozialer Ordnung und generationaler Ordnung generiert werden (Honig 2009: 41 f.). Es wird jedoch nicht angestrebt ein spezifisches Bild vom Kind oder Wissen davon was ein Kind ist zu entwickeln. Leitmotivisch ist die Frage danach, wie Kindheit möglich ist (Honig 2009: 51). Diesem Vorgehen liegt zum einen das Bestreben zugrunde, dass unbestimmt Allgemeine begrifflich zu fassen, um die mit ihm bezeichneten Sachverhalte in den alltäglichen Lebenssituationen konkret darstellen und analysieren zu können. Zum anderen ermöglicht die Exemplifizierung des Phänomens Kindheit eine häufig anzutreffende Realität zu beschreiben. Kindheit wird zu einem Generalbegriff und macht auf einen Gesamtzusammenhang aufmerksam, der zeigt, dass gesellschaftliche Interaktions- und Strukturleistungen auf biologische und kulturelle Zeitfenster angewiesen sind, um Vorstellungen von Phasen des menschlichen Lebens entwickeln zu können, die in besonderer Weise auf die Unterstützung von Entwicklung hin inszeniert werden[2]. Diese neue Sichtweise – von angloamerikanischen Forschungsergebnissen stark beeinflusst – konzentriert sich auf die Kompetenzen und Handlungsbefähigungen (»agency«) von Kindern (Hutchby/Moran-Ellis 1998). Sie räumt der kindlichen Wahrnehmung, Interpretation und Beurteilung ihrer sozialen Welt, ihrer Stimme, ihrem Ausdruck und ihrer Artikulierung (»voice«), indem ihnen eine eigene erzählenswerte Biographie zugestanden und gleichzeitig auch abverlangt wird, eine zentrale Stellung im Forschungsprozess ein. Angestrebt wird durch die neue Kindheits-

2 Nach Michael Winkler ist der Kindheitsbegriff in der Pädagogik von inneren Spannungen und Ambivalenzen geprägt, die mit den Stichworten Schutz und Kontrolle, Ermächtigung und Unterwerfung, Hinführung zu gesellschaftlicher Mitwirkung und zugleich auch Ausschluss aus dieser, beschrieben werden können (Winkler 2006: 93).

forschung eine Veränderung der gesellschaftlichen Strukturen, in der mikrosoziale Praktiken des Hervorbringens und des Sich-Äußerns, also die Stimmen, Ideen und Meinungen von Kindern als Kinder wahrgenommen werden (vgl. Alt/Lange 2009)[3].

Einen wichtigen Beitrag zur Produktion von Erkenntnissen und der Auseinandersetzung darüber welche Deutungen und Bilder von Kindern und Kindheit den neueren Forschungen zugrunde liegen, leistet die interdisziplinär ausgerichtete Sozialberichterstattung. In diesen differenzierten Bestandsaufnahmen der realen Lebensbedingungen, unter denen Kinder ihre Entwicklungsaufgaben zu bewältigen haben, zeigt sich, dass die Lebenslagen von Kindern im Kontext institutioneller Betreuungsarrangements, der Schule, in der Familie, in Peerbeziehungen durch sozialräumliche als auch herkunfts- und geschlechtstypische soziale Ungleichheiten bestimmt werden[4]. Dabei spielen in der Sozialberichterstattung die Einsichten in soziale und kulturelle Zusammenhänge, entwicklungspsychologische und sozialisationstheoretische Perspektiven eine ebenso große Rolle wie Kulturen des Aufwachsens, der gesellschaftliche und generational bestimmte Status von Kindern und unterschiedliche Konzepte von Kindheit. Ziel der interdisziplinär ausgerichteten Forschung ist es, die Lebenslagen von Kindern adäquat beschreiben und analysieren zu können.

Die Wahrnehmung und Anerkennung von Kindern als eigenständige Träger spezifischer Rechte, wie beispielsweise im Sorgerecht, ist ein zentrales und bedeutsames Ergebnis dieser Forschungsentwicklung. Trotzdem konnte die Forderung Kinderrechte ins Grundgesetz aufzunehmen bisher nicht erfüllt werden. Erst eine systematische Betrachtung der politischen, sozial- und humanwissenschaftlichen Diskurse über Kinderrechte kann erklären, warum diese rechtlichen Bestimmungen Kinderleben und Erleben in Familien rahmen.

2 Kinder als Teil von Familie und Gesellschaft

Die Anordnungsbeziehungen – also die Frage nach dem Verhältnis von Kindern, ihren Familien und der Gesellschaft – sind von (potentiellen) Konflikten, Grenzen von Familienautonomie und Eingriffsbefugnissen staatlicher Organi-

3 Exemplarische wissens- wie wissenschaftssoziologische Einblicke in die deutsche Entwicklungsdynamik und in vielfältige Debatten, in denen die Differenz von Kindheits- und Kinderforschung konstitutiv ist, vermitteln folgende Bände: Zentrum für Kindheits- und Jugendforschung (1993); Honig (1999; 2009); Honig/Lange/Leu (1999); Hengst (2003); Hengst/Zeiher (2000; 2005); Kränzl-Nagl/Mierendorff/Olk (2003); Bühler-Niederberger (2005); Bühler-Niederberger/Mierendorff/Lange (2010) Hengst/Zeiher (2005); Promotionskolleg (2006), (2011); Sünker/Swiderek (2008).

4 Vgl. Honig/Joos/Schreiber (2004), Thole/Rossbach/Fölling-Albers/Tippelt (2008), Krüger (2006); Alt/Lange (2009).

sationen, der Erziehungsberechtigten respektive der Eltern in die Kinderrechte geprägt. Zu trennen sind drei analytische Ebenen, die erstens Kinder als Teil einer Familie betrachten, zweitens Kinder als Individuen wahrnehmen, also als eigenständige Rechtssubjekte und drittens Kinder als Mitglieder einer Gesellschaft verstehen. Die Familie steht jedoch immer im Mittelpunkt dieses Beziehungsgeflechts, da ihr nach wie vor die Aufgabe zugeschrieben wird, die Kinder als Individuen zu unterstützen und sicherzustellen, dass sie sich in positiver Weise als Teil von Familie und Gesellschaft entwickeln können. Betrachtungsweisen, die Kinder als Teil von Familie wahrnehmen, werden von folgenden Forschungsergebnissen[5] gestützt, die davon ausgehen:

- dass die überwiegende Mehrzahl der Kinder nach wie vor in einer Familie aufwächst – trotz der immer weiter zunehmenden Zahl von Alleinerziehenden und partnerschaftlichen Lebensformen;
- dass durch den Rückgang der Mehr-Kinderfamilie und der zunehmenden Kinderlosigkeit viele Kinder alleine oder nur mit einem Geschwisterkind aufwachsen;
- dass Kinder i.d.R. keinen ökonomischen Wert für die Eltern haben, die Eltern jedoch immer mehr Zeit, Geld und Emotionen in die Entwicklung ihrer Kinder investieren. Gleichzeitig wünschen sich die Kinder von ihren Bezugspersonen emotionale, mentale und intellektuelle Zuwendung;
- dass die durch die Verringerung der Geschwisterzahl und weitgehende Technisierung der Hausarbeit gewonnene Freizeit durch Hol-, Wege-, Bringdienste für die Kinder aufgebraucht werden;
- dass die Fragilität der elterlichen Beziehungen zum Bestandteil der kindlichen Erfahrungswelt wird. Gleichzeitig findet durch die Verlängerung der Lebenszeit eine Intensivierung der Generationenbeziehungen statt, die mit der Erosion generationaler Wissensdistanz einhergeht;
- dass die Veränderung der Eltern-Kind-Beziehungen zu veränderten Erziehungsvorstellungen, der Anerkennung kindlicher Subjektivität, Persönlichkeit und Eigenständigkeit von Kindern geführt hat; die Reflexion über die Erziehungsleistung geht mit der Verwissenschaftlichung von Erziehung einher[6].

Werden Kinder als Individuen wahrgenommen bedeutet dies für die Betrachtung der Lebensphase Kindheit:

5 Vgl. BMFSJ 1998; 2002; 2005a; 2005; Word-Vision-Studie 2010; UNICEF 2006; Braches-Chyrek/Sünker 2010: 130f.

6 Manuela du Bois-Reymond bezeichnet diese Entwicklung mit dem Begriff Proto-professionalisierung (2001: 92)

- dass diese sich verkürzt und körperliche, psychische, soziale wie auch kulturelle Entwicklungsimpulse in einem immer kürzeren Lebensabschnitt bewältigt werden müssen. Gleichzeitig wird von den Kindern mehr Eigenständigkeit und Selbstverantwortlichkeit eingefordert, um Prozesse der persönlichen Entwicklung – benannt als Bildung, Lernen oder Selbstsozialisation – eigenständig und eigenverantwortlich zu befördern. Kinder werden immer weniger durch Tabus und Fremdzwänge geleitet, sie müssen verstärkt ihr Verhalten selbst steuern;
- dass kulturelle Maßstäbe für Normalität und abweichenden Verhalten sich verändert haben, was vor 25 Jahren als Normverstoß galt, ist jetzt anerkannt und gewünscht, wie beispielsweise die Kritik an Autoritätspersonen. Des weiteren nimmt die Vorbildfunktion der Eltern ab, da Kinder sich vermehrt Vorbilder im medial-jugendkulturellen Bereich suchen;
- dass die verstärkte Nutzung von Medien eine neue Entwicklung in den Kinderkulturen markiert. Kinder werden zu Konsumenten mit eigenen scheinbar autonomen Handlungsmöglichkeiten (Hengst 2005).

Kinder als Mitglieder einer Gesellschaft verstehen heißt:

- zu erkennen, dass gleichzeitig mit der erhöhten Wohlstandsposition von Kindern auch die Armutsbetroffenheit vieler Kinder gestiegen ist (vgl. KidsVerbraucherstudie 2008, Holz et al. 2005, BMFSJ 2005). Durch fehlerhafte Stadtentwicklungsplanung haben sich beengte und schlechte Wohnverhältnissen weiter verfestigt. In diesen sozialen Brennpunkten wird der Verlust von traditionellen Kinderkulturen besonders deutlich;
- dass die Institutionalisierung und Pädagogisierung früher Kindheit durch empirische Forschung und der Entwicklung von Theorien wissenschaftliche Fundierung erfahren hat, aber auch weiter befördert wird;
- dass die Forderungen nach einer eigenen Rechtsposition von Kindern im Grundgesetz trotz 22jähriger Umsetzungsversuche der Vorgaben der UN-Kinderrechtskonvention nicht erfüllt wurden. Die Bundesregierung hat erst im Juli 2010 ihre Vorbehalte gegen die Kinderrechtskonvention der Vereinten Nationen aufgegeben und die in der Konvention festgeschriebenen Rechte – unter anderem auf Bildung, gleiche Chancen und angemessene Beiteilung auch auf Flüchtlingskinder erweitert.

Aus diesen hier aufgezeigten Forschungsergebnissen wird deutlich, dass die Erweiterung von Familie und die sich daraus ergebenen Ambivalenzen und Dynamiken zentralen Einfluss auf die konkrete Ausgestaltung von Kinderrechten in Familien hat (vgl. Lettke/Lange: 14f.). Demzufolge gilt es den analytischen Gehalt der UN-Kinderechtskonvention in Bezug auf die Frage nach der Beförderung von Kinderrechten in Familien zu reflektieren.

3 Kinderrechte in Familien

Schon lange vor der UN-Kinderrechtskonvention wurde durch den Art. 6 Abs. 2 im Grundgesetz[7] ein verfassungsgemäßes, elterliches Erziehungsmandat formuliert und gleichzeitig die Erziehung zum naturgemäßen Recht der Eltern erklärt. Dem liegt die Vorstellung zu Grunde, dass jede Familie ihre Werte, Normkonstrukte und Erwartungen in der Sorge und Erziehung ihrer Kinder und ihren sozialen Beziehungen verwirklichen können, solange sie das Kindeswohl gewährleisten. Dieser abstrakte Schutzauftrag des Grundgesetzes erfährt seine Konkretisierung durch § 1666 BGB, welcher die Vorraussetzungen für einen Eingriff in die elterliche Sorge regelt. Der analytische Gehalt der UN-Kinderechtskonvention wird in Bezug auf die Frage nach der Beförderung von Kinderrechten in Familien durch drei zentrale Rechtsbereiche *protection, provision* und *participation* bestimmt, die es ermöglichen, die gesellschaftlichen und politischen Diskurse konzentriert darzustellen (vgl. Sünker 2001: 71f.).

Protection: Eltern respektive Erziehungsberechtigte sollen den Schutz und die Begleitung des Kindes bei seinen Entwicklungs- und Bildungsaufgaben gewährleisten. Dieser Schutz und die Begleitung sollen beispielsweise bei Reisen oder im Kontext der Weitergabe von Informationen über das Kind im öffentlichen Raum (Nutzung von Fernseh-, Radio-, und Internetformaten) eingehalten werden. Die elterliche Verantwortung erstreckt sich weiterhin auf die sozioökonomische Versorgung des Kindes, und wenn es nötig sein sollte auch darauf, einen Vormund oder eine Pflege- und Betreuungsperson für das Kind auszusuchen.

Im Kontext elterlicher Erziehungsverantwortung wird in England, Frankreich und zunehmend in Deutschland über die elterliche Verpflichtung diskutiert kindliches Verhalten entlang dem Modus von Anordnung und Kontrolle – i. S. einer gelingenden Erziehung – zu lenken (Jones/Welch 2010; vgl. Sünker 2009: 225). Gerade in diesem Zusammenhang stellt sich die Frage inwiefern kindliche Subjektivität und Akteurskompetenzen in den konkreten nationalen Kinderpolitiken umgesetzt werden können, um die mit der Verpflichtung zur Disziplinierung verbundenen gesellschaftlichen und innerfamilialen Kontroll- und Machtverhältnissen zu analysieren und zu problematisieren[8].

7 Angelehnt an die Allgemeine Erklärung der Menschenrechte, Art. 16, Abschnitt 3 von 1948.

8 Die mit Kindheit verbundenen Vorstellungen, die Institutionen und Praktiken von Erziehung und Bildung sind historischen Wandlungen unterworfen. Eine Rekonstruktion der Konsequenzen von Ausgrenzungsprozessen und Integrationsmöglichkeiten auf das jeweilige

Gleichzeitig sind in den letzten Jahrzehnten Veränderungen in den Eltern-Kind-Beziehungen zu konstatieren, die zur Entwicklung enger sozialer Beziehungen und Bindungsqualitäten, der Anerkennung der Individualität von Kindern führten. Sie reformierten die innerfamilialen Autoritätsbeziehungen, in dem das Kind „zur letzten verbliebenen, unaufkündbaren, unaustauschbaren Primärbeziehung“ wurde (vgl. Beck 1986: 193; vgl. Braches-Chyrek/Sünker 2010). Die damit einhergehende Inszenierung von Kindheit bedeutet auch eine Konzentration auf den Schutz von Kindern, der Begrenzung bzw. die Verinselung kindlicher Orte und Erfahrungsräume, die mit der frühen Einschränkung kindlicher Freiheitsrechte einhergehen (Quortrup et al. 1994; Zeiher/Zeiher 1994). Insbesondere privilegierte Kinder sind diesen – eher von Eltern eingeforderten und durchgesetzten – Schutzmaßnahmen in einem höheren Maße unterworfen als arme Kinder. Nichtprivilegierte Kinder sind neben der frühen Benachteiligung in den Bereichen des Konsums, sozialkultureller Teilhabe, Freizeitgestaltung und Bildungschancen auch gesundheitlichen und ernährungsbedingten Armutsfolgen schutzlos ausgeliefert (vgl. Holz et al. 2005). Art 19. der UN-Kinderrechtskonvention verlangt zwar die öffentliche Thematisierung jeglicher Form körperlicher oder geistiger Gewaltanwendungen, Schadenszufügungen, Misshandlungen, Vernachlässigungen und Gefahren kindlicher Wohlfahrt. Die darin eingelassenen gesellschaftlich geformten Machtungleichheiten können jedoch nur durch eine kindheitstheoretische und -politische Betrachtung der Reproduktionsprozesse sozialer Ungleichheiten reflektiert werden (vgl. Sünker/Moran-Ellis 2008: 62).

Der zweite zentrale Rechtsbereich *provision* beinhaltet die Bereitstellung eines angemessenen Wohnraumes, die Auswahl einer Bildungseinrichtung, den Zugang zur Ausbildung und Beschäftigung sowie die spätere Begleitung der Kinder in die Selbstständigkeit, wie beispielsweise die Vermittlung einer eigenen Wohnung (vgl. Art. 28, 29 UNKRK). Weiterhin wird es den Eltern respektive Erziehungsberechtigten zugesprochen, die Religionszugehörigkeit ihres Kindes bestimmen zu können und für die Sicherstellung der medizinischen Versorgung Sorge zu tragen (Gesundheitsvorsorge, (Zahn-)medizinische und therapeutische Maßnahmen). Weiterhin sollte der Kontakt und das Leben

Kinderleben zeigt, dass Kindheit immer als historische und soziale Realität zu begreifen ist (Winkler 2006: 98). Ein Blick in die Geschichte der Kindheit offenbart, dass bereits Aries (1978) in seinen kontrolltheoretischen Argumentationen für ein Ineinandergreifen des pädagogisierten und disziplinierten Alltagslebens in Institutionen und der familialen Praktiken in der Erziehung plädierte (Winkler 2006: 97). DeMause hingegen (1980) ging davon aus, dass Eltern-Kind-Beziehungen einer psychogenetischen Entwicklung unterworfen sind. In zivilisatorisch weiter entwickelten Gesellschaften kann die eine stetige Verbesserung der Situation der Kinder möglich werden.

mit dem Kind als auch die Unterstützung des Kindes durch die Erziehungsberechtigten dauerhaft gewährleistet werden.

Kinder werden jedoch nicht nur von der Familie alleine versorgt. Unterschiedliche Instanzen und Institutionen sind in die kindlichen Sozialisationsprozesse eingebunden, die Kinder als Individuen oder Teil einer Gruppe bzw. Familie wahrnehmen, wie beispielsweise in frühkindlichen oder schulischen Bildungsinstitutionen. Für den kindlichen Schutz, die Gesundheitsvorsorge und dem Recht auf Bildung muss daher auch in den pädagogischen Einrichtungen gesorgt werden. Hier sollte es ein Ziel sein, durch intern motivierende, individualisierende aber auch gruppenbezogene Praxen die Kinder anzuleiten, Interessen zu formulieren und zu vertreten, damit sie sich in selbst gewählten Freizeitangeboten auch außerhalb der Institutionen verwirklichen können. In der Familie und in den Institutionen der kindlichen Bildung sollen die kommunikativen Fähigkeiten der Kinder – auch in informellen Lernkontexten – gefördert werden, damit sie ihre Meinungen und Interessen artikulieren können und lernen mit Konflikten umzugehen. Gerade in diesem Kontext ist ein tiefgreifender Wandel der Erwartungen der Eltern an ihre Kinder zu verzeichnen. Kindliches Verhalten soll nicht mehr nur von Anpassung, Stabilität und Pflichterfüllung geprägt sein, sondern von Autonomie, Willensstärke, Flexibilität und kommunikativer Kompetenz. Kindliche Bildungsprozesse werden nicht mehr als bearbeitbar, formbar oder veränderbar aufgefasst, sondern verstanden als dialogische Beziehung, als Unterstützung einer sich entwickelnden Kraft, dem auch die pädagogischen Einrichtungen in zunehmenden Maße gerecht werden müssen (Sünker 1989: 27).

Participation beschreibt in diesem Zusammenhang die Aufgabe der Eltern ihre Kinder darin zu unterstützen an den Entscheidungen, die ihr Leben betreffen zu partizipieren. Es gibt z. Z. zwei Bereiche in denen es sehr schwierig ist das Mitbestimmungsrecht von Kindern zu realisieren, bei der Wahl der Religionszugehörigkeit und bei der Entscheidung für eine Schule respektive Schulbildung. Diese beiden äußerst wichtigen Entscheidungen werden i. d. R. ohne die Mitbestimmung der Kinder getroffen. Hier sollte stets eine Abwägung von partizipativen Rechten und Schutzrechten stattfinden. Argumentiert wird, dass nur die Erziehungsberechtigten die Verantwortung für die weitreichende Entscheidungen des Schulbesuchs treffen können, um die Kinder entsprechend ihrer Herkunft in der Gesellschaft platzieren zu können; gleiches gilt für die Religionszugehörigkeit, da diese noch immer mit der Zugehörigkeit zu teilweise sehr machtvollen Netzwerken verbunden ist.

4 Kinderrechte in Gesellschaften

Obwohl die Kinderrechtskonvention in vielen nationalen Rechtsprechungen nur sehr zögerlich umgesetzt wird, löste sie vor dem Hintergrund der Frage, warum es denn spezifische Kinderrechte geben müsse, umfassende nationale gesellschaftspolitische Diskussionen aus (vgl. Kerber-Ganse 2009: 87 f.; Sünker/Moran-Ellis 2008: 61)[9]. In den europäischen Wohlfahrtsstaaten sind nach Rogers und Wrightsman (1978) in Bezug auf die Umsetzung von Kinderrechten zwei fundamental differenzierte Unterscheidungen – die *nurturance* und *self-determination* Orientierung – feststellbar (vgl. Cherney/Walker Perry 1996: 242 ff.). Die *nurturance* Orientierung verlangt, dass Gesellschaften Entscheidungen im besten Interesse des Kindes treffen, um Kinder vor Leid und Schädigungen zu schützen. Die *nurturance* Orientierung ist paternalistisch oder materialistisch konnotiert und sieht das Kinder in Abhängigkeit von Autoritäten (Eltern, Lehrer, Regierungen), die im Sinne des „best interest for the child" Entscheidungen für das Kind treffen. Die *self-determination* Orientierung hingegen stellt die Autonomie von Kindern in den Mittelpunkt des gesellschaftlichen Interesses und räumt ihnen damit das Recht ein in verschiedenen Teilbereichen ihres Lebens autonome Entscheidungen zu treffen, d. h. auch das Kinderrechte unverzichtbar und einklagbar sind. Hier konfligieren die kindlichen Entscheidungen häufig mit der Perspektive von Erwachsenen und ihrer Pflicht Kinder zu schützen[10].

Bis in die 1960 Jahre standen Kindern in Deutschland nur in abgeleiteter Weise Rechte zu, da die Sorge für das schutzbedürftige, bedrohte Kind als die wichtigste Aufgabe des modernen Wohlfahrtsstaates proklamiert wurde. Der Ausgleich sozialer Benachteiligungen durch kompensatorische Leistungen war vorrangiges Anliegen der sozialstaatlichen und ergänzend dazu der karitativen Bemühungen wohlfahrtsstaatlicher Institutionen. Erst in dem 1961 novellierten Reichsjugendwohlfahrtsgesetz wurde der Bereich der Kinderfürsorge ausdrücklich benannt und verpflichtend unter staatliche Aufsicht gestellt. Kinderrechte erfuhren zugunsten der Elternrechte Einschränkungen.

9 Die USA und Somalia haben die UN-Kinderrechtskonvention bis heute nicht ratifiziert. Bis zum Jahr 2015 sollen die von der United Nation verabschiedeten „Millenium Development Goals" umgesetzt werden. Ziel ist es, die Grundschulbildung für alle Kinder einzuführen, den Schutz von Kindern in kriegerischen Konflikten durchzusetzen, den Verkauf und die Prostitution von Kindern zu verhindern, Kinderpornographie weltweit zu verbieten und gerichtlich verfolgen zu lassen (Kerber-Ganse 2009: 102f.).

10 Melton (2005) hat sich als erster mit der Sicht der Kinder auf ihre Rechte beschäftigt und herausgefunden, dass die tatsächliche physische und psychische Entwicklung sowie der sozioökonomische Status die Wahrnehmung und Einforderung von Rechten beeinflussen. Auf der Grundlage von Piaget und Kohlberg hat er drei Stufen herausgearbeitet, in denen Kinder ihre Rechte konzeptionalisieren.

Das Recht des Kindes vollzog sich allein durch die Anerkennung dieses Rechts durch die Eltern. Abgesichert durch das Grundgesetz (Art. 6 Abs. II GG) war der Erwachsene die eigentliche Schlüsselfigur bei der konkreten Ausgestaltung kindlicher Rechte.

Im Jahr 1958 leitete das Urteil des Bundesverfassungsgerichts einen Paradigmenwechsel ein[11] und konnte mit diesem Urteil eine neue rechtliche Normierung durchsetzen. Das Kind selbst wurde zum Grundrechtsträger und ihm dadurch das Recht auf Schutz, Würde, Achtung und Entfaltung seiner Persönlichkeit zugestanden. Elternrechte legitimierten sich jetzt durch eine verantwortungsvolle Elternschaft, indem sie kindliches Aufwachsen und kindliche Sozialisation in geschützten Räumen ermöglichen. Elternverantwortung als Pflicht wurde in den Mittelpunkt des staatlichen Interesses gerückt und führte zu einer „wesensbestimmenden" Verbundenheit von elterlichen Rechten und Pflichten. Dem Staat kam die Aufgabe zu, über eine angemessene Ausübung des Elternrechts zu wachen (vgl. Surall 2009: 54 f.). Durch diese Anerkennung des Kindes als Rechtssubjekt veränderte sich die Qualität der Beziehungen zwischen Erwachsenen und Kindern. Eltern tragen jetzt die Verantwortung für ihre persönlich gelebte Beziehung zu dem Kind, darin eingeschlossen ist die Verpflichtung zu stetiger Selbstreflexion und Selbstkritik. Kindern sollte zunehmend Möglichkeiten geboten werden, Erfahrungen in der Ausübung ihrer Rechte zu sammeln, die sie bestärken und sie in ihrem Eigenwert respektieren.

In Deutschland leitete der Wechsel von elterlicher Gewalt zu elterlicher Sorge Veränderungen in den rechtlichen und politischen Rahmenbedingungen für Kinder ein. Neben der Einrichtung einer Kinderkommission des Deutschen Bundestages (1988), der Verabschiedung der UN-Konvention für die Rechte des Kindes (1989) und des Kinder- und Jugendhilfegesetzes (1990) gehören auch die Umsetzung des Rechtsanspruches auf einen Kindergartenplatz (1996), die Kindschaftsrechtsreform (1997), die Teilnahme Deutschlands am Weltkindergipfel (2002) und die Verabschiedung eines frühen Nationalen Aktionsplans für ein kindergerechtes Deutschland 2005-2010 (NAP) zu diesen Reformen. Im NAP sind sechs Handlungsfelder definiert: Chancengerechtigkeit durch Bildung, Aufwachsen ohne Gewalt, Förderung eines gesunden Lebens und gesunder Umweltbedingungen, Beteiligung von Kindern und Jugendlichen, Entwicklung eines angemessenen Lebensstandards für alle Kinder, internationale Verpflichtungen.

11 Das Urteil des Bundesverfassungsgerichts vom 29.07.1968 lautet: „Das Kind (hat) als Grundrechtsträger selbst Anspruch auf den Schutz des Staates ... Das Kind ist ein Wesen mit eigener Menschenwürde und dem eigenen Recht auf Entfaltung seiner Persönlichkeit im Sinne der Artikel 1 Abs. 1 und Artikel 2 Abs.1 GG" (vgl. Entscheidungssammlung des Bundesverfassungsgerichts: 119).

Infolge der nationalstaatlichen Etablierung der UN-Kinderrechtskonvention konnten sich eine Vielzahl regierungsunabhängiger Organisationen gründen und vernetzten, die darauf verstärkt darauf hinwirken Kinderrechte umzusetzen. Ein Blick in andere europäische Staaten zeigt, dass in einigen Verfassungen (Finnland, Portugal, Slowenien und Slowakei) bereits spezielle Rechte für Kinder verankert werden konnten. In der spanischen Verfassung wird darüber hinaus sogar auf die geltenden internationalen Abkommen zu Schutz und Rechten der Kinder verwiesen.

Hier zeigt sich, dass es um eine Differenzierung zwischen einer Politik für Kinder und einer Politik mit Kindern geht, da veränderte rechtliche Rahmungen die Wahrnehmung, Bewertung, das Denken und das Handeln der gesellschaftlichen Akteure verändern kann (Sünker/Moran-Ellis 2008: 61). Inwieweit die politische Aufmerksamkeit tatsächlich auf Kinderrechte gelenkt werden kann und somit die Verwirklichung von Kinderrechten im Alltagsleben stattfindet, bleibt jedoch weiterhin an die konkrete demokratische Ausgestaltung politischer Kultur gebunden.

5 Kinderrechte in der Diskussion

Weitreichende Beschränkungen erfährt die UN-Kinderrechtskonvention sowohl in internationalen als auch in nationalen Kontexten durch die zunehmenden klassenbedingten Spaltungen. Die Reproduktionsprozesse sozialer Ungleichheit in den gesellschaftlichen Teilbereichen der sozialen Infrastruktur, Bildung, Gesundheitswesen, Kultur und Rechtssystem führen zu dauerhaften Beeinträchtigungen im kindlichen Leben und Erleben. Dieser Positionsbestimmung liegen einerseits Vorstellungen von einem angemessenen Schutz *(protection)* und der Versorgung *(provision)* aller Kinder zugrunde, die es ihnen ermöglichen sollten soziale, kulturelle und politische Interessen und Handlungsmöglichkeiten zu entfalten. Gerade in der Entfaltung gesellschaftlicher Vorstellungen zum Schutz von Kindern werden in den letzten Jahren vermehrt Diskussionen über Jugenddelinquenz, Kindheit und Kinder als Risiko geführt. Aber auch moralisch konnotierte Paniken, die kindliche Sexualität oder den gesellschaftlichen Umgang mit Sexualstraftätern thematisieren, wie auch die Prävention von frühen Abweichungen (ADS, ADHS, Lese- und Rechtschreibschwäche, Legasthenie, Dyskalkulie usw.) bestimmen öffentliche Debatten. Eingelassen in diese Diskussionen sind bestimmte Vorstellungen von Kindern, die Kinder zum einen unter einer sehr sentimentalisierten Sichtweise betrachten und davon ausgehen, dass gesellschaftliche Einflüsse potentiell gefährdend sind, und zum anderen eine vermehrte Konzentrierung auf das Kind, die mit einer weiteren Intimisierung der Eltern-Kind-Beziehung einhergeht, einfordern. Diskrepanzen in familialen als auch institutionellen Erziehungskontexten, die sich aus der Bewältigung der vielfachen Problemlagen ergeben, werden öffentlich nicht wahrgenommen und individualisiert. In den international vergleichenden Studien der OECD wird seit Jahren darauf hingewiesen, dass in Deutschland die kindlichen Bildungs- und damit auch Lebenschancen wesentlich von den ökonomischen, ethnischen, kulturellen und sprachlichen Ressourcen abhängen, die Familien zur Verfügung stehen und die familiale Versorgungs- und Schutzmöglichkeiten mitbeeinflussen[12]. Insbesondere durch das deutsche viergliedrige Schulsystem, als Vermittlungsinstanz mittelschichtsgeprägter Normalitätsvorstellungen, wird das Bildungsrecht von Kindern verletzt. Kinder mit einer Migrationsbiographie, Kinderflüchtlinge und Kinder mit „Auffälligkeiten" und Behinderungen gehören zu den schulisch Benachteiligten, da sich Persönlichkeits- und Begabungsprofile an mehr oder weniger fest instituierten Definitionen, stereotypen Attributen und rituellen Formeln orientieren, die neben der Einteilung in Altersklassen bestimmte Stufen des Wissenserwerbs voraussetzen und der „Strukturierung der untrennbar technischen und ästhetischen oder ethnischen Begründungen der schulischen Bewertung" (Bourdieu 2004: 37) dienen. Sie entscheiden über kulturelle Privilegien. Die Subjektstellung des Kindes wird durch die pädagogischen Praktiken in den Schulen und ihre Ausleseverfahren nicht ausreichend berücksichtigt. Die pädagogischen Praktiken bewegen sich in einem Spannungsverhältnis zwischen schulischen und familialen Werten, zwischen kleinbürgerlichen und bürgerlichen Dispositionen (Bourdieu 2004: 39). Die defizitorientierte Betrachtung dieser Kinder zeigt sich insbesondere in der Analyse der Schutzrechte für Kinder mit „sonderpädagogischen Förderbedarf", denen das Recht auf Mitsprache bei wichtigen Lebensentscheidungen verwehrt wird, wie beispielsweise in der Gesundheitsvorsorge und dem Schulbesuch. Die Klassifizierung dieser Kinder aus einer Objektperspektive heraus, weist ihnen einen passiven gesellschaftlichen Status zu, der mit der Selektion in defizitorientierte Lern- und Lebensformen verbunden ist[13]. Gefordert ist hier die Umsetzung der Kinderrechtskonvention, die das Recht eines jeden Kindes auf Bildung einfordert, Kinder als individuelle Persönlichkeiten achtet, ihre jeweils besonderen Fähigkeiten berücksichtigt und sich damit dem Rassismus der Intelligenz entgegenstellt[14].

---

12 Vgl. die Kinder- und Jugendberichte (BMFSJ 1998; 2002; 2005a; 2008), den 7. Familienbericht (BMFSJ 2005b) oder UNICEF 2006.

13 Vgl. Liebel 2007: 181 oder auch Liebsch 2009, die soziale Ungleichheiten im Kontext der Typisierung verhaltensauffälliger Kinder als „AD(H)Sler" analysiert.

14 „Der Mythos von der ‚natürlichen Begabung' und der Rassismus der Intelligenz stehen heute im Zentrum einer von sämtlichen Herrschenden über alle erklärten ethischen oder politischen Differenzen hinweg zutiefst geteilten Soziodizee, die die (von Bildungseinrichtungen gemessene) ‚Intelligenz' zum obersten Legitimationsprinzip erhebt und Armut und Scheitern – in ei-

Diese Betrachtung der gesellschaftlichen Reproduktionsprozesse sozialer Ungleichheit aus einer kinderrechtlichen und kinderpolitischen Perspektive zeigt, dass die aktuellen gesellschaftlichen Entwicklungen, die durch die Infantilisierung von Armut und Bildungsapartheit geprägt sind, nur aufgehalten werden können, wenn kindliche Bildungsprozesse langfristig gleich gestaltet werden (Sünker 2003; Sünker/Moran-Ellis 2008: 63)[15].

In die UN-Kinderrechtskonvention sind Partizipationskonzepte (participation) eingelassen, die nicht nur das Recht auf einen angemessenen Lebensstand, das Recht auf freie Meinungsäußerung, sondern auch das Recht auf politische Bildung verbinden. Kinder werden als gleichrangige gesellschaftliche Akteure betrachtet und ihnen damit zugleich der Zugang und die Berechtigung eingeräumt, an demokratischen Prozessen zu partizipieren[16].

> „Eine Vorstellung von Politik, die Kinder als gesellschaftliche Akteure Erwachsenen vergleichbar betrachtet, und demzufolge durch eine Radikalisierung der strukturellen Bedingungen von Kindheit Kindern die Möglichkeiten zur Erfahrung mit Partizipation als einem Gesellschaftsprinzip so früh wie möglich zu vermitteln sind“ (Sünker/Moran-Ellis 2008: 54).

Hier wird eine Gleichsetzung mit dem Status der Erwachsenen postuliert, was bedeutet, dass Kinder schon früh die Möglichkeit erhalten am politischen Leben teilhaben zu können und gestärkt werden, sich zu beteiligen, um selbst bestimmt handeln zu können.

> „Um den Zusammenhang von Bildungskapital und Geneigtheit, auf politische Fragen zu antworten, angemessen zu erklären, genügt nicht der Rückgriff auf die durch den Bildungstitel garantierte Fähigkeit zum Verstehen, zur Wiedergabe oder selbst noch zur Hervorbringung des politischen Diskurses; hinzu kommen muß vielmehr noch das – gesellschaftlich gebilligte oder geförderte – Gefühl, berechtigt zu sein, sich überhaupt mit Politik zu beschäftigen, ermächtigt zu sein, politisch zu argumentieren“ (Bourdieu 1987: 639; vgl. 1998: 100).

Nur in einer demokratischen Gesellschaft können sich politisches Bewusstsein, demokratische Denk- und Handlungskompetenzen herausbilden, d. h. das es hier keine Differenzierung zwischen Familien, Schulen oder Schulformen in

ner ‚Leistungsgesellschaft‘, in der Erfolg alles bedeutet – nicht mehr auf Faulheit, Leichtsinn oder Lasterhaftigkeit zurückführt, sondern auf Dummheit“ (Bourdieu 2001: 102f.).

15 Bourdieu benennt in diesem Zusammenhang ein System von familialen Reproduktionsstrategien, die chronologisch in einem Reproduktionsmodus miteinander verbunden sind und zur Durchsetzung hegemonialer Kapitalsstrukturen führen. Konkrete Praktiken sind: Fortpflanzungsstrategien, Nachfolgestrategien, Erziehungsstrategien, prophylaktische Strategien, ökonomische Strategien, Strategien sozialer Investitionen, Heiratsstrategien, Strategien der Soziodizee (vgl. Bourdieu 2004: 330 f.).

16 Vgl. zum Konzept des partizipatorischen Citizenship von Kindern (Hutchby u. Moran-Ellis 1998.

Bezug auf die zur Verfügung gestellten Ressourcen zum Wissenserwerb geben darf, die soziale Klassenlagen reproduzieren (vgl. Sünker 2009: 225f.).

> „In entsprechender Weise muss eine demokratische Gesellschaft, da sie grundsätzlich für freien Austausch, für soziale Stetigkeit eintritt, eine andere Erkenntnistheorie entwickeln: Erkennen ist die Methode, durch die eine Erfahrung verwertbar gemacht wird, um einer anderen Richtung Bedeutung zu verleihen" (Dewey 2000: 442).

Das gleiche Recht auf Bildung ist eingelassen in den Zusammenhang von demokratischer Bildung und der Bildung von Demokratie. Diese Erkenntnis führt zu einer erneuten Diskussion der konkreten Erfahrungen von Kindern mit Partizipation im familialen und schulischen Alltagsleben, da die Bedeutung der Erfahrung von Demokratie für das Leben von und in Demokratie nicht stark genug betont werden kann (Sünker 2003). Kinder sollen „sich selbst als Subjekte der politischen Prozesse wissen", um ihr Recht auf Beteiligung tatsächlich einzufordern und im Alltag verwirklichen zu können (Adorno 1997: 559). Dementsprechend kann ein Recht auf Bildung ohne das Recht auf Partizipation nicht umgesetzt werden. Es ergibt sich also nach wie vor ein dringender Handlungsbedarf in der Umsetzung von demokratischen Organisationsformen in der Schule und außerschulischen Institutionen der Kinder- und Jugendhilfe (vgl. Kerber-Ganse 2009: 215f.).

Literatur

Adorno, Theodor W. (1997): Was bedeutet: Aufarbeitung der Vergangenheit. In: ders. Gesammelte Schriften (Bd. 10.2.). Frankfurt/M.: Suhrkamp.

Alanen, Leena (2005): Kindheit als generationales Konzept. In: Hengst, Heinz/Zeiher, Helga (Hrsg.): Kindheit soziologisch. 65-82. Wiesbaden: Verlag für Sozialwissenschaften.

Alt, Christian/Lange, Andreas (2009): Kindheitsforschung heute – ein Perspektivenwechsel. In: Sozialwissenschaftliche Literatur Rundschau, H. 59. 79-92.

Ariès, Philip (1978): Geschichte der Kindheit. München: Hanser.

Beck, Ullrich (1986): Risikogesellschaft. Frankfurt a. M.: Suhrkamp.

Bois-Reymond du, Manuela (2001): Familie und Partizipation. In: Güthoff, Friedhelm/Sünker, Heinz (Hrsg.) (2001): Handbuch Kinderrechte. Partizipation, Kinderpolitik, Kinderkultur. 81-105. Münster: Votum.

Bourdieu, Pierre (1987): Die feinen Unterschiede. Kritik der gesellschaftlichen Urteilskraft. Frankfurt a.M.: Suhrkamp.

Bourdieu, Pierre (1998): Gegenfeuer. Konstanz: UVK Verlagsgesellschaft mbH.

Bourdieu, Pierre (2001): Gegenfeuer 2. Konstanz: UVK Verlagsgesellschaft mbH.

Bourdieu, Pierre (2004): Der Staatsadel. Konstanz: UVK Verlagsgesellschaft mbH.

Braches-Chyrek, Rita (2010): Kinderrechte: Politiken und Perspektiven, in: Soziale Passagen, 1. 63-79.

Braches-Chyrek, Rita/Sünker, Heinz (2011): Kindheitsforschung und Analyse kindlicher Lebenslagen. In: R. Braches-Chyrek et al. (Hrsg.): Kindheit in Pflegefamilien. 130-148. Opladen: Verlag Barbara Budrich.

Bühler-Niederberger, Doris (2005): Kindheit und die Ordnung der Verhältnisse. Von der gesellschaftlichen Macht der Unschuld und dem kreativen Individuum. Weinheim: Juventa.

Bühler-Niederberger, Doris/van Krieken, Robert (2008). Childhood 2008: Special issue: New themes in the sociology of childhood, 15.

Bühler-Niederberger, Doris/Mierendorff, Johanna/Lange, Andreas (Hrsg.) 2010: Kindheit zwischen fürsorglichem Zugriff und gesellschaftlicher Teilhabe. Wiesbaden. Verlag für Sozialwissenschaften.

Bundesministerium für Familie, Senioren, Jugend und Frauen (BMFSJ). (Hrsg.). (1998): Zehnter Kinder- und Jugendbericht. Bericht über die Lebenssituationen von Kindern und die Leistungen der Kinderhilfen in Deutschland. Bonn: Bundesanzeiger Verlagsgesellschaft mbH.

Bundesministerium für Familie, Senioren, Jugend und Frauen (BMFSJ). (Hrsg.). (2002): Elfter Kinder- und Jugendbericht. Bericht über die Lebenssituationen von Kindern und die Leistungen der Kinderhilfen in Deutschland. Berlin: Bundesanzeiger Verlagsgesellschaft mbH.

Bundesministerium für Familie, Senioren, Jugend und Frauen (BMFSJ). (Hrsg.). (2005): Zwölfter Kinder- und Jugendbericht. Bericht über die Lebenssituationen von Kindern und die Leistungen der Kinderhilfen in Deutschland. Berlin. Bundesanzeiger Verlagsgesellschaft mbH.

Bundesministerium für Familie, Senioren, Jugend und Frauen (BMFSJ). (Hrsg.). (2005a): 7. Familienbericht. Berlin: Bundesanzeiger Verlagsgesellschaft mbH.

Bundesministerium für Familie, Senioren, Jugend und Frauen (BMFSJ). (Hrsg.). (2008): Bildung, Betreuung und Erziehung für Kinder unter drei Jahren – elterliche und öffentliche Sorge in gemeinsamer Verantwortung. Berlin: Bundesanzeiger Verlagsgesellschaft mbH.

Bundesverfassungsgericht 1968: Entscheidungssammlung des Bundesverfassungsgerichts Band 24, 119.

Cherney, Isabelle/Walker Perry, Nancy (1996): Children's Attitudes Toward Their Rights. An International Perspective, In: Verhellen, Eugeen (Hrsg.): Monitoring Childrens's Rights. 242-250. Martinus Nijhoff Publishers.

Dewey, John (2000): Demokratie und Erziehung. Weinheim: Beltz.

Güthoff, Friedhelm/Sünker, Heinz (Hrsg.) (2001): Handbuch Kinderrechte. Partizipation, Kinderpolitik, Kinderkultur. Münster: Votum.

Hengst, Heinz (2003). Ein internationales Phänomen. Die neue soziologische Kindheitsforschung, In: B. Orth, T. Schietring, & J. Weiß (Hrsg.), Soziologische Forschung: Stand und Perspektiven (S. 195-214). Opladen: Leske + Budrich.

Hengst, Heinz/Zeiher, Helga (Hrsg.). (2000). Die Arbeit der Kinder. Kindheitskonzept und Arbeitsteilung zwischen den Generationen. Weinheim: Juventa.

Honig, Michael-Sebastian (1999): Entwurf zu einer Theorie der Kindheit. Frankfurt a. M.: Suhrkamp.

Honig, Michael-Sebastian (2009): Ordnungen der Kindheit. Weinheim: Juventa

Honig, Michael/Sebastian/Joos, Magdalena/Schreiber, Norbert (Hrsg.) 2004: Was ist ein guter Kindergarten, Theoretische und empirische Analysen zum Qualitätsbegriff in der Pädagogik, Weinheim

Holz, Gerda/Richter, Antje/Wüstendörfer, Werner/Giering, Dietrich (2005): Zukunftschancen für Kinder!? Wirkung von Armut bis zum Ende der Grundschulzeit. Bonn: AWO Bundesverband e.V.

Hutchby, Ian/Moran-Ellis, Jo (Hrsg.) (1998): Children and social competence. Arenas of action. London: Falmer Press.

James, Allison/Prout, Alan (Hrsg.). (1997): Constructing reconstruction childhood. London: Falmer.

Jones, Phil/Welch, Sue (2010): Rethinking Childrens's Rights. London. Continuum. Güthoff, Friedhelm/Sünker, Heinz (Hrsg.) (2001): Handbuch Kinderrechte. Partizipation, Kinderpolitik, Kinderkultur. Münster: Votum.

Kerber-Ganse, Waltraut (2009): Die Menschenrechte des Kindes. Die UN-Kinderrechtskonvention und die Pädagogik von Janusz Korczak. Versuch einer Perspektivenverschränkung. Opladen: Verlag Barbara Budrich.

Key, Ellen (1991): Das Jahrhundert des Kindes. Weinheim und Basel: Beltz.

KidsVerbraucherAnalyse (2010): KidsVerbraucherAnalyse 2010. Berlin. Egmont Ehapa Verlag.

Kränzl-Nagl, Renate/Mierendorff, Johanna/Olk, Thomas (Hrsg.). (2003): Kindheit im Wohlfahrtsstaat. Gesellschaftliche und politische Herausforderungen. Frankfurt a.M.: Campus.

Krüger, Heinz-Hermann/Grunert, Cathleen (2006): Kindheit und Kindheitsforschung in Deutschland, Opladen: Leske+Budrich

Lettke, Frankg/Lange, Andreas (Hrsg.) (2007): Generationen und Familien. Frankfurt a. M.: Suhrkamp.

Liebsch, Katharina (2009). Zwischen Enhancement und Stigmatisierung. In: Diskurs Kindheits- und Jugendforschung, 4, S. 499-511.

Liebel, Manfred (2007): Wozu Kinderrechte. Grundlagen und Perspektiven. Weinheim: Juventa.

Mause, Llyod de (1980): Hört ihr die Kinder weinen? Frankfurt a. M.: Suhrkamp.

Melton, Gary B. (2005): Building humane communities respectful of children: the significance of the convention on the rights of the child. American psychologist, 60 (8). 918-926.

Promotionskolleg "Kinder und Kindheiten im Spannungsfeld gesellschaftlicher Modernisierung" (Hrsg.) (2006): Kinderwelten und institutionelle Arrangements. Modernisierung von Kindheit. Wiesbaden: Verlag für Sozialwissenschaften.

Promotionskolleg "Kinder und Kindheiten im Spannungsfeld gesellschaftlicher Modernisierung" (Hrsg.) (2011): Kindheitsbilder und die Akteure generationaler Arrangements. Wiesbaden. Verlag für Sozialwissenschaften

Quortrup, Jens/Bardy, Marjatta/Sgritta, Giovanni/Wintersberger, Helmut (1994): Childhood matters. Social theory, practice and politics. Aldershot: Avebury.

Resolution der United Nation 1948. Verfügbar unter http://www.un.org/Depts/german/grunddok/ar217a3.html.

Sünker, Heinz (1989): Bildung, Alltag und Subjektivität. Elemente zu einer Theorie der Sozialpädagogik. Weinheim: Juventa.

Sünker, Heinz (2001): Kindheit heute – die Zukunft von Kinderpolitik. In: Güthoff, Friedhelm/Sünker, Heinz (Hrsg.): Handbuch Kinderrechte. Partizipation, Kinderpolitik, Kinderkultur. 68-80. Münster: Votum.

Sünker, Heinz (2003): Politik, Bildung und soziale Gerechtigkeit. Perspektiven für eine demokratische Gesellschaft. Frankfurt a. M.: Peter Lang.

Sünker, Heinz (2009): Demokratie und Mündigkeit oder Disziplin und Unterwerfung. Gesellschaftliche Perspektiven von Erziehung und Bildung. In: Otto, Hans-Uwe/Sünker, Heins (Hrsg.): Demokratische Bildung oder Erziehung zur Unmündigkeit. Pädagogische Alternativen heute. 225-242. Lahnstein. Verlag neue praxis.

Sünker, Heinz/Moran-Ellis, Jo (2008): Kinderrechte und Kinderpolitik. In: Widersprüche, 109 (28). 53-69.

Sünker, Heinz/Swiderek, Thomas (2008): Lebensalter und Soziale Arbeit.: Kindheit (Bd. 2). Baltmannsweiler: Schneider Verlag Hohengehren.

Surall, Frank (2009): Ethik des Kindes. Kinderrechte und ihre theologisch-ethische Rezeption. Stuttgart: Kohlhammer.

Thole, Werner/Rossbach, Hans-Günther/Fölling-Albers, Maria/Tippelt, Rudolf (Hrsg.): Bildung und Kindheit, Opladen: Barbara Budrich Verlag.

UNICEF 2006: Innocenti Research Centre: Child poverty in perspective: An overview of child well-being in rich countries. A comprehensive assessment of the lives and wellbeing of children and adolescents in the economically advance nations. Verfügbar unter http.//www.unicef.org/irc.

Winkler, Michael (2006): Weder Hexen noch Heilige – Bemerkungen zum Verhältnis von Pädagogik und der neueren soziologischen Kindheitsforschung. In: S. Andresen & I. Diehm (Hrsg.), Kinder, Kindheiten, Konstruktionen. Erziehungswissenschaftliche Perspektiven und sozialpädagogische Verortungen. 83-105. Wiesbaden: Verlag für Sozialwissenschaften.

World Vision Deutschland e. V. (Hrsg.) (2010): 2. World Vision Kinderstudie. Frankfurt. Fischer-Verlag.

Zeiher, Helga/Zeiher, Heinz (1994): Orte und Zeiten im Leben der Kinder. München: Juventa.

Zentrum für Kindheits- und Jugendforschung (Hrsg.). (1993): Wandlungen der Kindheit. Theoretische Überlegungen zum Strukturwandel der Kindheit heute. Opladen: Leske + Budrich.

Birgit Bertram

Zukunft von Kindern und Eltern

1 „Die Welt ist nur geliehen von den Kindern."

Es ist nicht leicht, zu einem so weit gespannten Thema über die „Zukunft von Kindern und Eltern" auf knappem Raum einige Überlegungen und Thesen vorzustellen, weil sich die dahinter liegenden differenzierten Zusammenhänge, sowohl was die theoretischen Begründungen wie auch die empirischen Evidenzen betrifft, dabei kaum im Detail nachzeichnen lassen. Daher habe ich aus dem breiten Spektrum von Aspekten einige in meinen Augen besonders wichtige Punkte herausgegriffen und in einen Themenbogen gebündelt, von dem ich hoffe, dass er die Leser zu weiterem Recherchieren und Nachdenken und Neue-Ideen-Entwickeln motiviert. Denn es gibt noch viel zu tun für eine gute Zukunft für Kinder und Eltern!

In der ökologischen Diskussion ist die Idee des ressourcenschonenden Umgangs mit vorhandenen Gütern zu einer selbstverständlichen Grundposition geworden. Bei der wichtigsten Ressource für die Zukunft unserer Gesellschaft, nämlich den Kindern, ist dieser Gedanke jedoch noch lange nicht zu einem verbindlichen Konsens geworden. Im weitgehend ökonomistisch geprägten öffentlichen Diskurs werden Kinder zumeist als „privates Gut" ihrer Eltern angesehen oder gar als „Konsumgut" und damit in die Privatsphäre der Familie verwiesen. Demgegenüber hat der Siebte Familienbericht (2006) die Position formuliert, Kinder seien „gemeinsame Güter", weil alle Mitglieder der Gesellschaft von den zukünftigen Leistungen der Kinder profitieren werden, wenn diese später als Erwachsene im volkswirtschaftlichen Prozess ihre Potenziale einbringen. Diese zukünftigen Leistungen kommen dann allen zugute, nicht zuletzt den heute aktiven, dann aber älteren Mitgliedern, und zwar völlig unabhängig davon, ob der Einzelne selbst Kinder groß gezogen hat oder nicht. Daraus erwächst ein klarer Anspruch an alle gesellschaftlichen Mitglieder in der Gegenwart, die Entwicklungsressourcen aller Kinder bestmöglich zu gestalten, damit diese heute ihre Potenziale gut differenzieren und sichern können. Denn Kinder binden die Erwachsenen an die Zukunft, und die sozialen und emotionalen Ressourcen für die Zukunft müssen heute nachhaltig und schonend behandelt werden, damit sie morgen ihre Wirkungen optimal entfalten können.

2 Kinder als knappes Gut

2.1 Kinder als soziale Minderheit

Der relative Anteil von Kindern in der Gesellschaft hat sich in den letzten hundert Jahren dramatisch verringert. Vor dem Hintergrund der Diskussionen um den demographischen Umbruch werden meist nur die zurückgegangenen Geburtenzahlen in ihren Konsequenzen für die Zukunftssicherung der immer mehr älteren und alten Menschen diskutiert, während die sozialen Konsequenzen für die immer weniger jungen Menschen in der alternden Gesellschaft kaum thematisiert werden (Zinnecker 2001). Um 1900 kam in Deutschland auf jeden jungen Menschen unter 20 Jahren ein Erwachsener über 20 Jahren; in der Mitte des 20. Jahrhunderts betrug diese Relation 1:2 und um die Jahrtausendwende 1:4. Die Schätzungen für 2030 liegen bei 1:7, was heißt, dass sich jeder junge Mensch unter 20 Jahren sieben Älteren gegenübersieht. Oder in anderen Kategorien: War vor hundert Jahren die Hälfte der Bevölkerung jung, sind es heute 14 bis 18 Prozent. Die Prognosezahlen für 2030 sind heute schon in einigen Teilen der Republik Realität, vor allem in den großen Städten, wo es in manchen Bezirken schon praktisch „kinderfreie Zonen“ gibt. Für diese Umschichtungen sind im wesentlichen drei voneinander unabhängige Prozesse verantwortlich, nämlich der Rückgang der Geburten seit den 1960er Jahren, dazu die erhebliche Erhöhung der Lebenserwartung, die für Frauen heute gut 80 Jahre beträgt und für Männer etwa 76 Jahre, und zudem die Zuwanderung, weil zumeist junge Männer zwischen 25 und 40 Jahren nach Deutschland kommen (Statistisches Bundesamt).

Als Konsequenz dieses geringen Anteils der Kinder an der Bevölkerung könnte man annehmen, dass diese nun als knappes und damit besonders wertvolles Gut behandelt und entsprechend mit besonderen Ressourcen ausgestattet würden. Im Gegenteil ist festzustellen, dass Kinder in der öffentlichen Wahrnehmung einen Minderheitenstatus einnehmen und ebenso wie andere Minderheiten mit Marginalisierung, Ausgrenzung und Desinteresse bis Feindseligkeit zu kämpfen haben. Immer weniger Erwachsene haben konkrete Erfahrungen mit Kindern im Lebensalltag und brauchen sie auch nicht für ihre eigenen Lebensentwürfe. Den Kindern werden „kindgerechte“ Orte zugewiesen, an denen sich qualifizierte Personen, wie Eltern oder Lehrer und Erzieher, um sie kümmern; sonst sollen sie den öffentlichen Raum möglichst wenig tangieren. Kindspezifische Verhaltensweisen werden öffentlich schnell als störend und nicht hinnehmbar eingeschätzt (Bertram 2006). Auch die materiellen Ressourcen werden nicht bevorzugt dem knappen Gut der nachwachsenden Generation als Investition in die Zukunft zuerkannt: Deutschland schneidet in seinen Aufwendungen für Bildung vom Kindergarten bis zu den Universitäten im internationalen Vergleich nur mittelmäßig ab (H. Bertram 2009), liegt hingegen bei den Aufwendungen für Gesundheit und Alterssicherung weltweit an der Spitze, ohne dass die Deutschen gesünder wären oder länger lebten als die Menschen in den Vergleichsländern. In allen Armutsberichten der jüngeren Zeit werden immer die Kinder mit etwa 12 Prozent mit Abstand als die größte Gruppe der Betroffenen festgestellt gegenüber weniger als 3 Prozent bei den Rentnern (Statistisches Bundesamt), ohne dass entsprechend nachhaltige Maßnahmen dagegen installiert würden (H. Bertram 2010).

2.2 Wider die Funktionalisierung der Bildung von Kindern

In der aktuellen Bildungsdiskussion im Kontext der PISA-Untersuchungen dominieren bei den Vorschlägen, wie Deutschland von seiner mittleren Lage im internationalen Vergleich weiter an die Spitze zu bringen sei, vor allem Ideen zur Änderung des Schulsystems. Gerade in Hinblick auf die im Durchschnitt mittelmäßigen Leistungen in Mathematik, Naturwissenschaften und Leseverständnis deutscher Schüler werden die Curricula zugunsten dieser Fächer überarbeitet und damit den kognitiven Dimensionen der kindlichen Person eine zentrale Funktion zugemessen (Prenzel et al. 2008). Zugleich erscheint die Notwendigkeit, dass die deutschen Schüler ihre Potenziale besser zur Geltung bringen sollen, als eine deutlich artikulierte Forderung der Älteren, damit diese später im Prozess der Ressourcenerarbeitung für die Gesellschaft bestmögliche Ergebnisse erzielen. Hinter dieser Forderung steht eine implizite Funktionalisierung der Leistungsfähigkeit der jungen Menschen im Interesse der Älteren unter der Prämisse, die 50- bis 60-Jährigen, die heute in der Gesellschaft an verantwortlicher Position in Politik und Wirtschaft und Wissenschaft stehen, wüssten genau, welche Leistungen und welche Fähigkeiten die heutigen jungen Menschen morgen im Erwachsenenleben brauchen.

Gleichzeitig scheint hier die Fremdbestimmung der kindlichen Bildungsprozesse durch die Älteren auf, was in klarem Widerspruch zu den Grundrechten eines Kindes steht, wie sie in der UN Kinderrechtskonvention formuliert sind, dass nämlich jedes Kind einen eigenen Anspruch darauf hat, seine Interessen, Wünsche und Präferenzen autonom zu entscheiden und damit aktiv die eigene Bildung selbst zu gestalten. Gerade die aktuellen gesellschaftlichen Diskussionen um die „Wissensgesellschaft" vermitteln den Eindruck, es komme für erfolgreiches Handeln allein auf die intellektuellen Fähigkeiten an und die manuellen Fertigkeiten seien nachrangig. Das ist in einer pluralen Gesellschaft mit Sicherheit falsch, in der es auf die ganze Vielfalt unterschiedlicher Talente und Potenziale ankommt (Crawford, Sennett). Die Bemühungen um die Verbesserung der PISA-relevanten intellektuellen Leistungen führen sicherlich zu einem produktiven Ansporn für die guten Schüler; gleichzeitig wird jedoch dadurch auch das Misserfolgserleben für die schwächeren Schüler verstärkt, deren Leistungen immer am Standard der guten Schüler gemessen werden. Zur Stabilisierung der Lernprozesse im Sinne eines produktiven selbstgestalteten Auseinandersetzens mit gegebenen Situationen für jedes Kind sind somit differenzierte Unterstützungsmodelle nötig. Zudem sollten Kinder nicht nur hinsichtlich ihrer (kognitiven) schulischen Leistungsfähigkeit betrachtet und schon gar nicht die Wertschätzung ihrer Person an die Vorbedingung von guten Leistungen geknüpft werden (Bertram/Bertram 2009). Auch das entspricht nicht den Kinderrechten, was nicht zuletzt auch mit den moraltheoretischen Diskussionen von Piaget und Rawls zu begründen ist. Für produktive individuelle Lernprozesse brauchen Kinder stabile und zuverlässige soziale Netze, in denen sie ganzheitlich als Person mit ihren jeweiligen individuellen Talenten und Fähigkeiten akzeptiert und respektiert werden, nämlich andere Kinder und Erwachsene, die als „facilitators" die kindlichen Lernprozesse begleiten, unterstützen und überhaupt erst ermöglichen (facilitate), indem sie diese Rahmenbedingungen für die Kinder sichern helfen (B. Bertram 2011).

2.3 Kinder stärken für eine ungewisse Zukunft

Zukunft ist und war immer ein ungewisses Unternehmen, und die Vorbereitung zu einer bestmöglichen Bewältigung zukünftiger Herausforderungen kann daher nicht darin liegen, Fertigkeiten, die heute als sinnvoll erachtet werden, zum Maßstab zukünftigen Handelns zu machen. Vielmehr ist es unerlässlich, die sozialen und emotionalen Kräfte der Kinder bestmöglich zu sichern, damit sie als autonome und selbstbewusste heranwachsende Menschen Vertrauen in sich und die Welt entwickeln. Zu den Rahmenbedingungen für die gute und gesunde Entwicklung von Kindern zu selbstbewussten und verantwortungsvollen Erwachsenen gehört vor allem die Verlässlichkeit eines stabilen sozialen Mikrosystems (Familie) zur Entwicklung von Urvertrauen, der Basis für Selbstachtung und die Achtung anderer, daneben aber auch die Erfahrung mit Gleichaltrigen, um sich in der sozialen Beziehung zu rekonstruieren (Bronfenbrenner 1993). Das so entwickelte Sozialkapital braucht zu seiner Aufrechterhaltung und Weitergabe ein verlässliches Netz von Sozialbeziehungen in Nachbarschaft, Verwandtschaft und Gemeinwesen („It takes a village to raise a child."). Kinder mit einem stabilen Selbstvertrauen gehen mit Neugier in die

Welt und wollen sich diese erschließen, und je mehr sich die kindliche Unabhängigkeit und Selbstbestimmung stabilisieren können, umso selbstbewusster und selbstwirksamer (B. Bertram 2011).

Im Gegensatz zur einseitigen Betonung der kindlichen intellektuellen Fähigkeiten sollen die Kinder ganzheitlich in der Vielfalt ihrer unterschiedlichen Entwicklungschancen ernst genommen werden. Das Konzept der „Early Excellence" (Whalley)[1] geht von der Annahme aus, dass jedes Kind exzellent ist, das heißt einmalig in all der Vielfalt seiner verschiedenen Potenziale, die bestmöglich auszudifferenzieren sind. Bildung in Vielfalt heißt dann, die Unterschiede zwischen Kindern hinsichtlich Geschlecht, Begabung oder Beeinträchtigung, kultureller, sozialer und religiöser Zugehörigkeit, als Ressourcen zu begreifen, indem die Kinder voneinander lernen und die Unterschiedlichkeit als Chance für neue Lernmodelle erfahren. Und dabei kommt es nicht nur auf den Anfang an, das heißt alle Bemühungen in der frühkindlichen Pädagogik der vorschulischen Bildung und Erziehung auf die ersten Lebensjahre zu konzentrieren. Vielmehr haben Längsschnittuntersuchungen in den USA eindrücklich aufgezeigt, dass die unterstützenden Rahmenbedingungen zur Förderung der kindlichen Potenziale auch über die Einschulung hinaus aktiviert bleiben müssen, um Kinder aus benachteiligten Kontexten auf Dauer besser zu integrieren (Shonkoff et al. 2000).

3 Eltern und sozialer Wandel

3.1 Veränderung der ökonomischen Basis der Familie

Die Familie stellt als primäres Mikrosystem die wichtigste und beste soziale Struktur dar, in der Kinder gut aufwachsen. Unter einer historischen Perspektive hat sich die Form der Familie jeweils den gesellschaftlichen und ökonomischen Rahmenbedingungen angepasst: War im ersten Drittel des letzten Jahrhunderts in Deutschland die Agrarfamilie das häufigste Modell, bei dem beide Eltern in der Landwirtschaft arbeiteten, erreichte in der Mitte des 20. Jahrhunderts mit seinem Höhepunkt in den Fünfziger und Sechziger Jahren die industriegesellschaftliche Familie die größte Verbreitung, in der der Vater als Ernährer die ökonomische Basis der Familie sicherte, während sich die nicht erwerbstätige Mutter um den Haushalt und die Erziehung der Kinder kümmerte. Auch wenn dieses Familienmodell als „Kernfamilie" oder „traditionelle Familie" oft als Idealtyp der Industriegesellschaft angesehen wird, haben auch

1 Vor rund 20 Jahren wurde dieses Konzept von Margy Whalley bei Pen Green in Corby (Großbritannien) entwickelt und unter Tony Blair zum Basiskonzept der gesamten vorschulischen Pädagogik in Großbritannien ausgeweitet.

zum Zeitpunkt seiner größten Verbreitung allenfalls die Hälfte aller Kinder diese Form familiären Lebens erlebt, denn fast die Hälfte der Kinder wuchs entweder bei zwei erwerbstätigen Eltern oder alleinerziehenden Eltern auf. Bis zur Jahrtausendwende hat sich der Anteil dieser beiden Familienformen auf fast alle Familien ausgeweitet (vgl. Abb. 1). Das bedeutet aber gleichzeitig, dass sich die ökonomische Basis der Familien so verändert hat, dass heute zwei Einkommen erforderlich sind, um die Familie ökonomisch zu sichern; entsprechend haben alle Familienformen mit nur einem Einkommen, nämlich die Alleinerziehenden und die Mehrkinderfamilien, ein erheblich erhöhtes Risiko, unter die Armutsgrenze zu fallen. Infolge der Pluralisierung der Lebensentwürfe haben sich heute vielfältige Formen familiären Lebens gebildet, die sozial als gleich berechtigte Varianten gelten: Zweielternfamilien mit und ohne Trauschein, Einelternfamilien sowie Patchwork- und Fortsetzungsfamilien aller Art.

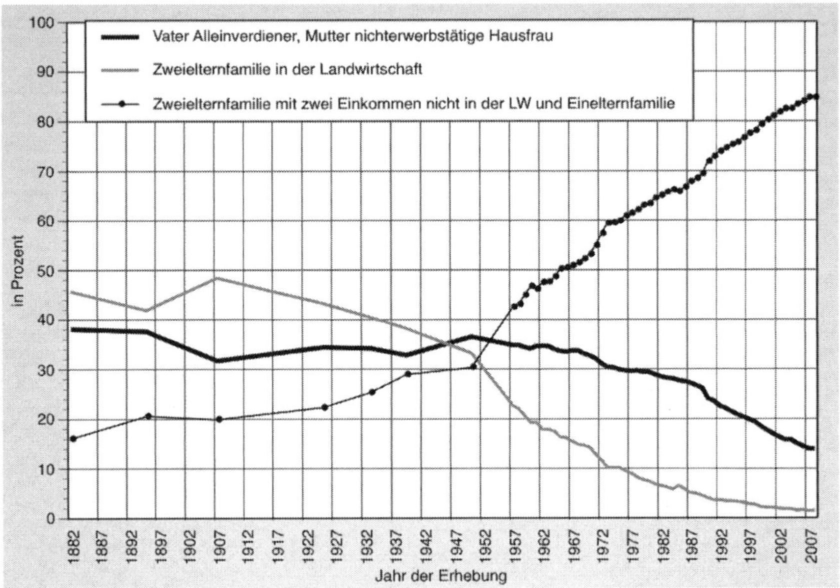

Abb. 1: Familiäre Lebensformen von Kindern in Deutschland
Quelle: bis 1972 aus: Statistisches Bundesamt 1972: Bevölkerung und Wirtschaft 1872 bis 1972, S. 140; danach aus: Statistisches Bundesamt, interne Arbeitsunterlagen: Bevölkerung nach Beteiligung am Erwerbsleben sowie Erwerbstätige nach Wirtschaftsbereichen, Ergebnisse des Mikrozensus 1957 bis 2008. Vorlage: D. Hernandez (1995) Changing Demographics: Past and Future Demands for Early Childhood Program „The Future of Children"

Die Diskussionen um die Individualisierung in der postmodernen Wissensgesellschaft haben oft den Niedergang der Familie beschworen, gerade in Hinblick auf die gestiegenen Scheidungszahlen und den wachsenden Anteil an nicht verheirateten Eltern und Alleinerziehenden. Wenn der Blick jedoch von den Quoten der Makroebene gewendet wird auf die Situation, in der Kinder heute in Deutschland aufwachsen, so zeigt sich ein überraschend unaufgeregtes Bild. Nach den jüngsten Zahlen des Statistischen Bundeamtes wachsen heute in Deutschland knapp 75 Prozent aller Kinder bei beiden leiblichen Eltern auf bis zu ihrer Großjährigkeit, die meisten davon bei verheirateten Eltern; in den östlichen Bundesländern liegt dieser Anteil niedriger bei knapp 70 Prozent, in den westlichen Bundesländern hingegen bei fast 80, in manchen Regionen über 90 Prozent. Diese vielleicht überraschenden Zahlen ergeben sich daraus, dass heute bei verheirateten Eltern weitaus häufiger als in anderen Familientypen mehrere Geschwister leben: Nur 20 Prozent Einzelkinder gibt es in diesen Familien, bei Alleinerziehenden hingegen 45 Prozent und bei nicht verheirateten Eltern 56 Prozent. Daher kommt aus Kindersicht bei verheirateten Eltern eben entsprechend häufiger die kontinuierliche Elternerfahrung bis 18 Jahre vor. Und nach einer genauen Analyse der Scheidungszahlen betreffen mehr als die Hälfte aller Scheidungen kinderlose Paare, ein weiteres gutes Drittel Paare mit einem Kind, was zusammen fast 90 Prozent aller Scheidungen ausmacht. Daraus abzuleiten sind zwei Trends, dass sich nämlich Paare mit mehreren Kindern im Durchschnitt seltener trennen und zudem verheiratete Paare noch seltener als nichteheliche Lebensgemeinschaften.

Weiterhin haben sich die Beziehungen von Eltern und Kindern in den letzten 50 Jahren erheblich verbessert: Schätzten nach dem Zweiten Weltkrieg etwa die Hälfte aller Jugendlichen das Verhältnis zu ihren Eltern als „gut“ bis „sehr gut“ ein (Allerbeck/Hoag), so tun das heute mehr als 90 Prozent (Shell-Studie 2010). So wird auch verständlich, dass heute die jungen Erwachsenen erst relativ spät aus dem Elternhaus ausziehen; neben der langen ökonomischen Abhängigkeit durch die gestiegenen Bildungsanforderungen einerseits kommen andererseits Eltern und erwachsen gewordene Kinder zumeist recht gut miteinander aus. Und auch wenn die Kinder ausgezogen sind und teilweise an anderen Orten leben als ihre Eltern, erleben sie sich als Familie zusammengehörig und kommunizieren intensiv über die neuen Medien. Aus der subjektiven Sicht der Familienmitglieder ist damit die Familie heute zur „multilokalen Mehrgenerationenfamilie“ geworden (H. Bertram 1995).

Nach einer Reihe von empirischen Hinweisen wird also die Familie heute aus Sicht ihrer Mitglieder stabiler und positiver eingeschätzt, als es die Medien oft darstellen, wo die Präsentation exotischer Varianten dominiert, während die weit verbreiteten „normalen“ Familiensituationen einfach zu „langweilig“

sind. Zwar sind die Zahlen derjenigen rückläufig, die überhaupt heiraten und/oder überhaupt Kinder bekommen, doch ist für alle jene, die sich für Kinder entscheiden und sie großziehen, in den meisten Fällen festzustellen, dass diese das Projekt Familie offenbar mit nachhaltigem Engagement und großer Verantwortlichkeit umsetzen.

3.2 Neue Lebensentwürfe für Mütter: Frauen sind verschieden!

Die gesellschaftliche Rolle der Frauen hat sich in den letzten hundert Jahren erheblich verändert. Als Ursachen sind eine Reihe von Prozessen zu benennen, die sich teilweise unabhängig voneinander entwickelt, in ihren Effekten aber wechselseitig verstärkt und in ihrer gesamten Wirkung zu einem „neuen Szenario“ (Hakim 2003) für Frauen geführt haben. Dazu zählen die deutlich verlängerte Lebenserwartung als Ergebnis von medizinischen Fortschritten bei der Vermeidung und Bekämpfung von Krankheiten zusammen mit der gesünderen Lebensführung. Durch die Eindämmung der Säuglingssterblichkeit kann eine Mutter heute praktisch jedes geborene Kind mit hoher Wahrscheinlichkeit großziehen, während früher nur die Hälfte der Kinder das 10. Lebensjahr erreichte; das heißt eine Mutter musste damals für das Großziehen von vier Kindern im Durchschnitt acht Kinder zur Welt bringen, was eine erhebliche körperliche Belastung bei schlechterer medizinischer Versorgung und harter Alltagsbewältigung ohne die heute selbstverständlichen technischen Erleichterungen im Haushalt bedeutete. Als eine weitere Veränderung hat die deutliche Ausweitung der Bildung gerade auch für Mädchen und Frauen seit den 1960er Jahren die Qualifizierung der jungen Frauen heute erhöht. Als Konsequenz drängten seitdem die jungen gut qualifizierten Frauen zunehmend in den Arbeitsmarkt, weil ein Nebeneffekt von qualifizierter Bildung auch darin besteht, die erworbenen Fähigkeiten auch in entsprechenden Handlungsfeldern umsetzen zu können (Kohn 1988). Durch die ökonomischen Umschichtungen als Folge der Stahl- und Bergbaukrise und durch Produktivitätsgewinne im industriellen Sektor waren zunehmend neue Nachfragen in den Dienstleistungen entstanden, nämlich bei den Finanzdiensten, im Bildungsbereich von der KiTa bis zur Universität, und im Gesundheits- und Pflegebereich, in Touristik und Kultur und ähnlichem mehr. Die seit den 1960er Jahren zuverlässig verfügbare „Pille“ verhalf zudem den Frauen erstmals in der Geschichte zur autonomen Entscheidung darüber, ob sie Kinder wollen, zum Zeitpunkt und zur Kinderzahl. Zwar hatte es schon zuvor vielfach Bemühungen um die Kontrolle von Schwangerschaften gegeben, doch lag die Verantwortung dafür meist in der Hand des Mannes bzw. des Paares.

Alle diese Aspekte verbinden sich zu einer strukturell neuen Situation für Frauen heute: Gut qualifiziert und motiviert sind sie selbstverständlich erwerbstätig und damit ökonomisch unabhängig, können autonom über die Frage von Kindern entscheiden und erleben angesichts der erheblich reduzierten Kinderzahlen, die vor allem als Effekt der verschwundenen Mehrkinderfamilien zu sehen sind (H. Bertram et al. 2008), 20 bis 25 „gewonnene Jahre" (Imhof) in der Mitte des Lebens. Denn nach relativ kurzer Reproduktionszeit sind in der produktiven Lebensmitte viele Jahre im Leben der Frauen ohne Aufgaben der Mutterrolle entstanden, die es vor hundert Jahren noch nicht gab, und damit ist die Mutterschaft allenfalls eine begrenzte Phase im Leben der Frauen mit Kindern geworden. Vor dem Hintergrund dieses evolutionär und revolutionär „neuen Szenarios" für weibliche Lebensentwürfe untersucht die britische Soziologin Catherine Hakim, wie Frauen heute ihren Lebensentwurf mit den unterschiedlichen Ansprüchen von Beruf und Familie als „doppelten Lebensentwurf" gestalten (B. Bertram 2010). Ihre zentrale These ist, dass die Frauen im jungen und mittleren Erwachsenenalter bei ihren Optionen für Beruf und Familie keine homogene Gruppe darstellen, sondern dass es unterschiedliche Einschätzungen oder Präferenzen gibt und sich die Frauengruppen sehr grundsätzlich voneinander unterscheiden. Dabei versteht sie „Präferenz" als eine subjektive Entscheidung, wie die einzelne Frau in ihrem Leben die Optionen für Familie und/oder Beruf am liebsten umgesetzt sehen möchte, unabhängig davon, ob sie in ihrem Leben tatsächlich entsprechend dieser Präferenz gehandelt hat (Hakim 2003). Auf der Basis dieser Untersuchungen zunächst in Großbritannien und Spanien sind diese Präferenzen von Frauen und auch von Männern zwischenzeitlich in allen Ländern der Europäischen Union erhoben worden, so dass auch für Deutschland entsprechende empirische Befunde vorliegen (Bertram et al. 2005).

In allen untersuchten Ländern findet sich eine relativ ähnliche Verteilung von unterschiedlichen Präferenzmustern mit drei Clustern oder Schwerpunkten bei den befragten Frauen, nämlich die vorwiegend familienorientierte Frau (home centered), dann die vorwiegend berufsorientierte Frau (work centered) und zudem die adaptive Frau (adaptive), die beide Optionen von Beruf und Familie verknüpfen will. Von der Häufigkeit wird die familienorientierte Präferenz im Durchschnitt von etwa 20 Prozent der befragten Frauen vertreten, und zwar mit einer Streuung je nach Alter und Bildung der Frauen und auch je nach Land zwischen 10 und 30 Prozent. Diese Frauen sind durchaus gut qualifiziert, würden jedoch am liebsten nicht arbeiten (was eine Reihe von ihnen aus unterschiedlichen Gründen tut), sondern sich voll für ihre Familie und die Erziehung ihrer Kinder engagieren, zugleich jedoch auch für die Belange von Nachbarschaft und Gemeinde und soziales Engagement, aber auch für Optionen wie etwa ökologischen Gartenbau. Diese Frauen betrachten ihre Qualifikation als „intellektuelle Mitgift“, die ihnen in dem präferierten Kontext wertvolle Ressourcen zur Verfügung stellt. Die Frauen mit dieser Präferenz haben im Durchschnitt die meisten Kinder und gegenüber den beiden anderen Clustern am häufigsten mehr als zwei Kinder; hinsichtlich der sozialpolitischen Regelungen sind sie besonders empfänglich für alle Maßnahmen zur Verbesserung der Situation von Familien und Kindern, etwa die Höhe des Kindesgelds.

Die berufsorientierte Präferenz wird ähnlich von rund 20 Prozent der befragten Frauen gewählt, mit einer Streuung von 10 bis 30 Prozent je nach Alter und Bildungsstand der Frauen und je nach Land. Diese Frauen betonen die Bedeutung ihrer beruflichen Perspektive, investieren zielstrebig und umfassend in diese Option und stellen andere Belange in ihrem Leben eher zurück. Sie erwerben ihre Qualifikationen mit einer expliziten Karriereorientierung und formulieren eine deutliche Hingabe an den Beruf oder an vergleichbare Lebensentwürfe in Kunst, Politik oder Sport. Diese Gruppe hat im Durchschnitt die geringste Kinderzahl und am häufigsten keine Kinder. Sozialpolitische Maßnahmen werden von dieser Gruppe für weniger wichtig erachtet gegenüber einer deutlichen Sensibilität für Gleichstellungsaspekte und sozioökonomische Benachteiligungen.

Dazwischen gibt es mit zwei Dritteln bis vier Fünfteln der Verteilungen eine große Gruppe der als adaptiv bezeichneten Präferenz von Frauen als eine große Mittelgruppe zwischen den anderen Positionen. Diese Frauen wollen „beides“, nämlich eine gelebte Kombination von Beruf und Familie, aber in durchaus unterschiedlichen Variationen, etwa als Phasenmodell ohne Berufsarbeit, wenn die Kinder klein sind, um dann die Erwerbsarbeit schrittweise auszudehnen, oder als Teilzeitmodell, um die unterschiedlichen Bedarfe der Bereiche miteinander zu verknüpfen. Eine gute Qualifikation wird als wichtig erachtet, jedoch ist keine umfassende Bindung an ein bestimmtes Karrieremodell gegeben. Im Gegenteil nehmen diese Frauen häufig als Quereinsteigerinnen oder Wechslerinnen Gelegenheitsstrukturen wahr, die ihnen als „ungeplante Karrieren“ aktuell eine bestmögliche Verknüpfung ihrer verschiedenen Handlungsbereiche ermöglichen. Ihre Sensibilität für sozialpolitische Maßnahme ist deutlich an der Balance von Beruf und Familie orientiert, und sie schätzen alle Unterstützungen bei Kinderbetreuung, Arbeitszeitflexibilisierung und finanzieller Entlastung.

3.3 Zur Marginalisierung der Vaterrolle

Der soziale Wandel der Gesellschaft hat auch zu einer neuen Interpretation der Rolle des Vaters geführt. Hatte Talcott Parsons vor einem halben Jahrhundert zum Höhepunkt der industriegesellschaftlichen Familie die väterliche Rolle als „instrumentellen Führer" mit der alleinigen außerhäuslichen Erwerbstätigkeit zur ökonomischen Sicherung der Familie beschrieben, während die nicht erwerbstätige Mutter als „partikulare Führerin" sich um die Kinder und den Haushalt kümmerte, so hat sich diese innerfamiliäre Arbeitsteilung infolge der veränderten Frauenrolle, aber auch infolge der veränderten ökonomischen Struktur der heutigen Wissensgesellschaft deutlich verändert. Heute ist die Erwerbsbeteiligung beider Eltern zur Regel geworden, als Folge der qualifizierten Bildung von Männern und Frauen, aber auch der veränderten ökonomischen Situation von Familien, wo die Familien mit zwei Einkommen hinsichtlich ihrer ökonomischen Lage durchschnittlich recht gut abschneiden, jedoch alle Familien mit einem Einkommen, wie Alleinerziehende und Familien mit mehreren Kindern, überproportional von relativer Armut betroffen sind. Das bedeutet aber als Konsequenz die Relativierung der ökonomischen Unterstützungsleistung des Vaters für die Familie (Gillis 2000). Das Modell der „Versorgerehe" mit allein dem Vater als dem Erwirtschafter der ökonomischen Ressourcen hat seit rund einer Generation zunehmend an Bedeutung verloren, auch wenn es selbst in der Mitte des 20. Jahrhunderts allenfalls für die Hälfte aller Kinder gegolten hat. Damit wird die vom Vater erbrachte ökonomische Unterstützung als Fürsorgeleistung abgewertet und mit der Mutter geteilt und der Primat der ökonomischen Sicherung durch den Vater abgelöst zugunsten einer kooperativen Fürsorgeleistung beider Eltern.

Im Umkehrschluss werden nun vor dem Hintergrund der gewandelten Frauenrolle Modelle für die „neuen Väter" verhandelt mit der Option, wenn sich die Frauen nun vermehrt im Beruf engagieren, sich die Männer entsprechend vermehrt in der innerfamiliären Arbeitsteilung einbringen sollten. Diese Position fließt auch in den Diskurs um die „Vätermonate" beim einkommensabhängigen Elterngeld nach Geburt eines Kindes ein. In der Tat hat sich das Interesse der heutigen jungen Väter an mehr Beteiligung an der Betreuung und Erziehung ihrer Kinder deutlich erhöht. Doch ist nicht zu verkennen, dass diese individuelle Rollenumdeutung ohne weiteres auch die Akzeptanz im Berufsbereich erfährt: Selbst in Betrieben mit dem Hertie-Audit „familienfreundlich" wird innerbetrieblich sowohl zwischen den Kollegen wie auch von den Vorgesetzten großer Druck auf die „neuen Väter" ausgeübt, das klassische Berufsmodell aufrechtzuerhalten (Possinger 2010). Nach den Zeitbudgetstudien des Statistischen Bundeamtes zum einen und Befragungsdaten zum anderen (Bertram/Spieß 2011) ist jedoch nicht zu verkennen, dass die jungen Väter heute mehr Stunden im Haushalt verbringen als ihre eigenen Väter, jedoch haben sich ihre Aktivitäten kaum von den traditionell männlichen Tätigkeiten (Reparaturen, technischer support) hin zu den traditionell weiblichen Aktivitäten (Waschen,

Kochen, Kinderbetreuung) verschoben. Auf der anderen Seite hat sich für die Mütter das Ausmaß der Stunden im Haushalt nicht gleichermaßen verringert; das heißt die Mehrleistung der Väter an Stunden hat nicht zu einer entsprechenden Entlastung der Mütter geführt. Offensichtlich ist das gemeinsame Kontingent an Stunden gewachsen und es ist auch mehr gemeinsame Zeit entstanden, jedoch haben sich die meisten Aktivitäten nicht von eher männlich bzw. weiblich eingeschätzten Tätigkeiten verändert. Und nach den Befragungen des Ravensburger Elternsurveys sind die meisten Väter und Mütter mit dieser Aufgabenteilung sehr zufrieden (Bertram/Spieß 2011).

Nicht geklärt ist die Frage der inhaltlichen Beschreibung der „neuen" Vaterrolle. Die Erwartung der Frauen, die Väter sollten sich mehr an den traditionell weiblichen Aktivitäten, wie Kochen, Waschen und Putzen, zu beteiligen, scheint sich nicht zu erfüllen. Hier ist zu fragen, ob sich die Männer bei der Verlagerung dieser Tätigkeiten von den Frauen an die Männer eher als „Gehilfen" der Frauen im Haushalt wahrnehmen und die Frauen die Kontrolle über diese Tätigkeiten aufrechterhalten; offenbar lassen sich 700 bis 800 Jahr kultureller Tradition nicht ohne weiteres verändern (Kaufmann 2005).

Darüber hinaus ist schlicht festzustellen, dass die gesellschaftlich angedachte Neudefinition der Rolle des Vaters von den Männern nicht durchgängig akzeptiert wird. Die zunehmende Neigung der Männer, sich nicht in Partnerschaft und Familie zu binden und die wachsende Zahl von Alleinerziehenden, die in großer Mehrheit, nämlich zu knapp 90 Prozent, Mütter sind, lassen sich unter diesem Blickwinkel auch als Prozess interpretieren, dass sich die Männer zunehmend den Fürsorgeerwartungen des privaten Lebens entziehen und „aus dem Felde gehen" (Paul 2011). Das bedeutet aber auch, dass sich die (alleinerziehenden) Mütter in eine Allianz mit dem Staat begeben, um ökonomisch gesichert zu sein, und die Männer entsprechend entlastet sind. Ob das ein tragfähiges Konzept für die Zukunft darstellt, ist entschieden in Frage zu stellen.

3.4 Die Fragilität von *Care*

Fürsorglichkeit oder *Care* war in unserer Gesellschaft überwiegend mit der weiblichen Rolle verknüpft, da die Leistungen von Betreuung, Pflege, Erziehung und individueller Zuwendung überwiegend im familiären Raum erbracht wurden („warm-traditional"); heute wird die Frage nach *Care* allenfalls implizit gestellt. Der ökonomistisch dominierte öffentliche Diskurs hält die weitere Ausweitung der mütterlichen Erwerbsbeteiligung für notwendig und machbar, wenn nur genügend Kinderbetreuungsplätze auch für die ganz kleinen Kinder vorhanden sind. Hier wird die im Siebten Familienbericht neu in die Diskussion eingeführte Trias aus Geld, Zeit und Infrastruktur als notwendigen Bausteinen für eine nachhaltige Familienpolitik zu schnell auf die ökonomische und institutionelle Seite reduziert, ohne zu berücksichtigen, dass die Qualität der Beziehungen von Eltern und Kindern auch und gerade gemeinsame Zeit braucht, um sich in wechselseitiger Bindung zu entwickeln und damit eine tragfähige Basis für die Ausdifferenzierung der kindlichen Persönlichkeit zu gewährleisten (B. Bertram 2011). Das bedeutet aber auch, dass die Fürsorglichkeit sich zu einem guten Teil der Rationalität der beruflichen Sphäre entzieht und einer anderen Logik folgt.

Arlie Hochschild (1998) fordert daher einen neuen Umgang mit *Care* als einer von personalen Beziehungen und Menschlichkeit getragenen Qualität des Umgangs mit schwächeren Dritten, seien es Kinder, kranke oder alte Menschen, die sie „warm-modern" nennt. Dazu zählen beispielsweise geringere Gruppengrößen bei der institutionellen Betreuung, die aus Kindersicht übersichtlich sind, aber auch die Stabilität der außerfamiliären Bezugspersonen. Kritisch schätzt sie demgegenüber die ökonomisch-zweckrationale Organisation des Umgangs mit den Bedarfen Schwächerer als „kalt-modern" ein: Wie viele Stunden täglicher Betreuung durch Dritte ist Kindern in welchem Alter zuzumuten? Wie gehen wir mit den Bedürfnissen sterbender Menschen in unserer Gesellschaft um? Wie verträgt sich der Kostendruck im medizinischen System mit den Betreuungsbedarfen der kranken Menschen? Diese Fürsorglichkeitsaktivitäten wurden historisch von den Frauen und Müttern in der Familienarbeit erbracht; in dem Maße aber, wie die Mütter immer weniger Zeit in der Familie verbringen und stattdessen immer mehr Zeit in Berufszusammenhängen, ist ein solches Modell nicht mehr zu leben. Daher stellt sich nachdrücklich die Frage, wie die Fürsorglichkeit in der modernen Gesellschaft menschengerecht, das heißt an den Bedürfnissen des einzelnen Menschen orientiert, erbracht werden kann, und zwar sowohl für die Kinder, aber auch für die kranken und alten Menschen. Die Individualisierungsprozesse der jüngeren Zeit haben zudem die individuellen Ansprüche des Einzelnen an Betreuung und Versorgung in Phasen von erhöhtem Bedarf nach *Care* deutlich ausdifferenziert, und in vielen Bereichen wird ein hoher Anspruch an individueller Zuwendung und Betreuung als selbstverständliche Qualitätsform erwartet. Daher werden wir uns zunehmend mit diesen hoch ausdifferenzierten und individualisierten Erwartungen von immer mehr Menschen mit Care-Bedarfen auseinandersetzen und menschenfreundliche individuelle Lösungen dafür entwickeln müssen.

4 Was folgt daraus?

Um die Entwicklungsperspektiven der Kinder als einer zunehmend geringeren gesellschaftlichen Gruppe für eine eigenständige und selbst gestaltete eigene Zukunft ernst zu nehmen, müssen wir als Erwachsene akzeptieren, dass wir nicht einseitig unsere Optionen und Festlegungen, was wir aus unserer aktuellen Sicht als sinnvoll erachten, den Kindern als Zielperspektive vorschreiben. Khalil Gibran bringt das radikal zum Ausdruck:

> „Eure Kinder sind nicht eure Kinder –
> Sie sind die Söhne und Töchter der Sehnsucht des Lebens nach sich selber.
> Sie kommen durch euch, aber nicht von euch,
> und obwohl sie mit euch sind, gehören sie euch doch nicht.
> Ihr dürft ihnen eure Liebe geben, aber nicht eure Gedanken,
> denn sie haben ihre eigenen Gedanken.
> Ihr dürft ihren Körpern ein Zuhause geben, aber nicht ihren Seelen,
> denn ihre Seelen wohnen im Haus von morgen,
> das ihr nicht besuchen könnt, nicht einmal in euren Träumen.
> Ihr dürft euch bemühen, wie sie zu sein,
> aber versucht nicht, sie euch ähnlich zu machen,
> denn das Leben läuft nicht rückwärts, noch verweilt es im Gestern.
> Ihr seid der Bogen, von denen eure Kinder als lebende Pfeile ausgeschickt werden.
> Der Schütze sieht das Ziel auf dem Pfad der Unendlichkeit,
> und er spannt euch mit seiner Macht, damit seine Pfeile schnell und weit fliegen.
> Lasst euren Bogen von der Hand des Schützen auf Freude gerichtet sein,
> denn so wie er den Pfeil liebt, der fliegt,
> so liebt er auch den Bogen, der fest ist."

Die ökonomische Lage von Familien ist gerade in der Phase, wenn die Kinder klein sind, zudem in besonderem Maße bei Alleinerziehenden und Mehrkinderfamilien, deutlich kritischer einzuschätzen als für kinderlose Personen und Eltern in der nachelterlichen Phase. Hier gebietet es der Respekt vor den Entwicklungschancen der Schwächeren, die Lebensbedingungen für das Aufwachsen der Kinder auf einer auch ökonomisch sicheren Basis zu gewährleisten.

Care stellt als gleich berechtigte soziale Leistung neben der Erwerbsarbeit eine Herausforderung für die horizontale Gerechtigkeit in unserer Gesellschaft dar: Aktuell sind die Frauen, die sich in der Verantwortung für die Bedingungen des Aufwachsens ihrer Kinder nicht voll am Arbeitsmarkt beteiligen wollen oder können, strukturell benachteiligt gegenüber den Frauen und Männern, die keine Fürsorgeleistung erbringen, und zwar nicht nur in Bezug auf das aktuell geringere Einkommen, sondern auch hinsichtlich der geringeren Anwartschaften bei der Alterssicherung und damit auch niedrigeren Rentenbezügen. Dagegen erbringen sie durch ihren ökonomischen Verzicht jene Fürsorgeleistungen, von denen zukünftig auch die Personen profitieren, die ihrerseits keine Kinder großgezogen haben, da Kinder als „gemeinsame Güter" später als Erwachsene die wirtschaftlichen Erträge erbringen, von denen dann alle Älteren profitieren.

Literatur

Allerbeck, Klaus/Hoag, Wendy (1989), Jugend ohne Zukunft? Einstellungen, Umwelt, Lebensperspektiven. München: Piper, 6. Aufl.

Bertram, Birgit (2006): Kinder in unserer Gesellschaft, 100 Jahre Kinderheime St. Joseph in Berlin-Charlottenburg und Berlin-Neukölln, in: Soziale Arbeit 55 (2006) 1, 2-8.

Bertram, Birgit (2010): Zum Wandel der Frauenrolle in der modernen Gesellschaft, Kolloquium der Frauenbeauftragten der Katholisch-Theologischen Fakultät und der Evangelisch-Theologischen Fakultät der Universität München, München.

Bertram, Birgit (2011): Die menschliche Entwicklung verstehen: Das bio-sozialökologische Paradigma. In: Sabine Jungk, Monika Treber und Monika Willenbring (Hrsg.): Bildung in Vielfalt. Inklusive Pädagogik der Kindheit. Freiburg: Verlag Forschung • Entwicklung • Lehre, 27-41.

Bertram, Hans und Birgit (2009): Familie, Sozialisation und die Zukunft der Kinder. Opladen: Barbara Budrich.

Bertram, Hans (Hrsg.) (1995): Das Individuum und seine Familie. Lebensformen, Familienbeziehungen und Lebensereignisse im Erwachsenenalter, DJI-Familiensurvey 4. Opladen: Leske & Budrich.

Bertram, Hans (2009): Deutschland – Mittelmaß für Kinder. München: C.H. Beck.

Bertram, Hans (2010): Familie, Sozialer Wandel und neue Risiken: Die vergessenen Kinder. In: Herfried Münkler/Matthias Bohlender/Sabine Meurer (Hrsg.): Sicherheit und Risiko. Über den Umgang mit Gefahr im 21. Jahrhundert. Bielefeld: transcript, 73-99.

Bertram, Hans/Wiebke Rösler/Nancy Ehlert (2005): Nachhaltige Familienpolitik. Zukunftssicherung durch einen Dreiklang von Zeitpolitik, finanzieller Transferpolitik und Infrastrukturpolitik, Bundesministerium für Familie, Senioren, Frauen und Jugend, Berlin.

Bertram, Hans/Rösler, Wiebke/Stuth, Stefan (2008): Einkommenssituation von Familien mit drei und vier Kindern in Abhängigkeit vom Lebensalter des jüngsten Kindes und der Geschwisterzahl. Expertise für das Bundesministerium für Familie, Senioren, Frauen und Jugend, Prognos AG, Berlin.

Bertram, Hans/Spieß, C. Katharina (Hrsg.) (2011): Ravensburger Elternsurvey. Baden-Baden: Nomos Verlagsgesellschaft, i. Vorb.

Bronfenbrenner, Urie (1993): Universalien der Kindheit? In: Deutsches Jugendinstitut (Hrsg.), Was für Kinder – Aufwachsen in Deutschland. München: Kösel, 74-79.

Bundesministerium für Familie, Senioren, Frauen und Jugend (Hrsg.) (2006): Siebter Familienbericht. Familie zwischen Flexibilität und Verlässlichkeit. Perspektiven für eine lebenslauforientierte Familienpolitik. Berlin.

Crawford, Matthew B. (2010): Ich schraube, also bin ich: Vom Glück, etwas mit den eigenen Händen zu schaffen. Berlin: List.

Gibran, Khalil (2003): Von den Kindern. In: Der Prophet. Sämtliche Werke, Düsseldorf: Patmos, 891.

Gillis, John R. (2000): The Marginalisation of Fatherhood in Western Societies. In: Childhood 7 (2000) 2, 225-238.

Hakim, Catherine (2003): Models of the Family in Modern Societies: Ideals and Realities, London: Ashgate.

Hochschild, Arlie Russell (1998): Ideals of Care: Traditional, Postmodern, Cold-Modern, Warm-Modern. In: Hansen, Karen V./Garey, Anita I. (eds.), Families in the U.S. Kinship and Domestic Politics. Philadelphia: Temple University Press, 527-537.

Kaufmann, Jean-Claude (2005): Schmutzige Wäsche: Ein ungewöhnlicher Blick auf gewöhnliche Paarbeziehungen. Universitätsverlag Konstanz.

Kohn, Melvin L. (1988):Persönlichkeit, Beruf und soziale Schichtung. Stuttgart: Klett-Cotta.

Paul, Pamela (2011): Are Fathers Necessary? A Paternal Contribution May Not Be As Essential As We Think. http://www.theatlantic.com/magazine/archive/2010/07/are-fathers-necessary/8136/Copyright © 2011 by The Atlantic Monthly Group.

Possinger, Johanna (2010): Vereinbarkeit von Vaterschaft und Beruf. Eine Analyse betrieblicher Hindernisse. BGSS Working Paper Series. Berlin.

Prenzel, Manfred/Artelt, Cordula/Baumert, Jürgen/Blum, Werner/Hammann, Marcus/Klieme, Eckhard/Pekrun, Reinhard (Hrsg., PISA-Konsortium Deutschland) (2008): PISA 2006 in Deutschland – Die Kompetenzen der Jugendlichen im dritten Ländervergleich. Münster: Waxmann.

Sennett, Richard (2007): Handwerk. Berlin: Berlin-Verlag.

Shell-Studie, 16. (2010), Die pragmatische Generation. Frankfurt/M.: Fischer.

Shonkoff, Jack/Phillips, Deborah (eds.) (2000): From Neurons to Neighborhoods. The Science of Early Childhood Development. Washington D.C.

Statistisches Bundesamt (Hrsg.; versch. Jahrgänge): Die Familie im Spiegel der amtlichen Statistik, Wiesbaden.

Whalley, Margie (2003), Involving Parents in their Children's Learning: Pen Green Centre for Early Excellence, London: Paul Chapman.

Zinnecker, Jürgen (2001), Children in Young and Ageing Societies: The Order of Generations and Models of Childhood in Comparative Perspective. In: Hofferth, Sandra L./Timothy J. Owens (eds.), Children at the Millenium: Where Have We Come From, Where Are We Going? Amsterdam, London: Elsevier, 11-52.

Familialität als Herausforderung Sozialer Arbeit – Mütter und Väter in der Kinder- und Jugendhilfe

Karin Böllert

Die Familie der Sozialen Arbeit

1 Einleitung

Kaum eine Bevölkerungsgruppe wie die der Familie steht so prominent im Mittelpunkt politischer Strategien und kaum ein Handlungsfeld Sozialer Arbeit hat in den letzten Jahren so viel Aufmerksamkeit erfahren wie das der unterschiedlichen Familienhilfen. Insbesondere der bedarfsgerechte Ausbau der Angebote für die unter Dreijährigen ist hier ein zentrales Anliegen. Aber nicht nur durch den Ausbau des Kindertagesstättenbereiches ist Familie wieder stärker in den Fokus des öffentlichen und politischen Interesses gerückt. Auch die aktuellen Debatten über die Zukunft der Hilfen zur Erziehung, insbesondere die Perspektiven deren weiteren Finanzierbarkeit, und vor allem die intensiv geführte Kinderschutzdebatte sowie die damit einhergehende Institutionalisierung von Frühen Hilfen und Sozialen Frühwarnsystemen haben zu dieser Entwicklung beigetragen.

Die Notwendigkeit des Ausbaus des Kindertagesstättenbereiches, die Leistungen der Hilfen zur Erziehung und die Intensivierung des Kinderschutzes durch frühe Hilfen sowie vergleichbare Angebote sollen hier nicht prinzipiell in Frage gestellt werden. Im Verhältnis von öffentlicher und privater Erziehung gilt nämlich schon länger nicht mehr die Frage, „wer erzieht besser?“, stattdessen wird gefragt, „wer übernimmt welche Aufgaben?“. Zunehmend charakteristisch wird somit die Akzeptanz der Funktionsteilung von Öffentlichkeit und Privatheit, ohne dass damit auch gleichzeitig die Unsicherheit der hieraus zu folgernden Funktionsverteilung bewältigt wäre. Unumstritten ist zum einen die Vermittlungsfunktion von Familie; unumstritten ist zum anderen die strukturelle Vielfalt von Bildungs- und Lernorten und deren Vernetzungsnotwendigkeit. Trotz entsprechend zahlreich institutionalisierter Unterstützungs- und Hilfeleistungen und der Schaffung einer sozialen Infrastruktur für Familien ist allerdings noch ungeklärt, inwieweit damit nicht auch die Rekonstruktion von Risikogruppen anhand einer technokratischen Verallgemeinerung von spezifischen Merkmalsausprägungen einhergeht und die dabei unterstellte fehlende elterliche Erziehungskompetenz strukturelle Aspekte der sozialen Ungleichheit von Familien ausblendet. Schließlich ist die Normalisierung geteilter Zuständigkeiten von Familie und Öffentlichkeit auch Ausdruck von Bestrebungen, die Kostensteigerung bei anderen Unterstützungsformen, vor allem bei den Hilfen zur Erziehung abzubremsen. Vor allem Bildung wird hier gegen Erziehungshilfen prioritär gesetzt, womit zumindest die Gefahr einhergeht, dass durch die Ausweitung frühkindlicher Betreuungs- und (Ganztags-) Bildungsangebote und die damit ebenfalls implizierte Vereinbarkeit von Familie und Beruf darüber hinausgehende Förderangebote für Familien in deren privater Zuständigkeit verbleiben (Mierendorff/Olk 2007). Strukturelle Angebote, die die Teilhabechancen von Familien tatsächlich umfassend erweitern könnten, würden über eine bloße Orientierung an Kompetenzanforderungen und Erwerbsfähigkeit allerdings weit hinausreichen.

Vor diesem Hintergrund soll anhand drei prominenter Beispiele – Kindertagesstättenausbau, Hilfen zur Erziehung und Frühe Hilfen – im Folgenden die sozialpolitische Rahmung dieses Bedeutungszuwachses von Familie bzw. der Familienhilfen vor allem in ihren Konsequenzen für die Soziale Arbeit kritisch reflektiert werden.

2 Kindertagesstättenausbau – Vereinbarkeit von Familie und Beruf?

Ein Blick auf die Beschäftigungsquote von Frauen in Deutschland macht deutlich, dass insbesondere Frauen mit kleineren oder mehreren Kindern erhebliche Schwierigkeiten haben, Beruf und Familie miteinander zu vereinbaren. Bei Vergleichen der Situation von Familien in unterschiedlichen westeuropäischen Ländern schneidet Deutschland am schlechtesten ab: Die Geburtenrate ist hier die niedrigste, das Armutsrisiko für Alleinerziehende und Kinder am zweitgrößten, der Lohnabstand zwischen den Geschlechtern ist am höchsten und die Erwerbschancen von Müttern sind die niedrigsten, wohingegen z. B. in Schweden die Vereinbarkeit von Beruf und Familie wesentlich besser gelingt (Böllert 2008; Gerzer-Sass 2006; Hans Böckler Stiftung 2007; Rüling 2007; Rüling/Kassner 2007).

Zwar hat in den letzten Jahren die Intensität der Forschung über die Möglichkeiten der Vereinbarkeit von Beruf und Familie zugenommen, dennoch herrscht zwischen der normativen Forderung und den tatsächlich gelebten Verhältnissen eine nicht unerhebliche Grauzone. Fragen danach, wie weit gegenwärtig die Vereinbarkeit von Familie und Beruf verwirklicht ist, wie die entsprechenden Wünsche und Vorstellungen von Frauen und Männern aussehen, was die gelebte Form für das Wohlbefinden des Einzelnen bedeutet, lassen sich zusätzlich zu den Studien im Kontext der Sinus-Milieus (Merkle/Wippermann, 2008) annäherungsweise mit dem DJI Familiensurvey beantworten (Bien 2006). Dabei wird nachvollziehbar, dass sich die Situation der Verbindung von Familie und Erwerbstätigkeit in Deutschland stark ausdifferenziert hat – insgesamt zählt der Familiensurvey etwas über 250 unterschiedliche Familiensituationen –; dennoch kann empirisch nachgewiesen werden, dass kleinere Kinder in Familien immer noch mit einer Hausfrauentätigkeit einhergehen und mit wachsendem Alter der Kinder diese durch eine Teilzeitbeschäftigung der Frauen und Mütter ergänzt wird. Und auch wenn keine Unterschiede im Familienklima zwischen denjenigen feststellbar sind, die ihre Idealvorstellungen von Familie und Beruf realisiert haben und denjenigen, denen dies nicht gelingt, bleibt festzuhalten, dass die in Deutschland dominante Form der geschlechtsspezifischen Arbeitsteilung nicht das Resultat individueller Wünsche und Bedürfnisse ist. Im Gegenteil: das die geschlechtsspezifische Arbeitsteilung dominierende Modell des männlichen Familienernährers ist einerseits das Modell, das mit großem Abstand gegenüber anderen Lebensmodellen nicht gewünscht wird; es ist andererseits aber auch das Modell, das beinhaltet, dass die Diskrepanz zwischen gewünschten und realisierbaren Vereinbarkeitsmöglichkeiten im europäischen Vergleich in Deutschland am größten ist. Vor diesem Hintergrund verwundert dann nicht, dass insbesondere berufstätige Mütter der Auffassung sind, dass Deutschland im internationalen Vergleich nach wie vor erheblichen Nachholbedarf hat. 64 Prozent der berufstätigen Mütter halten die Vereinbarkeit von Familie und Beruf in Deutschland für schlechter gelöst als in anderen Ländern; nur knapp jede fünfte berufstätige Mutter ist überzeugt, dass sich Familie und Beruf in Deutschland gut vereinbaren lassen (BMFSFJ 2008).

Ursachen für die Diskrepanz von gewünschten und realisierten Vereinbarkeitsmöglichkeiten sind dabei nicht nur subjektive Einstellungen, Orientierungen und Lebenspraxen, auch wenn es nach wie vor erhebliche Unterschiede zwischen den Geschlechtern in Hinblick auf das Vereinbarkeitsproblem gibt (Sardei-Biermann 2007). Insgesamt kann darüber hinausgehend konstatiert werden, dass die Zustimmung zum bzw. Ablehnung des traditionellen Familienmodells zunehmend mehr auch eine Generationenfrage darstellt. Der Siebte Familienbericht (BMFSFJ 2006) verweist in diesem Zusammenhang darauf, dass die Zustimmung zur Hausfrauenehe bei der Mehrzahl der Bevölkerung schwindet und insbesondere bei jüngeren Bevölkerungsgruppen nur noch von einer Minderheit befürwortet wird. Neben altersgruppenspezifischen Differenzierungen verweist der Bericht zusätzlich auf Unterschiede zwischen Ost- und Westdeutschland. So meinten im Jahr 2002 immerhin noch 66 Prozent aller westdeutschen Frauen, dass Kleinkinder unter der Berufstätigkeit der Mütter leiden (gegenüber 87 Prozent im Jahr 1982), während dies nur von 39 Prozent der ostdeutschen Frauen vertreten wird (1991: 57 Prozent). Sowohl in Ost- als auch in Westdeutschland ist somit die Zustimmung dabei in den letzten Jahren deutlich geringer geworden, die Unterschiede im Zustimmungsgrad zwischen den Geschlechtern sind in Westdeutschland allerdings deutlich größer als in Ostdeutschland (2006:72).

Betrachtet man vor diesem Hintergrund die zentralen Ergebnisse der sog. Väterstudie, mit der 1.803 Männer im Alter zwischen 15 und 42 Jahren befragt worden sind (Bertelsmann-Stiftung 2008), dann ergibt sich folgendes Bild: Eine Familie ernähren zu können, ist die wichtigste Voraussetzung für Vaterschaft, das optimale Alter für die Vaterschaft wird zwischen 25 und 30 Jahren gesehen. Fast alle Befragten betrachten es als ihre Aufgabe, den Lebensunterhalt für die Familie zu verdienen und ihr ein Heim zu bieten. Fast alle Befragten betrachten es ebenso als ihre Aufgabe, sich Zeit für die Kinder zu nehmen und sich in deren Betreuung zu engagieren. Aber: das Engagement für die Familie soll nicht zu Lasten der beruflichen Verpflichtungen gehen. Ein Kind bedeutet eine finanzielle Belastung und geht einher mit schlechteren Beschäftigungschancen für die Partnerin. Mehrheitlich wird zudem das Fehlen familienfreundlicher Arbeitsbedingungen beklagt. Männer mit geringerem Bildungsabschluss sind eher bereit, den Beruf zurückzustellen und sich Zeit für das Kind zu nehmen als Männer mit höheren Bildungsabschlüssen und gesicherten Berufspositionen. Vor allem junge Männer fordern dabei mehr Unterstützung vom Arbeitgeber; insgesamt wird eine Lösung der Vereinbarkeitsproblematik in einer väterfreundlichen Unternehmenskultur gesehen.

In dieser Forderung sind sich die jungen Männer weitgehend einig mit den familienpolitischen Wünschen der bundesrepublikanischen Bevölkerung insgesamt (Klenner 2007). 63 % einer repräsentativen Stichprobe meinen, dass sich Familienpolitiker dafür einsetzen sollen, dass Familie und Beruf vereinbart werden können, 52 % sind der Meinung, dass Betriebe darin unterstützt werden müssten, mehr für die Vereinbarkeit von Familie und Beruf zu tun. Dabei vertreten 79 % der Befragten die Ansicht, dass in den meisten Unternehmen und Betrieben mehr für die Vereinbarkeit getan werden müsste. Auf die Frage danach, was einen familienfreundlichen Betrieb ausmacht, antworten 86 % mit flexibleren Arbeitszeiten, 65 % mit Sonderurlaub im Krankheitsfalle des Kindes, 60 % mit einem erleichterten Wiedereinstieg in den Beruf nach der Elternzeit und Weiterbildungsangeboten während der Elternzeit (BMFSFJ 2008).

Fragt man nun nach den Gründen, die dafür ausschlaggebend sind, dass dem Wunsch nach einem veränderten Lebenskonzept die Lebensrealität der Mehrzahl der betroffenen Bevölkerungsgruppen nicht entspricht, dann ist unverkennbar, dass die Praxis der zentralen Institutionen der Alltagsgestaltung des Lebenslaufs dem strukturell zuwiderläuft:

- Die Normalarbeitszeit der Erwerbsarbeitsgesellschaft konzentriert sich auf eine Kernarbeitszeit, die zeitversetzte Betreuungsarrangements erschwert, da die Partner entweder gleichzeitig arbeiten müssen oder zeitversetzt im Schichtdienst mit einem Minimum an gemeinsam verbrachter Familienzeit.
- Berufliche Karrierelaufbahnen sind immer noch vorrangig an Altersstrukturen, Leistung, Teilnahme an Weiterbildungsmaßnahmen und flexibler Verfügbarkeit der Arbeitskraft orientiert. Familienbedingte Unterbrechungen oder Arbeitszeitverkürzungen sind demgegenüber nicht karriereförderlich.
- Die Lohnhöhe soll in der Regel so bemessen sein, dass durch sie die Existenz einer Familie gesichert ist, was eine Arbeitskraft voraussetzt, die von Familienaufgaben weitgehend entlastet ist.
- Das Gesundheits- und Pflegesystem ist so organisiert, dass von familiär erbrachten ergänzenden Leistungen ausgegangen wird.
- Kindertagesstättenplätze sind nur bedingt vorhanden, ihre Öffnungszeiten sind in der Regel an den Arbeitszeiten der Erzieherinnen und nicht an denen der Eltern orientiert. Angebote für unter Dreijährige sind in Westdeutschland nach wie vor nicht bedarfsgerecht vorhanden, Ganztagsplätze werden insgesamt zu wenig angeboten.
- Schulen zeichnen sich weitgehend durch einen flexiblen Beginn und ein zeitlich wechselndes Ende des Unterrichts aus, was die Kompatibilität von Schul-Arbeitszeiten ohne zusätzliche Betreuungsleistungen erheblich erschwert (BMFSFJ 2006:71ff.).

Inwieweit die Alltagsgestaltung des Lebenslaufs durch ganztägige institutionelle Betreuungs- und Bildungsangebote so beeinflusst werden kann, dass den gewünschten Lebenskonzepten auch die gelebte Lebensrealität entspricht, kann zur Zeit erst ansatzweise beantwortet werden, da der Ausbau entsprechender Angebote noch lange nicht abgeschlossen ist. Einen ersten Schub hat die Diskussion über die Notwendigkeit des Ausbaus der Kindertagesbetreuung für die unter Dreijährigen durch das Tagesstättenausbaugesetz (TAG) erhalten, das 2005 verabschiedet worden ist. Dort hieß es in § 24 Absatz 3: „Für Kinder unter drei Jahren sind mindestens Plätze in Tageseinrichtungen und in Kindertagespflege vorzuhalten, wenn

1. die Erziehungsberechtigten oder, falls das Kind nur mit einem Erziehungsberechtigten zusammenlebt, diese Person einer Erwerbstätigkeit nachgehen oder eine Erwerbstätigkeit aufnehmen, sich in einer beruflichen Bildungs-

maßnahme, in der Schulausbildung oder Hochschulausbildung befinden oder an Maßnahmen zur Eingliederung in Arbeit im Sinne des Vierten Gesetzes für moderne Dienstleistungen am Arbeitsmarkt teilnehmen oder

2. ohne diese Leistungen eine ihrem Wohl entsprechende Förderung nicht gewährleistet ist; (...)

Der Umfang der täglichen Betreuungszeit richtet sich nach dem individuellen Bedarf im Hinblick auf die in Satz 1 genannten Kriterien."

Deutlich wird hierdurch, dass die Inanspruchnahme institutioneller Kindertagesbetreuung für die unter Dreijährigen rechtlich voraussetzte, dass die Vereinbarkeit von Familie und Beruf entweder schon vollzogen worden ist oder aber wesentliche Schritte in Richtung Erwerbstätigkeit unternommen werden. Mit Ausnahme der Gefahr einer Kindeswohlgefährdung wird somit zum einen etwas vorausgesetzt, was häufig erst möglich ist, wenn eine geregelte Kinderbetreuung gewährleistet ist, zum anderen schlossen diese Regelungen potentiell alle die jungen Kinder von der Inanspruchnahme öffentlicher Bildung und Erziehung aus, deren Erziehungsberechtigte nicht erwerbtätig sind, und potenzieren dadurch bereits existierende Ungleichheiten.

Per Kabinettsbeschluss im September 2007 sind dann entscheidende Weichen in Richtung eines Ausbaus der Kindertagesstättenangebote gestellt worden. So sollen bis 2013 für jedes dritte Kind unter drei Jahren ein Betreuungsplatz in Krippen, altersgemischten Gruppen, Tagesstätten, betrieblichen Angeboten oder in der Kindertagespflege entstehen. Für das Jahr 2013 ist ein Rechtsanspruch auf frühkindliche Förderung in einer Tageseinrichtung oder bei einer Tagesmutter/bei einem Tagsvater vorgesehen. Angesichts des bisherigen Ausbaustandes entsprechender Angebote muss gegenwärtig aber offen bleiben, ob dieses ehrgeizige Ziel tatsächlich in der vorgegebenen Zeitspanne umgesetzt werden kann (Lange 2007; Lange/Schilling 2007; Rauschenbach/Lange/Riedel 2007). Aus der Inanspruchnahme der öffentlichen Kindertagesbetreuung kann zudem nicht geschlussfolgert werden, dass alle anderen Kinder zu Hause von ihren Müttern betreut würden. So hat die DJI-Kinderbetreuungsstudie ergeben, dass 43 Prozent aller Kinder unter drei Jahren regelmäßig von anderen (privaten) Personen als den Eltern betreut werden. Diese privat und familiär organisierte Betreuungssituation setzt erhebliche materielle und immaterielle Ressourcen voraus, über die sozioökonomisch schlechter gestellte Familien und solche aus sozial belasteten Verhältnissen in aller Regel nicht verfügen (Bien/Rauschenbach/Riedel 2006).

Die Ergebnisse der Untersuchung der familialen Sinus-Milieus machen zusätzlich deutlich, dass Eltern eine sehr inhomogene Gruppe mit milieuspezifischen Forderungen, Wünschen und Bedürfnissen sind, an die Strategien zur

Vereinbarkeit von Beruf und Familie anknüpfen müssen, wenn sie alle Eltern erreichen wollen. Dazu würde dann auch gehören, die familialen Aufgaben des Care viel stärker als bislang geschehen zu berücksichtigen, Familie als komplexe Herstellungsleistung zu begreifen und der politischen Idealisierung von Familie die Schaffung vielfältigere Spielräume des doing family gegenüber zu stellen (Lange/Alt 2009; Jurczyk 2010).

3 Abbau individueller Rechtsansprüche – Hilfen zur Erziehung nur im Ausnahmefall?

Die Institutionalisierung der Hilfen zur Erziehung ist in den letzten Jahren durch eine weitreichende Ausdifferenzierung und Expansion charakterisiert. Ihre Inanspruchnahme ist im Zeitraum von 1995 bis 2009 um 60 Prozent gestiegen, in einem wachsenden Umfang sind Familien selbst die Initiatoren der Hilfen. Wurden von den öffentlichen Haushalten 1992 15 Mrd. Euro für die Kinder- und Jugendhilfe aufgewendet, sind es im Jahre 2009 bereits 26,9 Mrd. Euro. Für die Kommunen bedeutet dies, dass die Ausgaben für die Kinder- und Jugendhilfe 2007 durchschnittlich bei 11 Prozent ihrer Gesamtausgaben lagen.

Interpretiert man diese Entwicklungen als Ausdruck veränderter Bedarfslagen, dann spiegeln die Hilfen zur Erziehung das Ausmaß der Verschlechterung sozioökonomischer Lebenslagen von Familien sowie deren Auswirkungen auf steigende Erziehungsschwierigkeiten wieder. So liegt der Anteil von jungen Menschen und Familien, die Hilfen zur Erziehung in Anspruch nehmen und gleichzeitig auf sozialstaatliche Transferleistungen angewiesen sind, bei rund 61 Prozent (Fendrich 2011; Pothmann/Wilk 2011; Schilling 2011).

In dieser Situation erregt ein Papier einer Koordinierungssitzung der A-Staatssekretäre vom 13.05.11 zur „Wiedergewinnung kommunalpolitischer Handlungsfähigkeit zur Ausgestaltung von Jugendhilfeleistungen“ zunehmend mehr Aufmerksamkeit. Gefordert wird in diesem Papier eine grundlegende Änderung der Rechtgrundlagen des SGB VIII, an die Stelle individueller Rechtsansprüche auf die Hilfen zur Erziehung soll die Gewährleistungsverpflichtung des öffentlichen Trägers für ein infrastrukturelles Angebot treten. Jenseits der einschlägigen Rechtssprechung soll der Abschluss von sozialräumlichen Versorgungsverträgen ermöglicht werden und eine Umgestaltung des Jugendhilfeangebotes in Verbindung mit Regelangeboten der Frühen Hilfen, der Kindertagesbetreuung und der Schulen Einzelhilfen nur noch in Ausnahmefällen sowie stationäre Erziehungshilfen lediglich in Form teilprofessioneller Pflegefamilien ermöglichen. In dem am 24.08.11 von der Behörde für Arbeit, Soziales, Familie und Integration in Hamburg vorgelegten konzeptionellen Vorschlägen zu Weiterentwicklung und Steuerung der Hilfen zur Erziehung wird dementsprechend davon ausgegangen, dass ein bestehender Hilfebedarf von Sorgeberechtigten grundsätzlich und vorrangig durch Verweisung in sozialräumliche Hilfsangebote zu erbringen ist. Die Hilfen sollen nicht als Einzelmaßnahmen in Familienwohnungen erbracht werden. Mit den Bezirken sollen Zielzahlen zu ambulanten und stationären Maßnahmen vereinbart werden. Als erfolgreiches Bezirkshandeln gilt das Unterschreiten der Zielzahlen, die hierdurch eingesparten Mittel können die Träger im Folgejahr zum Ausbau sozialräumlicher Angebote nutzen.

Auch wenn in dem zuerst genannten Papier darauf verwiesen wird, dass vor allem sozialer Ausgrenzung und Bildungsbenachteiligung entgegengewirkt werden soll, kann dieser bloß rhetorisch eingebrachte Begründungszusammenhang über die eigentliche Intention dieses Papiers nicht hinwegtäuschen. Der Abbau individueller Rechtsansprüche, die Preisgabe des Wunsch- und Wahlrechtes und die nicht rechtskonforme Verankerung von Sozialraumbudgets sollen der kommunalen Haushaltskonsolidierung dienen; durch den Abbau von Leistungen und Rechten sollen die Kommunen dazu in die Lage versetzt werden, im Rahmen von Sozial- und Jugendhilfeplanung in Verbindung mit der Schulentwicklungsplanung je nach Kassenlage den Bedarf an erzieherischen Hilfen jenseits tatsächlicher Bedarfslagen junger Menschen und Familien selbst definieren zu können.

Auch den freien Träger wird völlig pauschal unterstellt, dass ihre Angebote in vielen Fällen ins Leere laufen, wofür es zahlreiche fachliche Hinweise gäbe. Dabei führt ein Blick in die Analysen zum Verhältnis von Wirkungsorientierung und Professionalität der erzieherischen Hilfen zu wesentlich differenzierteren, empirisch fundierten Erkenntnissen (Polutta 2010). So haben Albus, u.a. (2010: 165) ihrer Analysen zeigen können, „dass Beteiligung sowohl für die AdressatInnen als auch für die sozialpädagogischen Fachkräfte in ihren jeweiligen Handlungskontexten eine elementare Voraussetzung für gelingende Hilfen ist. Der Profession müssen entsprechende demokratische Handlungsräume im Kontext ihrer Organisationsformen zugesprochen werden, um für die AdressatInnen Partizipationsmöglichkeiten in formellen, non-formellen und informellen Interaktionssettings zu gewährleisten. (…) So hat sich gezeigt, dass sich *wahrgenommene Partizipation* auf die Erweiterung der Verwirklichungschancen für Kinder und Jugendliche auswirkt."

Auch wenn, wie Münder (2011) deutlich macht, die angestrebten Änderungen des SGB VIII verfassungsrechtliche Vorgaben außer Acht lassen, besteht kein Anlass dazu, diese nicht ernst zu nehmen. „Es mag ja verständlich sein, dass die Planer der Kinder- und Jugendhilfe lieber sich als den Dreh- und Angelpunkt der Kinder- und Jugendhilfe sehen. Aber man sollte nicht vergessen, dass die ganze Veranstaltung der Kinder- und Jugendhilfe nicht um der kommunalpolitischen und jugendhilfeplanerischen Akteure stattfindet, sondern um der leistungsberechtigten Kinder, Jugendlichen und ihrer Familien willen" (ebd.).

4 Frühe Hilfen – Kinderschutz durch Familienbildung?

Kinderschutz ist ein hoch brisantes und emotionalisierendes Thema. 2009 gab es 38 Fälle, in denen ein Kind unter 10 Jahren aufgrund eines tätlichen Angriffs zu Tode gekommen ist. Auf 1 Mio. unter 6-Jährige kommen etwa 5 Fälle (1980er Jahre 15 Fälle); geschätzte 5-10 Prozent aller Kinder bis 6 Jahren werden vernachlässigt. Die Zahl der in der Polizeilichen Kriminalstatistik (PKS) erfassten Anzeigen bei Misshandlung durch Schutzbefohlene hat sich im Zeitraum von 2002 bis 2008 deutlich von 2,5 auf 4,4 Fälle pro 10.000 der unter Sechsjährigen erhöht und ist seitdem nicht weiter angestiegen. Eine neue „Kultur des Hinsehens" hat hier dazu geführt, dass die in der PKS dokumentierten Zahlen eine etwas breitere Spitze eines vermuteten Eisberges darstellen (Rauschenbach/Pothmann 2010).

Internationale Studien belegen die Effizienz von Maßnahmen in der frühen Kindheit und geben darüber hinaus Hinweise auf ihre Nachhaltigkeit. Aus einer volkswirtschaftlichen Perspektive etwa hat das Institut der Deutschen Wirtschaft in Köln 2007 berechnet, dass Investitionen im Bereich der frühkindlichen Bildung und Betreuung für die Gesellschaft eine Rendite von 13 Prozent bringen, da Programme der Frühen Hilfen langfristig Folgekosten (etwa in Form von ambulanten und stationären Hilfen zur Erziehung nach dem SGB VIII) einsparen. Jenseits ökonomischer Erwägungen sprechen entwicklungspsychologische Einsichten außerdem dafür, dass gerade die Erfahrungen eines Kindes in den ersten Lebensjahren prägend für seine gesamte weitere Entwicklung sind. Um Vertrauen und Sicherheit aufbauen zu können, sind Säuglinge und Kleinkinder auf eine liebevolle, bestätigende Interaktion mit ihren Eltern, auf entwicklungsgerechte Erfahrungen, aber auch auf körperliche Unversehrtheit bzw. Sicherheit angewiesen. Untersuchungen in der Säuglings- und Kleinkindforschung belegen, dass ein liebesvolles Miteinander von Eltern und Kleinkindern die Entwicklung der Kinder fördert und sich positiv auf das Aufwachsen der Kinder auswirkt (Buschhorn 2009).

Frühe Hilfen sind vor diesem Hintergrund aus der Perspektive der Kinder- und Jugendhilfe ein sich schnell entwickelndes und vervielfältigendes Angebot. Kaum ein etablierter Träger existiert, der sich diesem neuen Angebotstypus nicht widmet, kein Bundesland, das hierzu nicht Modellprogramme aufgelegt hat, und auch der Bund hat mit der Gründung des Nationalen Zentrums Frühe

Hilfen (NZFH) maßgeblich zu einer flächendeckenden Popularität der Frühen Hilfen beigetragen. In Hessen und im Saarland heißen sie „Keiner fällt durch's Netz", in Schleswig-Holstein gibt es die „Schutzengel", in Hamburg und in Brandenburg meint man zu wissen, „Wie Elternschaft gelingt!". „Frühe Hilfen rechnen sich und wie!?" war schließlich der Titel einer gemeinsamen Fachveranstaltung des Sozialdienstes Katholischer Frauen und des Caritas-Verbandes.

Die Popularität Früher Hilfen ist keineswegs damit gleich zu setzen, dass der Begriffsverwendung auch ein inhaltlich einheitliches Begriffsverständnis zugrunde liegt. Wichtig ist in diesem Zusammenhang auch, auf anfängliche konzeptionelle Engführungen bzw. spätere inhaltliche Erweiterungen Früher Hilfen einzugehen. Dies ist durch den besonderen Entstehungskontext Früher Hilfen begründet – schließlich ist ihr quantitativer Ausbau ursächlich auch darauf zurückzuführen, dass sie ihre Geburtsstunde in Zeiten der medialen Inszenierung dramatischer Fälle von Kindstötungen bzw. Kindesvernachlässigung erlebten und bis heute eine konzeptionelle Differenzierung von sozialen Frühwarnsystemen und ihren auf eine engere Personengruppe, auf potentiell gefährdete und gefährdende Familien zielende Angebote, nicht deutlich wird. Kinderschutz durch die Etablierung sozialer Frühwarnsysteme zur Vermeidung von Kindesvernachlässigung beinhaltet mit den damit einhergehenden Screeningverfahren und deren stigmatisierenden Folgen die Gefahr, dass einerseits der kontrollierende Zugriff auf Familie durch die Kinder- und Jugendhilfe verschärft wird und dass andererseits die Kinder- und Jugendhilfe selbst – und hier insbesondere das Jugendamt – auf die längst überwunden geglaubte Funktion einer kontrollierenden, obrigkeitsstaatlich geprägten Eingriffsbehörde zurückgedrängt wird.

Frühe Hilfen standen damit von Anfang an unter dem Verdacht, durch bloßen Aktionismus bezogen auf Fälle von Kindstötung und Kindesvernachlässigung statt einer grundlegenden Reflexion der eigentlichen Ursachen, Allmachtsphantasien einer umfassenden Verhinderung solcher Fälle zu beflügeln.

Noch 2008 ist das NZFH davon ausgegangen, dass das System Früher Hilfen „auf die lückenlose Identifizierung von Kleinkindern in familialen Risikosituationen ausgerichtet" sein muss, „um deren Entwicklung durch Hilfen zu begleiten und zu unterstützen sowie gegebenenfalls – wenn zum Schutz des Kindes erforderlich – auch gegen den Elternwillen zu intervenieren".

Mittlerweile hat der wissenschaftliche Beirat des NZFH (2009) folgende Begriffsbestimmung formuliert:

> „Frühe Hilfen bilden lokale und regionale Unterstützungssysteme mit koordinierten Hilfsangeboten für Eltern und Kinder ab Beginn der Schwangerschaft und in den ersten Lebensjahren mit einem Schwerpunkt auf der Altersgruppe der 0- bis 3-Jährigen. Sie zielen darauf ab, Entwicklungsmöglichkeiten von

Kindern und Eltern in Familie und Gesellschaft frühzeitig und nachhaltig zu verbessern. Neben alltagspraktischer Unterstützung wollen Frühe Hilfen insbesondere einen Beitrag zur Förderung der Beziehungs- und Erziehungskompetenz von (werdenden) Müttern und Vätern leisten. Damit tragen sie maßgeblich zum gesunden Aufwachsen von Kindern bei und sichern deren Rechte auf Schutz, Förderung und Teilhabe. (...) Frühe Hilfen tragen in der Arbeit mit den Familien dazu bei, dass Risiken für das Wohl und die Entwicklung des Kindes frühzeitig wahrgenommen und reduziert werden. Wenn die Hilfen nicht ausreichen, eine Gefährdung des Kindeswohls abzuwenden, sorgen Frühe Hilfen dafür, dass weitere Maßnahmen zum Schutz des Kindes ergriffen werden.

Frühe Hilfen basieren vor allem auf multiprofessioneller Kooperation, beziehen aber auch bürgerschaftliches Engagement und die Stärkung sozialer Netzwerke von Familien mit ein. Zentral für die praktische Umsetzung Früher Hilfen ist deshalb eine enge Vernetzung und Kooperation von Institutionen und Angeboten aus den Bereichen der Schwangerschaftsberatung, des Gesundheitswesens, der interdisziplinären Frühförderung, der Kinder- und Jugendhilfe und weiterer sozialer Dienste. Frühe Hilfen haben dabei sowohl das Ziel, die flächendeckende Versorgung von Familien mit bedarfsgerechten Unterstützungsangeboten voranzutreiben, als auch die Qualität der Versorgung zu verbessern".

Frühe Hilfen – folgt man dieser Definition – beinhalten dementsprechend die vier zentralen Komponenten eines biografischen Ansatzes, der systemübergreifenden Kooperation, der Zugänge auch zu speziellen Gruppen und des Schutzauftrages der Kinder- und Jugendhilfe (AGJ 2010). Bei Frühen Hilfen geht es somit in erster Linie nicht darum, bislang fehlende Angebote neu zu institutionalisieren. Vielmehr werden bereits existierende Angebote so miteinander vernetzt,

1. dass unterschiedliche Berufsgruppen und Professionen weiterführend im Sinne von interdisziplinärer Selbstvergewisserung zusammenarbeiten können, indem die Strukturen, Kompetenzen und Handlungslogiken des jeweilig anderen Hilfesystems Anerkennung finden;
2. dass der niedrigschwellige Zugang die Perspektive eröffnet, auch Personengruppen zu erreichen, die bislang nicht angesprochen werden konnten, womit Frühe Hilfen auch diejenigen Familien beteiligen können, die weniger informiert über unterschiedliche Unterstützungssysteme sind oder andere Zugangsbarrieren aufweisen;
3. dass systemübergreifend Leistungen im Interesse eines nicht-stigmatisierenden Zugangs zu Nutzern und Nutzerinnen koordiniert werden, um weder diejenigen abzuschrecken, die Teilleistungen der Frühen Hilfen bislang schon problemlos und eigeninitiiert genutzt haben, noch diejenigen unberücksichtigt zu lassen, die im Rahmen einer vorrangigen Defizitorientierung die Infragestellung ihrer selbst bestimmten Problemsicht bzw. die Kontrolle ihrer Lebensführung befürchten müssen.

„Das System Frühe Hilfen überschreitet und überwindet somit Systemgrenzen und wirkt ebenso integrativ wie verantwortungsadditiv, ohne die Unterschiede und Eigenständigkeit der beteiligten Systeme zu nivellieren" – so die Stellungnahme der Ständigen Fachkonferenz „Grund- und Strukturfragen des Jugendrechts" des Deutschen Instituts für Jugendhilfe und Familienrecht (DIJuF) e.V. vom 19. März 2010. Wollen Frühe Hilfen diesem Anspruch gerecht werden, dann müssen sie sich von der vorrangigen Legitimationsfolie der Verhinderung von Kindeswohlgefährdung und Kindstötungen lösen. Diese Perspektive wird zwar in der alltäglichen Arbeit der Frühen Hilfen im Bedarfsfall sicherlich nicht zu vernachlässigen sein, beinhaltet aber immer auch die Gefahr, Versprechen abzugeben, die letztendlich in einer demokratisch verfassten Gesellschaft ohne allumfassenden Kontrollanspruch haltlos sind. Des Weiteren würde ein solch einseitiger Begründungszusammenhang außerdem die Tendenz befördern, niedrigschwellige, kontrollferne Angebote wie etwa die der Schwangerschaftsberatung und der Hebammen ihres offenen, beratenden Charakters zugunsten investigativ umgesetzter Verdachtsmomente zu berauben.

Dies alles ist leichter gesagt als getan, liegt doch die Kinderschutzoption der Frühen Hilfen angesichts der desolaten Haushaltssituation vieler Kommunen und Gemeinden als Legitimationsfolie nur allzu nahe. In eine andere Richtung weisen von daher Diskussionen z. B. im Vorstand der Arbeitsgemeinschaft für Kinder- und Jugendhilfe (AGJ 2010), die sich u. a. für eine Verankerung der Frühen Hilfen im SGB VIII aussprechen. Von einer Änderung des § 16 SGB VIII – Förderung der Erziehung in der Familie *und* Frühe Hilfen – verspricht man sich, die Verbindlichkeit der Leistungsverpflichtung zu erhöhen, den Anwendungsbereich ausdrücklich auf Schwangere auszuweiten sowie die Klärung der Zuständigkeit und damit die Zurverfügungstellung Früher Hilfen zu beschleunigen. Strittig ist, ob eine weitergehende Forderung nach einem Rechtsanspruch auf Frühe Hilfen realistisch und gewünscht ist. Einigkeit besteht aber dahingehend, dass auch außerhalb des SGB VIII weitere gesetzliche Änderungen notwendig sind, die z. B. die gesetzlichen Krankenkassen, das Schwangerschaftskonfliktgesetz und das Gesetz über den Beruf der Hebamme und des Entbindungspflegers betreffen.

Zum jetzigen Zeitpunkt muss offen bleiben, inwieweit solche Vorschläge Realität werden. Sollte es zu entsprechenden Regelungen insbesondere in dem aktuell diskutierten Bundeskinderschutzgesetz kommen, kann die fachliche Begründung für Frühe Hilfen aber nur lauten:

1. ein transparentes, interdisziplinäres, offenes Angebot für *alle* Familien zu sein (was auch eine konzeptionelle Grenzziehung zu sozialen Frühwarnsystemen ermöglichen würde),

2. professionell und nachvollziehbar Kriterien zu entwickeln, die über Information und Beratung hinausgehende Interventionen für *bestimmte belastete Eltern* fachlich rechtfertigen,
3. generell durch Wertschätzung gegenüber den Leistungen und Ressourcen von Familien geprägt zu sein statt durch eine diskreditierende Panikmache vor dem vor dem immer wieder postulierten zunehmenden Unvermögen von Eltern.

5 Perspektiven

Resümiert man die in den drei Beispielen Kindertagesstättenausbau, Erzieherische Hilfen und Frühe Hilfen zum Ausdruck kommende Sozial- und Familienpolitik, dann geht es in erster Linie nicht um Familie als Subjekt einer an sozialer Gerechtigkeit orientierten Politik – einer Politik also, die die Ungleichheitslagen von Familien in den Blick nimmt und Chancengleichheit und Teilhabemöglichkeiten gewährleisten will. Vielmehr stehen das Einfordern und die Förderung der Leistungsfähigkeit und Erziehungsfunktion von Familie im Zentrum der Aufmerksamkeit. Nicht das Aufwachsen von Kindern in öffentlicher Verantwortung als Ausdruck strukturell bedingter Unterstützungsnotwendigkeiten von Familien bildet den Fokus dieser Politik. Statt dessen wird anknüpfend an die Unterstellung ihrer zunehmend abnehmenden individuellen Leistungsfähigkeit die Eigenverantwortung von Familien für die Erziehung, Bildung und gesellschaftliche Integration ihrer Kinder hervorgehoben. Eltern sollen in diesem Kontext dafür Sorge tragen, dass ihre Kinder ausreichend gebildet werden, materiell abgesichert sind und zukünftig in der Lage sind, ihre Existenz ohne sozialstaatliche Alimentierung sichern zu können. Gefordert werden in diesem Zusammenhang vermehrt und verstärkt Investitionen in Kinder, Frauen und Familien, deren lohnende Inanspruchnahme an Eigenleistungen und eine Zunahme von Kontrolle familialer Erziehungs- und Versorgungskompetenzen geknüpft wird. „Die ‚Sozialinvestition' ist gleichsam das Premiumsegment aktivierender Sozialpolitik – und zu ihren Hauptklientel gehören mit (...) ‚den' Frauen und Kindern diejenigen, die aus unterschiedlichen Gründen (noch) nicht (voll) erwerbstätig und damit keine vollwertigen Mitglieder der gesellschaftlichen Produktivgemeinschaft sind, die diesen Status in näherer oder fernerer Zukunft aber potenziell – mit öffentlicher Hilfe – erlangen können" (Lessenich 2008: 98). Schließlich wartet der idealtypische „Aktivbürger" nicht auf den Schadensfall, „sondern mobilisiert vorausschauend seine Potenziale, um diesen abzuwenden; tritt jener dennoch ein, so verlässt sich die Aktivbürgerin nicht auf die durch den Wohlfahrtsstaat vermittelte Schadensregulierung, sondern unternimmt selbsttätig Anstrengungen zur Wiederherstellung ihrer Leistungsfähigkeit – im Interesse der Entlastung der gesellschaftlichen Gemeinschaft und der durch diese finanzierten sozialen Sicherungssysteme" (Lessenich 2009:168f.). Die Verantwortung für die Herstellung des Sozialen wird von den Institutionen der Sozialpolitik auf die Ebene der „Subjektivität sozialdienlicher Individuen" – in diesem Fall auf die Familie verlagert (Lessenich 2009: 34).

Die Kontextbedingungen für Familien bleiben trotz anders lautender familienrhetorischer Forderungen nach mehr Geschlechtergerechtigkeit dabei insgesamt auf ein traditionelles Familienmodell ausgerichtet. Einerseits geht es zwar um die Förderung der Vereinbarkeit von Familie und Erwerbstätigkeit und insgesamt um die Durchsetzung der Zweiverdiener-Ehe, andererseits wird die Bewältigung der hiermit einhergehenden familialen Aufgaben u. a. des Zeitmanagements, der außerinstitutionellen Kinderbetreuung, des Ausbalancierens von familienbezogenen und arbeitsmarktförmigen Erwartungen und Bedürfnissen in erster Linie den Müttern aufgebürdet. Eine Rollenverteilung: Mann, als erwerbstätiger Vater, und Frau, als (teilzeit-)erwerbstätige Mutter und Hausfrau, wird von der aktuellen Familienpolitik begünstigt, indem Familienpolitik notwendige Veränderungen der institutionellen Einbettung von Familie und die Forderungen nach einer familienfreundlichen Gestaltung des Arbeitsmarktes weitgehend ausblendet und dabei eine an Gleichberechtigung orientierte Rollenverteilung als individuelle Herstellungsleistung von Familie, die es zu aktivieren gilt, betrachtet. Die öffentliche Verantwortung für die Lebensgestaltungsmöglichkeiten in Familien wird insgesamt zurückgenommen und damit ist von neuen Wechselwirkungen und Überkreuzungen von sozialen Ungleichheiten und Differenzen in familialen Kontexten auszugehen (Böllert 2010; Böllert/Oelkers 2010).

Gemeinsames Merkmal entsprechender Aktivierungsstrategien ist ihre Fokussierung auf Prävention: „Prävention wird wichtiger denn je, aber sie wird zunehmend zur Sache der Individuen, die gehalten sind, sich selbst ökonomisch zu regieren. Wer sich als unternehmerisches Selbst behaupten will, tut gut daran, rechtzeitig ins eigene Humankapital zu investieren" (Bröckling 2004: 214). Prävention ist dann gleichbedeutend mit dem Schutz der sozialstaatlichen Gemeinschaft vor vorgeblich ungerechtfertigten Forderungen des Einzelnen (Böllert 2010a; Dollinger 2006). Im Kontext eines solchen Präventionsverständnisses werden aktuell – wie dargestellt – unterschiedliche Leistungen der Kinder- und Jugendhilfe aus kurzsichtigen Kostenerwägungen heraus gegeneinander ausgespielt.

Die dargestellten Maßnahmen gehen in aller Regel sogar einher mit einem doppelten Präventionsversprechen: Vermeidung materieller Armut und Verhinderung von Kindesvernachlässigung durch eigenaktive Verantwortungsübernahme und daran anknüpfende Sozialinvestitionen auf der einen Seite – hierüber erwartete Einspareffekte bei späteren reaktiven Hilfen auf der anderen Seite. Wer vor diesem Hintergrund aber glaubt, mit dem Ausbau des Frühförderangebotes die Ausgabenexplosion bei den erzieherischen Hilfen stoppen zu können, wird mit größter Wahrscheinlichkeit mit einer anderen Wirklichkeit konfrontiert werden – einer Wirklichkeit, in deren Folge wachsende Unterstützungsbedarfe auf der einen Seite und erleichterte Zugänge zu den erzieherischen Hilfen auf der anderen Seite die notwendige Inanspruchnahme und damit zwangsläufig auch die Höhe der Ausgaben weiter steigen werden lassen (KOMDAT 3/05, 2006, 2/07).

Festgehalten werden kann insgesamt, dass die Familialisierung der Kinder- und Jugendhilfe mit großen Schritten voranschreitet, die Aktivierung von Elternverantwortung zu einem immer größeren Handlungsfeld der Kinder- und Jugendhilfe werden soll (Böllert 2009; Oelkers 2009). Soziale Arbeit als eine verstärkt auf Familie bezogene Institution steht von daher vor einer doppelten Herausforderungen. Eingebunden in wohlfahrtsstaatliche Politiken wird sie einerseits zu einer Repräsentantin der aktuellen Familienpolitik, andererseits besteht genau hierin die Gefahr, erreichte Fortschritte im Leistungsspektrum und in der Professionalisierung zugunsten der Etablierung als individualisierender Aktivierungsagentur aufzugeben, die Kinder- und Jugendhilfe auf die Rolle eines „Anhängsels" solcher Aktivierungsstrategien zu verkürzen (Richter, u. a. 2009). Soziale Arbeit hat von daher allen Anlass den familienpolitischen Präventionsversprechen zu misstrauen und sowohl deren sozialstaatlichen Erwartungshorizonte als auch die ihnen immanenten Verhaltensregulierungen kritisch zu hinterfragen.

Literatur

AGJ (2010): Überprüfung und Weiterentwicklung der Frühen Hilfen/Frühen Förderung. Beitrag der AGJ zur Fachdebatte um ein Kinderschutzgesetz des Bundes, Berlin

Albus, Stefanie, u.a. (2010): Wirkungsorientierte Jugendhilfe. Abschlussbericht der Evaluation des Bundesmodellprogramms „Qualifizierung der Hilfen zur Erziehung durch wirkungsorientierte Ausgestaltung der Leistungs-, Entgelt- und Qualitätsvereinbarungen nach §§ 78 a ff SGB VIII, Münster

Bertelsmann Stiftung (Hg.) (2008): Null Bock auf Familie? Der schwierige Weg junger Väter in die Vaterschaft. Gütersloh: Verlag Bertelsmann Stiftung

Bien, Walter (2006): Familie zwischen Wunsch und Wirklichkeit, zwischen Ideologie und Realität. Expertise zum „Wandel und Entwicklung familialer Lebensformen". In: Bertram, Hans/Krüger, Helga/Spieß, C. Katharina (Hg.): Wem gehört die Familie der Zukunft? Expertisen zum 7. Familienbericht der Bundesregierung. Opladen: Barbara Budrich, S. 259-278

Bien, Walter/Rauschenbach, Thomas/Riedel, Birgit (Hg.) (2006): Wer betreut Deutschlands Kinder? DJI-Betreuungsstudie. Weinheim und Basel: Beltz

BMFSFJ (2006): Siebter Familienbericht. Familie zwischen Flexibilität und Verlässlichkeit. Perspektiven für eine lebenslaufbezogene Familienpolitik. Berlin
BMFSFJ (2008): Familienmonitor 2008. Repräsentative Befragung zum Familienleben und zur Familienpolitik. Berlin
Böllert, Karin (2008): Vereinbarkeit von Familie und Beruf. In: Coelen, Thomas/Otto, Hans-Uwe Otto (Hrsg.): Grundbegriffe der Ganztagsbildung. Das Handbuch, Wiesbaden, S. 187-195
Böllert, Karin (2009): Zwischen Familialisierung und Kindorientierung – Jugendhilfe unter Druck. In: Der pädagogische Blick, 17. Jg., Heft 2, S. 93-106
Böllert,Karin (2010): Frauen in Familienverhältnissen: Zur Vereinbarkeit von Familie und Beruf. In: Böllert, Karin/Oelkers, Nina (Hg.): Frauenpolitik in Familienhand? Neue Verhältnisse in Konkurrenz. Autonomie oder Kooperation, Wiesbaden, S. 99 -110
Böllert, Karin (2010a): Familienpolitik als Prävention. Zur Aktivierung von Müttern. In: Sozial Extra, Heft 1, S. 12-15
Böllert, Karin (2011): Sozialpolitik als Geschlechterpolitik. In: Karin Böllert/Catrin Heite (Hg.): Sozialpolitik als Geschlechterpolitik, Wiesbaden, S. 11-23
Böllert, Karin/Oelkers, Nina (2010): Einleitung: Frauenpolitik in Familienhand? In: Böllert, Karin/Oelkers, Nina (Hg.): Frauenpolitik in Familienhand? Neue Verhältnisse in Konkurrenz. Autonomie oder Kooperation, Wiesbaden, S. 7-15
Bröckling, Ulrich (2004): Prävention. In: Bröckling, Ulrich/Krasmann, Susanne/Lemke, Thomas (Hg.): Glossar der Gegenwart, Frankfurt, S. 210-215
Buschhorn, Claudia (2009): Forschungsdesign einer wirkungsorientierten Programmevaluation des Projektes „Guter Start ins Leben". In: Soziale Passagen, Journal für Empirie und Theorie Sozialer Arbeit, 1, S. 267-274.
Dollinger, Bernd (2006): Prävention. Untendierte Nebenfolgen guter Absichten. In: Dollinger, Bernd/Raithel, Jürgen (Hg.): Aktivierende Sozialpädagogik. Ein kritisches Glossar, Wiesbaden, S. 145-153
Fendrich, Sandra (2011): Regionale Disparitäten in den Hilfen zur Erziehung. Ein Überblick zu Analysemöglichkeiten der Kinder- und Jugendhilfestatistik. In: Rauschenbach, Thomas/ Schilling, Matthias (Hg.): Kinder- und Jugendhilfereport 3. Bilanz der empirischen Wende, Weinheim und München, S. 140-159
Gerzer-Sass, Annemarie (2006): Blick über den Zaun – Familienpolitik in Europa. In: DJI Bulletin 74 Heft1/2006: 10-13
Hans-Böckler-Stiftung (2007): Gleichstellung. Das beste Mittel gegen Kinderarmut. In: Böcklerimpuls (o. Jg.) Heft 8/2007: 4-5
Jurczyk, Karin (2010): Neue Familienpolitik und Geschlechterverhältnisse. Sozialpolitische Dimensionen als Leerstelle? In: Böllert, Karin/Oelkers, Nina (Hg): Frauenpolitik in Familienhand? Neue Verhältnisse in Konkurrenz. Autonomie oder Kooperation, Wiesbaden
Klenner, Christina (2007): Familienfreundliche Betriebe – Anspruch und Wirklichkeit. In: Aus Politik und Zeitgeschichte, Heft 34, S. 17-25
KOMDAT Jugendhilfe (Kommentierte Daten der Jugendhilfe, Informationsdienst der Dortmunder Arbeitsstelle Kinder- und Jugendhilfestatistik), Heft 3/05, 8.Jg.
KOMDAT Jugendhilfe (Kommentierte Daten der Jugendhilfe, Informationsdienst der Dortmunder Arbeitsstelle Kinder- und Jugendhilfestatistik), 9. Jg., Sonderausgabe Oktober 2006
KOMDAT Jugendhilfe (Kommentierte Daten der Jugendhilfe, Informationsdienst der Dortmunder Arbeitsstelle Kinder- und Jugendhilfestatistik), Heft 2/07, 10. Jg.
Lange, Andreas/Alt, Christian (2009): Die (un-)heimliche Renaissance von Familie im 21. Jahrhundert. Familienrhetorik versus „doing familiy". In: Beckmann, Christof/Otto, Hans-Uwe/ Richter, Martina/Schrödter, Mark (Hg.): Neue Familialität als Herausforderung der Jugendhilfe. Sonderheft 9 der neuen praxis. Lahnstein: Verlag neue praxis, S. 31-38

Lange, Jens/Schilling, Matthias (2007): Neu sichtbar werdende Realitäten – Kindertagesbetreuung in Deutschland. In: KOMDAT (10.Jg.) Heft 1/2007: 2-5

Lessenich, Stephan (2008): Die Neuerfindung des Sozialen? Der Sozialstaat im flexiblen Kapitalismus, Bielefeld

Lessenich, Stephan (2009): Krise des Sozialen? In: Aus Politik und Zeitgeschichte, Heft 52, S. 28-34

Nationales Zentrum Frühe Hilfen (2009): Begriffsbestimmung „Frühe Hilfen". http://www.fruehehilfen.de/wissen/fruehe-hilfen-grundlagen/begriffsbestimmung/[22.02.2011]

Merkle, Tanja/Wippermann, Carsten (2008): Eltern unter Druck. Selbstverständnisse, Befindlichkeiten und Bedürfnisse von Eltern in verschiedenen Lebenswelten. Eine sozialwissenschaftliche Untersuchung von Sinus Sociovision im Auftrga der Konrad-Adenauer Stiftung e.V.. Herausgegeben von Henry-Huthmacher, Christine und Borchard, Michael. Stuttgart: Lucius&Lucius

Mierendorff, Jutta/Olk, Thomas (2007): In: Ecarius, J.: Handbuch Familie. Wiesbaden, VS Verlag, S. 542-567

Münder, Johannes (2011): Bessere Kinder- und Jugendhilfe ist preiswerter – oder: Abbau von Leistungen und Rechten. In: neue praxis (i.E.)

Oelkers, Nina (2009): Aktivierung von Elternverantwortung im Kontext der Kindeswohldebatte. In: Beckmann, Christof, et al. (Hg.): Neue Familialität als Herausforderung der Jugendhilfe. Sonderheft 9 der neuen praxis, Lahnstein, S. 139-148

Polutta, Andreas (2010): Wirkungsorientierung und Profession. Neue Professionalisierung oder Ende professioneller Sozialer Arbeit? In: Soziale Passagen, 2. Jg., Heft 1, S. 47-62

Pothmann, Jens/Wilk, Agathe (2011): Jugendhilfe zwischen Dienstleistung und Intervention. Empirische Analysen zu den Hilfen zur Erziehung. In: Rauschenbach, Thomas/Schilling, Matthias (Hg.): Kinder- und Jugendhilfereport 3. Bilanz der empirischen Wende, Weinheim und München, S. 87-107

Rüling, Anneli (2007): Vereinbarkeit von Familie und Beruf und die Gleichstellung der Geschlechter im europäischen Vergleich. In: WSI Miteilungen (60. Jg.) Heft 10/2007: 538-545

Rüling, Anneli/Kassner, Karsten (2007): Familienpolitik aus gleichstellungsorientierter Perspektive. Ein europäischer Vergleich. Berlin: Friedrich-Ebert-Stiftung

Rauschenbach, Thomas/Lange, Jens/Riedel, Birgit (2007): Pionierstimmung in der Kindertagesbetreuung. Ehrgeizige Ziele im Lichte aktueller Entwicklungen. In: KOMDAT (10.Jg.) Heft 1/2007:1-2

Rauschenbach, Thomas/Pothmann,Jens (2010): Frühe Hilfen als aktiver Kinderschutz. In: KOMDAT, Heft 2, S. 1-2

Richter, Martina, et al. (2009): Neue Familialität als Herausforderung der Jugendhilfe. In: Beckmann, Christof et al. (Hg.): Neue Familialität als Herausforderung der Jugendhilfe. Sonderheft 9 der neuen praxis, Lahnstein, S. 1-14

Sardei-Biermann, Sabine (2007): Familien- und berufsbezogene Orientierungen von Studierenden und anderen jungen Erwachsenen. In: Cornelißen, Waltraud/Fox, Katrin (Hg.): Studieren mit Kind. Die Vereinbarkeit von Studium und Elternschaft: Lebenssituationen, Maßnahmen und Handlungsperspektiven. Wiesbaden, S. 13-32

Schilling, Matthias (2011): Der Preis des Wachstums. Kostenentwicklung und Finanzierung der Kinder- und Jugendhilfe. In: Rauschenbach, Thomas/Schilling, Matthias (Hg.): Kinder- und Jugendhilfereport 3. Bilanz der empirischen Wende, Weinheim und München, S. 67-86

Nina Oelkers

Familialismus oder die normative Zementierung der Normalfamilie
Herausforderung für die Kinder- und Jugendhilfe

1 Vater + Mutter + Kind = Familie

Familie = Vater + Mutter + Kind. Diese Gleichung galt lange Zeit als problemlos. Die sogenannte Kernfamilie aus Vater, Mutter und Kind wurde „als Elementareinheit der Gesellschaft betrachtet" und entsprechend auch als „Elementarfamilie'" bezeichnet (vgl. Huber 1979). Die Gleichung scheint mit Blick auf die unterschiedlichen Formen von Familie und Elternschaft allerdings längst nicht mehr aufzugehen. Denn die wichtigste Erkenntnis bei der Erforschung von Familie ist nach Fuhs (2007), dass Familie nicht als eine homogene Institution betrachtet werden dürfe: „Schon bei der Suche nach einer ethnologisch allgemein gültigen Familiendefinition stößt man auf große Schwierigkeiten" (ebd.: 24). Statt *die* Familie zu untersuchen, müsse Familie im Plural betrachtet werden, denn es würde um sehr unterschiedliche Familien gehen, die sich historisch verändert hätten. Unterschiedliche Definitionen von Familie bestehen nebeneinander (vgl. Petzold 2004). Eine besonders für die Kinder- und Jugendhilfe relevante Definition basiert auf dem Familienrecht, welches (trotz Reformen) die Elternschaft, Ehe und Familie in einem engen Zusammenhang sieht. Damit war und ist die Kleinfamilie immer noch grundlegendes (familialistisches) Modell, welches wiederum mit Vorstellungen der traditionellen bürgerlichen Familie durchwoben ist. Schneewind kritisiert an der nahezu vollständig auf der Ehe basierenden Kleinfamilie, „dass in der öffentlichen Diskussion mit Bezug auf das Grundgesetz zu dieser Definition häufig noch weitere Implikationen hinzukommen, nämlich die lebenslange Permanenz der Ehe, Heterosexualität (und zwar exklusiv!) sowie die Dominanz des Mannes als primärer Ernährer" (Petzold 2004: 2. Absatz). Weitere gängige Elemente von Familiendefinitionen sind beispielsweise die Blutsverwandtschaft, die besondere Bindungsqualität der Sozialform sowie der statistisch relevante „Haushalt mit Kindern" (vgl. Fuhs 2007: 25). Mal wird die Verwandtschaft mal eine Gemeinschaft, die in einem Haushalt zusammenlebt, als Familie verstanden (vgl. Gestrich/Krause/Mitterauer 2003: 160). Die unterschiedlichen Definitionen verweisen zwar auf unterschiedliche Aspekte sind aber häufig von begrenzter Reichweite. Mittlerweile gibt es Versuche die Unübersichtlichkeit der Familienformen zu systematisieren, so schlägt das Online-Familienhandbuch vor, Merkmale systematisch zu kombinieren, um die Vielfalt der Familientypen jenseits des klassischen Vater-Mutter-Kind-Bild ordnen zu können[1] (vgl. Petzold 2004). Die Kombination der Merkmale zur Beschreibung von Familie führt zu über 100 unterschiedlichen Familientypen, die von Petzold zu sieben Kategorien zusammengefasst werden. Aber auch dieser Entwurf von Familie beruht im Wesentlichen auf Varianten der Kleinfamilie. Zusammenfassend ist davon auszugehen, dass sich der Familienbegriff in Richtung einer weitgehend unstrittigen Minimalbestimmung gewandelt hat, in der allein die Generationenfolge als konstitutives Merkmal angeführt wird. Familie in diesem Sinne ist als ein gegenseitig aufeinander bezogenes Miteinander von mindestens zwei Generationen zu begreifen, wobei mindestens eine Person der älteren Generation zu mindestens einer Person der jüngeren Generation in einer Elternfunktion steht (vgl. Lenz 2002; Ecarius 2002; Böhnisch 2005; Rendtorff 2007). Diese weit gefasste Definition trägt der Vielfalt familialer Lebensformen Rechnung (vgl. Richter/Müncher/Andresen 2008: 50). Zudem wird berücksichtigt, dass unter Familie mehr als die biologische Kernfamilie zu fassen ist (vgl. Vorheyer 2005). In diesem Verständnis lässt sich Familie als „soziales Netzwerk" fassen (vgl. Nestmann 1997): Ausgehend vom Subjekt wird über die biologischen Verwandtschaftslinien hinausgehend ein familiales Wahlnetzwerk definiert (vgl. Nestmann 1997; Bertram/Hollstein 2003; Vorheyer 2005). Familie wird als wechselseitiges Kooperations- und Solidaritätsverhältnis aktiv hergestellt, die Mitgliedschaft erschließt sich über die Wahrnehmung familienspezifischer Funktionen in dem Netzwerk. Familie wird so weniger als institutionalisiertes

1 Die sieben Typen basieren auf wiederum zwölf Merkmalen, von denen Petzold annimmt, dass sich mit ihnen heutige Familienformen umfassend beschreiben lassen. Diese Merkmale beschreiben unterschiedliche Aspekte der (A) gesellschaftlichen Rahmenbedingungen (Makrosystem) (z. B. ehelich oder nichteheliche Beziehung, gemeinsame oder getrennte wirtschaftliche Verhältnisse, zusammenlebend oder getrennte Wohnungen), (B) soziale Verpflichtungen (Exosystem) (z.B. Verpflichtungen durch Verwandtschaft oder Ehe, Selbstständigkeit oder Abhängigkeit des Anderen, kulturell/religiös gleich oder unterschiedlich ausgerichtet), (C) Kinder (Mesosystem) (z. B. mit oder ohne Kind(er), leibliche(s) oder adoptierte(s) Kind(er), leibliche oder stiefelterliche Kindbeziehung sowie die (D) Partnerschaftsbeziehung (z. B. Lebensstil als Single oder in Partnerschaft, hetero- oder homosexuelle Beziehung, Dominanz des einen oder Gleichberechtigung) .

Gebilde betrachtet, sondern als aktiv hergestelltes subjektives Netzwerk, das diverser geworden ist.

Da es in diesem Beitrag um die Herausforderung für die Kinder- und Jugendhilfe geht, wird der zentrale Fokus auf jene Familienformen oder familialen Netzwerke gerichtet, denen eine wie auch immer begründete elternschaftliche Konstellation zugrunde liegt. Es geht also um familiale Netzwerke mit Eltern und *minderjährigen* Kindern/Jugendlichen.

2 Pluralisierung von Familienformen und Elternschaftskonstellationen

Aufgrund der Erweiterung von Gestaltungsmöglichkeiten in den Bereichen Partnerschaft, Elternschaft und Ehe haben sich familiale Lebensformen pluralisiert. Elternschaft kann auf unterschiedliche Weise begründet sein und deren Entstehungs- und Begründungszusammenhänge lassen sich differenzieren. Mit Elternschaft wird in der Regel die Rolle von Vätern und Müttern bezeichnet, die im genetischen, biologischen, juristischen und/oder sozialen Sinn die Eltern eines Kindes/mehrerer Kinder sind (vgl. Oelkers 2011b). Die Zeugung und Geburt von Kindern ist die Voraussetzung für biologische oder leibliche Elternschaft.[2] Anknüpfungspunkt für die Leistungen der Kinder- und Jugendhilfe ist in der Regel die juristische Elternschaft beziehungsweise die elterliche Sorge. Rechtliche Elternschaft im Sinne der gemeinsamen elterlichen Sorge begründet sich bei Mutter und Vater durch Eheschließung (Filiationsprinzip) oder Adoption, beziehungsweise bei nichtverheirateten Eltern über die Erklärung zur gemeinsamen Sorge.[3] Elterliche Sorge im rechtlichen Sinne und das alltägliche Sorgen für Kinder müssen nicht deckungsgleich sein. Wenn es um die soziale Elternschaft geht, ist die Wahrnehmung der in der Elternrolle enthaltenen normativen Pflichten und Rechte, also die langfristige Übernahme von Verantwortung, Zuwendung, Betreuung, Versorgung und Erziehung, ent-

2 Von genetischer Elternschaft ist allerdings die Rede, wenn Kinder mit Hilfe der Reproduktionsmedizin gezeugt bzw. ausgetragen oder geboren wurden, denn hier ist die biologische Elternschaft nicht immer eindeutig zu bestimmen z.B. im Falle der Leihmutterschaft. Genetische Elternschaft begründet sich bei der Mutter durch Empfängnis und Befruchtung (natürlich, in-vitro- Fertilisation, heterologe Insemination), beim Vater durch Befruchtung. Biologische Elternschaft begründet sich bei der Mutter durch die Austragung des Embryos und die Geburt des Kindes, beim Vater durch Befruchtung (natürlich, in-vitro- Fertilisation, heterologe Insemination).

3 Wesentlicher Bezugspunkte der Ausgestaltung der rechtlichen oder juristischen Elternschaft sind die elterliche Sorge und das Kindeswohl. Gemäß § 1626 BGB haben die Eltern die Pflicht und das Recht, für das minderjährige Kind zu sorgen, was als elterliche Sorge bezeichnet wird. Diese umfasst die Sorge für die Person des Kindes (Personensorge) und das Vermögen des Kindes (Vermögenssorge).

scheidend. Zu den sozialen Eltern zählen auch Adoptiveltern, Pflegeeltern und Stiefeltern. Wenn Kinder mehrere biologische und/oder soziale Mütter und/ oder Väter haben, wird von ‚multipler Elternschaft' gesprochen. Dieses Phänomen ist insbesondere in Stieffamilien vorzufinden (vgl. Peuckert 2008: 25f.).

Vaskovics bezeichnet diese zunehmende Ausdifferenzierung als Segmentierung von Elternschaft (Mutterschaft – Vaterschaft), wenn er zwischen biologischer, sozialer, genetischer und rechtlicher Elternschaft unterscheidet (Vaskovics 1998: 50 f.). Im Normalfall werden alle vier Segmente der Elternschaft zur gleichen Zeit von Vater und Mutter wahrgenommen. Die Wahrnehmung der Elternschaftssegmente durch unterschiedliche Personen führt zu einer simultanen oder sukzessiven Entkoppelung der Segmente bzw. einer Segmentierung von Elternschaft. Elternschaft und Elternkonstellationen sind daher als im Lebenslauf wandelbare Konstrukte anzusehen und Mütter bzw. Väter von mehreren Kindern können innerhalb einer Familie bei einzelnen Kindern unterschiedliche Segmente von Elternschaft wahrnehmen (vgl. Vascovics 1998: 51 f.). Somit sind die Begriffe Eltern und Elternschaft als kulturell konstruiert zu verstehen: Sie sind historisch und gesellschaftlich eingebettet und daher wandelbar (vgl. Peuckert 2008: 25). Aus den unterschiedlichen Elternschaftskonstellationen ergeben sich vielfältige Familienkonstellationen, die beispielsweise als Folge einer Trennung und neuerlicher Partnerschaft eines oder beider Elternteile entstehen können und so zu einer Diversifizierung von Familienkonstellationen und familialen Lebensformen führen. Bei der umfassenden Betrachtung der unterschiedlichen Familienformen wird deutlich, dass gegenwärtig weniger kinderreiche Familien existieren, dafür aber mehr „väter- bzw. mütterreiche" Familien entstanden sind und entstehen: In Familienkonstellationen nach Trennung und Scheidung der leiblichen Eltern können durch neue Partnerschaften der leiblichen Mutter und des leiblichen Vaters neue soziale Eltern, Geschwister und auch Großeltern hinzukommen. Ein Vergleich der heutigen Familienkonstellationen mit denen vor fünfzehn bis zwanzig Jahren zeigt, dass Kinder und Jugendliche derzeit deutlich häufiger in wechselnden Familienformen leben (vgl. BMFSFJ 2005: 60), wodurch ein variantenreiches Spektrum an Eltern-Kind-Beziehungen entsteht (vgl. Notz 2005: 6). An der Entstehung und Verbreitung unterschiedlicher Familienformen und Elternschaftskonstellationen lässt sich der Trend ablesen, dass temporäre Elternschaft sich stärker verbreitet und biologische und genetische Elternschaft für familiale Zusammenhänge unerheblicher wird.

Mit der Pluralisierung von Familienformen und Elternschaftskonstellationen wird allerdings nicht nur auf eine zunehmende Diversifizierung von Familie und Elternschaft verwiesen, sondern dies wird auch in ihren Konsequenzen thematisiert (vgl. Beck-Gernsheim 1994; Bertram/Borrmann-Müller

1988; Huinink/Wagner 1998; Notz 2005; Peuckert 2007, 2008). Denn Pluralisierung meint nicht nur die vermehrte Ausdifferenzierung und quantitative Zunahme „unkonventioneller" familialer Lebensformen, sondern steht im Zusammenhang mit der (umstrittenen) Annahme einer zunehmenden Autonomie der Individuen in der Wahl ihrer Lebensführungsweisen jenseits von „Stand und Klasse" (vgl. Beck 1986; Klein et al. 2005; Hartmann 2002). Allerdings kreist auch dieser seit den späten 70er Jahren des 20. Jahrhunderts geführte Diversifizierung-Diskurs hauptsächlich um die bürgerliche Kernfamilie, die als Vergleichsfolie für die Deutung anderer familialer Lebensformen dient, so dass diese als Zersplitterung und Fragmentierung von Familie erscheinen (vgl. Lange/Lettke 2007b: 18).

Ausgehend von eben jener bürgerlichen Kleinfamilie beziehungsweise der aus Vater, Mutter und ihren leiblichen Kindern bestehenden sogenannten Normalfamilie, werden so eine Reihe von Familienformen unterschieden: Unvollständige Familien, Ein-Elternfamilien, nichteheliche Lebensgemeinschaften mit Kind(ern), Adoptivfamilien, Stief- oder Fortsetzungsfamilien, binukleare Familien (ein Familiensystem, das sich aus zwei elterlichen Haushalten zusammensetzt) und Nachscheidungs- bzw. ‚Patchworkfamilien' (vgl. Peuckert 2007). Hinzu kommen die Elternschaft schwuler oder lesbischer Paare[4] (sogenannte ‚Regenbogen-'oder ‚Queer Familien') in denen homosexuelle Paare mit Kindern zusammenleben (vgl. Maier 2009: 265).

Allerdings hat der Pluralisierungsdiskurs durchaus dazu beigetragen, dass unhinterfragte Selbstverständlichkeiten der familialen Lebensgestaltung stärker in Frage gestellt wurden bzw. werden. Die Ermöglichung und zumindest teilweise Anerkennung der Elternschaft schwuler oder lesbischer Paare ist hier ein Beispiel. Dies bedeutet allerdings nicht, dass eine grundlegende „Normen und Geschlechterdichotomie überwindende Dynamik" in Gang gesetzt wurde (Hartmann 2004: 51). Wie schon an einigen Bezeichnungen deutlich wird (unvollständig, nichtehelich etc.), bleibt die bürgerliche Kernfamilie als normativer Bezugspunkt bestehen, insbesondere bezogen auf die oftmals unhinterfragten heteronormativen[5] Annahmen: Die heterosexuelle Paarbildung wird selbstverständlich weiterhin als „natürlicher" Ursprung und unveränderliche Grundlage sozialer Beziehungen begriffen.

4 Durch die rechtliche Anerkennung von gleichgeschlechtlichen Lebenspartnerschaften sind diese in vielen Bereichen den Ehegatten gleichgestellt, allerdings gelten Unterschiede bzw. Benachteiligungen im Sorge- und Adoptionsrecht.

5 Im Kontext der Queer Theory wird mit dem Begriff der Heteronormativität vor allem Heterosexualität als Machtverhältnis reflektiert und die Binarität von Homo- und Heterosexualität in Frage gestellt (vgl. Hartmann et al. 2006).

Die unter dem Stichwort Pluralisierung beschriebenen Differenzierungsprozesse sind folglich als machtvolle Hierarchisierungsprozesse zu hinterfragen, zumal diese zumeist mit gesellschaftlichen und kulturellen Zuschreibungsprozessen verbunden sind (vgl. Hartmann 2004). Auch wenn vorherrschende Kategorien und Grenzziehungen sich dynamisieren, unterliegen die familialen Lebenskonzepte einer unterschiedlichen gesellschaftlichen Bewertung, die die alternativen Formen der familialen Lebensführung nicht selten hierarchisch hinter der „Normalfamilie" einordnen. Die kulturelle Besser- bzw. Schlechterstellung verschiedener familialer Lebensformen zeigt sich bspw. an ihren materiell benachteiligten Existenzweisen und den damit verbundenen „regulierten Handlungsfreiheiten", die zu Belastungen des Familienalltags bis hin zu einem Scheitern biographischer Projekte führen können (vgl. Oelkers/Richter 2009).

3 Familiale Leistungen und Familie als Herstellungsleistung

Die Betrachtung von Familie als diverser gewordenes, aktiv hergestelltes, subjektives Netzwerk ist anschlussfähig an das Konzept des *‚doing Family'*. Hier geht es um die Kennzeichnung der Familie selbst als Herstellungsleistung. Dahinter steht die sozialhistorische und konzeptuelle Botschaft, dass sich Familie aufgrund des gesellschaftlichen Wandels von einer selbstverständlichen, quasi naturgegebenen Ressource zu einer zunehmend voraussetzungsvollen Herstellungsleistung der Familienmitglieder entwickelt hat (Schier/Jurczyk 2007):

„Familie als Herstellungsleistung fokussiert zum einen auf die Prozesse, in denen im alltäglichen und biographischen Handeln Familie als gemeinschaftliches Ganzes permanent neu hergestellt wird („Doing Family"), zum anderen auf die konkreten Praktiken und Gestaltungsleistungen der Familienmitglieder, um Familie im Alltag lebbar zu machen. Der Tätigkeits- oder Arbeitscharakter von Familie, der eigene Ressourcen bindet, wird damit [...] sichtbar, ohne jedoch hierdurch die emotionale Bedeutung von Familie zu schmälern. Konzeptuell bedeutet die Rede von Familie als Herstellungsleistung eine stärkere Fokussierung des Handlungsparadigmas gegenüber dem institutionellen Paradigma" (Schier/Jurczyk 2007: 2. Absatz).

Mit der Konzeptionalisierung von Familie als Herstellungsleistung wird auf die immer voraussetzungsvoller werdenden Aktivitäten und Leistungen verwiesen, die Frauen, Männer, Kinder, Jugendliche und ältere Menschen erbringen, um in einem – wie auch immer zusammengesetzten – familialen Arrangement zusammen zu leben (vgl. Schier/Jurczyk 2007). Neben dieser Leistung der Familienmitglieder, Familie herzustellen und aufrecht zu erhalten, stehen aber auch immer wieder die von Familien erbrachten Leistungen der Wohlfahrtsproduktion im Fokus. Die Leistungsfähigkeit bezieht sich dann über die Herstellung von Familie hinaus, auf gesellschaftlich benötigte Leistungen der Reproduktion, Sozialisation, Humanvermögensbildung, Regeneration und Solidarisierung (vgl. Kaufmann 1997: 103ff.). Diese Leistungen von Familien wurden beispielsweise über die Umrechnungen von Zeitbudgetdaten in wirtschaftliche Bezugsgrößen eindrucksvoll sichtbar: „Die Umrechnung in Werte des Bruttosozialproduktes zeigt, dass die Wertschöpfung der privaten Haushalte 2001 in etwa derjenigen des Produzierenden Gewerbes (ohne Baugewerbe) sowie des Bereichs Handel, Gastgewerbe und Verkehr zusammen entspricht" (Schier/Jurczyk 2007 in Anlehnung an Schäfer 2004).

Zudem stehen die auf Kinder ausgerichteten Bildungs- und Qualifikationsaufgaben politisch hoch im Kurs, denn es besteht ein großes Interesse an der Heranbildung von „Humankapital" (vgl. Oelkers/Richter 2009: 37). Die Arbeitsfähigkeit („employability") der zukünftigen „working citizen" soll über die Bereitstellung frühzeitiger, umfassender und zielgerichteter Lern- und Bildungsarrangements im Interesse der staatlichen Gemeinschaft garantiert und produziert werden (vgl. Schütter 2006; Lessenich 2008; vgl. zum „Lebenslangen Lernen" auch Kessl/Richter 2006). Neben der Employabilität[6] der nachwachsenden Generation, geht es aber auch immer um die Herstellung und Aufrechterhaltung der eigenen, also der elterlichen, Beschäftigungs- und Arbeitsmarktfähigkeit. Die Forderung nach Eigenverantwortung für die eigene Erwerbsbiografie besteht eben auch für Eltern, bezieht sich also auch auf die aktuelle Generation potentieller Erwerbstätiger und TrägerInnen von Humankapital. Damit verbunden sind auch Forderungen nach ständiger Weiterqualifizierung und lebenslangen Lernen, Beschäftigungsfähigkeit auf unterschiedlichen Arbeitsplätzen bzw. bei verschiedenen Arbeitgebern, Mobilität oder so genannte „Flexicurity", die insbesondere die Vereinbarkeit von Employability und Familie erschweren.

Mit Familie und Elternschaft sind folglich, über die für alle Erwerbsfähigen zu erfüllenden Anforderungen hinaus, besondere Leistungserwartungen verbunden, die sich auf die Produktion von Humankapital beziehen. Hinzu kommt, dass die Herstellung und Aufrechterhaltung von Familie selbst mit immer voraussetzungsvoller werdenden Leistungen für die Beteiligten des familialen Arrangements verbunden ist. Ist das gelebte familiale Konzept darüber hinaus abweichend von hegemonialen Formen, ist mit Benachteiligungen und erhöhten Herstellungskosten zu rechnen. Dies gilt besonders für nichteheliche

6 Employability ist „die Fähigkeit, fachliche, soziale und methodische Kompetenzen unter sich wandelnden Rahmenbedingungen zielgerichtet und eigenverantwortlich anzupassen und einzusetzen, um Beschäftigung zu erlangen oder zu erhalten" (Rump/Sattelberger/Fischer 2006: 21).

Elternschaft und Elternschaft nach Trennung und Scheidung.[7] Durch Trennung und Scheidung der Eltern verursachten Folgeprobleme für Kinder sind zwar (zunehmend) kein Hinderungsgrund mehr für die Auflösung der elterlichen Paarbeziehung, aber diese Entwicklung führt nicht zu einer „Entpflichtung" der Eltern-Kind-Beziehung (Kaufmann 1995: 164 f.). Allein durch die weiter bestehenden elterlichen Pflichten und Leistungsanforderungen ist von erhöhten familialen Herstellungskosten auszugehen.

Die Herstellungsleistungen und -kosten haben sich durch die Pluralisierung der familialen Lebensformen mit Kindern und den damit verbundenen gesellschaftlichen Anforderungen weiter erhöht. Obgleich mit Pluralisierung Tendenzen familialer ‚Auflösungserscheinungen' und zunehmender ‚Erosionsschäden' (vgl. DJI-Online 12/2009) beschrieben werden, ist aber herauszustellen, dass „auf der normativen Ebene die Wertschätzung der „Normalfamilie" relativ ungebrochen ist" (Münder 1999: 17). Laut Peuckert ist die Normalfamilie zu Beginn des 21. Jahrhunderts zwar nur noch eine unter mehreren Familienformen, aber auch die bedeutsamste (Peuckert 2007: 36). Es stellt sich die Frage, warum die Normalfamilie als normative Folie eine fast ungebrochene Bedeutung behält. Ein zu beachtender Aspekt könnte der herrschende gesellschaftliche Familialismus sein.

4 Familialismus oder die normative Zementierung der Normalfamilie

‚Familialismus' beschreibt das Ausmaß, in dem Wohlfahrtsstaaten von Familienmitgliedern erwarten, füreinander durch Unterstützungen aller Art (z.B. Geld und Dienste) einzustehen (vgl. Esping-Andersen 1990, 1996). Nach dem familialistisch-subsidiarischen Prinzip wird das Individuum in Abhängigkeit von seiner Familienstruktur unterstützt: Der Staat springt erst ein, wenn die Unterstützung durch die Familie versagt hat. Ein wohlfahrtsstaatliches Arrangement, das familialistisch geprägt ist, stabilisiert bestimmte private Lebens- und Familienformen, die als gut geeignet betrachtet werden, Wohlfahrt zu produzieren. Die Institution der Familie gilt dabei als Ort der Reproduktion, Sozialisation, Humanvermögensbildung, Regeneration und Solidarisierung (vgl. Kaufmann 1997: 103ff.). Als normativer Bezugspunkt gilt die ‚normale Familie' als Idealbild der modernen/bürgerlichen Kleinfamilie, bestehend aus einem (verheirateten) Elternpaar, das gemeinsam mit seinen leiblichen Kin-

7 Die Verkoppelung von Ehe, Partnerschaft und Elternschaft löst sich auf, was sich an den steigenden Anteilen von nicht verheirateten, geschiedenen und alleinerziehenden Eltern sowie unterschiedlichster Stiefelternkonstellationen und sogenannter ‚Patchworkfamilien' ablesen lässt.

dern in einem Haushalt lebt. Familialismus ist laut Lessenich (2003) als eine von drei Säulen (neben Verbundföderalismus und Verhandlungsdemokratie) des deutschen Sozialstaatsmodell zu betrachten: „»Familialismus« meint [...] die spezifische Form politisch regulierter sozialer Beziehungen, welche die Familienordnung – vorrangig verstanden als die Ordnung der Geschlechterbeziehungen bzw. des Eheverhältnisses – historisch im deutschen Sozialmodell angenommen hat" (ebd.: 158). Familialismus lässt sich im Familienrecht abbilden durch die drei institutionellen Elemente „eheliche Lebensgemeinschaft", „Eltern-" und „Kindschaft". Der Familialismus in seiner heutigen Form ist ein spezifisches Produkt der 1950er Jahre und beschreibt eine bestimmte konservative Familien-Ideologie (vgl. Lessenich 2003): Es „erfolgte die gesetzliche Verankerung von rein familialistisch begründeten – genauer: von allein aufgrund des Ehestatus zugänglichen Sozialversicherungsleistungen, jedenfalls auf breiter Basis, erst in der Zeit nach dem Zweiten Weltkrieg. Erst der Sozialversicherungsstaat der Bundesrepublik schritt zur sozialpolitischen Institutionalisierung eines genuin ehezentrierten Familialismus" (ebd.: 162). In einer der Wirtschaftssoziologie zugeschriebenen Definition wird betont, dass Familialismus „das der modernen bürgerlichen Familie eigentümliche Hintanstellen der individuellen Bedürfnisse gegenüber denen der Familie" meint, welches „grundlegend in der Moralisierung der Gefühle und der moralischen Beanspruchung der „ganzen" Person des/der anderen (Ehepartner, Kinder) verankert ist" (vgl. Wirtschaftslexikon24.net [online]). Fux (1994) betrachtet Familialismus als einen Denkstil, der die Gesellschaftsstrukturen aus der Familienorganisation zu begründen versucht und eine weitreichende Isomorphie zwischen diesen Familien und Gesellschaft behaupte (vgl. ebd.: 209):

„Daraus resultiert sein starkes Bedürfnis, politisch gegen jegliche Destabilisierung der Familie vorzugehen [...]. Das politische Handeln setzt im Unterschied zum Etatismus nicht mehr beim Staat ein, sondern setzt die Familie in den Brennpunkt politischen Agierens. Dominant scheint die Zielvorstellung, Geborgenheit (Gemeinschaft) zu realisieren. Ausdrucksform des Familialismus ist die Unter-Schutz-Stellung der Familie – nota bene einer Institution, welche das einzelne Individuum über Normen ins familiale und indirekt ins politische System integrieren möchte. Daraus erhellt sich weiter auch das Interesse an horizontaler Gerechtigkeit. Der Familienlastenausgleich stellte die wohl wichtigste policy dar, aber auch eine Zivilstandspolitik (die gezielt die Ehe fördert) oder das Interesse an natalistischen Strategien sind weitere familienpolitische Arrangements, die wir letztlich dem Geist des Familialismus verdanken" (ebd.).

Die familialistische Ausrichtung der Wohlfahrtsproduktion begünstigt eine (geschlechts)spezifische Arbeitsteilung innerhalb der Familie, denn diesem

Wohlfahrtsarrangement liegen bestimmte normative Normalitätsannahmen zu Grunde: Dauerhafte (Voll)Erwerbstätigkeit der Männer; eher sporadische (Teil)Erwerbstätigkeit der Frauen (als Zuverdienerin); für beide Geschlechter die Selbstverständlichkeit des Eheschlusses und der Familiengründung sowie die innerfamilialen Arbeitsteilung im Sinne des Modells der Hausfrauenehe (vgl. Kaufmann 1997: 60).

Wenn Familialismus ein Kennzeichen des bundesdeutschen Wohlfahrtskapitalismus ist, stellt sich die Frage, wie sich die aktuellen auf das Wohlfahrtsarrangement bezogenen Transformationsprozesse auf diesen auswirken. Das Interessante an der Frage ist, dass trotz familialistischer Ausrichtung des wohlfahrtskapitalistischen Arrangements eine zwischenzeitliche De-Familialisierung stattgefunden hat. Denn die Etablierung wohlfahrtsstaatlicher Leistungen (Ende des 18. Jahrhunderts) ging einher mit Prozessen einer so genannten „De-Familialisierung" oder auch „De-Kommunitarisierung", verstanden als „Abbau familialer und gemeinschaftlicher Abhängigkeiten und Zwänge" (Ullrich 2005: 109). Auch Ostner (1995a/b) verweist in ihrer Definition von De-Familialisierung auf die Befreiung von Betreuungspflichten. Den Familienmitgliedern werden die auf Kinder (und ältere Menschen) gerichteten Fürsorgeaufgaben freigestellt, indem deren Betreuung in die Zuständigkeit öffentlicher Institutionen verlagert wird. Diese Freisetzung insbesondere von Frauen soll wiederum die Verfügbarkeit für den Arbeitsmarkt begünstigen.

5 De-Familialisierung durch Sozialpädagogisierung?

Eine naheliegende Frage ist, ob es grade die Leistungen des Wohlfahrtsstaates gewesen sind, die unter anderem von der Kinder- und Jugendhilfe erbracht wurden, die – ganz entgegen einer familialistischen Zielrichtung – zu einer temporären Auflösung der familienbezogenen Abhängigkeitsverhältnisse also zu einer De-Familialisierung geführt haben. Auch wenn die AutorInnen (s. Ostner 1995a/b, Ullrich 2005, Textor 2005, Joos 2006) den Begriff der De-Familialisierung aus unterschiedlichen disziplinären und evtl. auch intentionalen Perspektiven nutzen, ist der gemeinsame Nenner doch die Übernahme bestimmter – im familialistischen Kontext der Familie zugewiesenen – Leistungen durch öffentlich organisierte Dienstleister und Wohlfahrtsproduzenten. Demzufolge geht es um den Zusammenhang zwischen Prozessen der De-Familialisierung und einer sogenannten Sozialpädagogisierung (Textor 2005, Joos 2006). Die Bewertung dieser Prozesse fällt dementsprechend unterschiedlich aus: Während einerseits De-Familialisierung und Sozialpädagogisierung als Möglichkeit des Erhalts der Familie betrachtet wird (Ostner 2002, Joos 2006), werden andererseits beide Tendenzen schon fast kulturpessimistisch als Hinweis auf einen rapiden Leistungsverlust der Familie interpretiert (Textor 2005).

Joos (2006) sieht in den Kindheitsbildern und politischen Leitideen des Zehnten und insbesondere Elften Kinder- und Jugendberichts eine auf ‚Sozialpädagogisierung' gerichtete Zielsetzung im Sinne einer Tendenz zur De-Familialisierung. Der Sozialpädagogik, als flächendeckende Bereitstellung von Betreuungs- und Bildungseinrichtungen, würde in diesem Kontext ein immer stärkeres Gewicht in der Gestaltung von Kindheit zugewiesen (vgl. ebd.: 109). Einerseits käme es zu einem beispiellosen Maß an gesellschaftlicher Aufmerksamkeit Kindern gegenüber, andererseits zeige die öffentliche Diskussion, z.B. um die Ganztagsbetreuung, „dass die Familien, insbesondere die Mütter (von den Vätern wird diesbezüglich nach wie vor weniger erwartet), immer weniger Zeit für die Betreuung und Erziehung ihrer Kinder haben, weil die Erfordernisse des Arbeitsmarktes, die Sicherung der Existenz und gewandelte Rollenverständnisse vor allem der Frauen zu einem Betreuungsproblem führen" (Joos 2006: 109). Betont wird hier ein strukturelles Betreuungsdefizit, nicht nur ein Vereinbarkeitsproblem von Beruf und Familie, denn es ginge um eine strukturelle Nicht-Passung von (Arbeits-)Markt, Familie und Staat:

„Die Ursache der strukturellen Betreuungskrise bildet – so die Annahme – der Niedergang des lange dominierenden Familienmodells, in dem der Mann für die materielle Subsistenzsicherung und die Frau für Kindererziehung, Pflege der älteren Familienmitglieder, Haus- und Beziehungsarbeit verantwortlich ist (malebreadwinner- model) (Lewis 2001). Das Normalarbeitsverhältnis und die darauf abgestimmten institutionalisierten Muster (männlicher) Erwerbsbiographien erodieren zunehmend und das Geschlechterverhältnis verliert seine traditionale Komplementarität. Die demographische Entwicklung ist durch einen starken Geburtenrückgang gekennzeichnet. Im Ergebnis führt dies zu einer Entwicklung, die in der deutschen Diskussion als ‚Pluralisierung familialer Lebensformen' bezeichnet wird" (ebd.: 110.)

Für Joos zeichnet sich zwischen dem Zehnten und Elften Kinderbericht ein Argumentationswechsel ab: Der Zehnte Kinderbericht würde eher einen familialistischen Kindheitsbegriff reproduzieren, indem vorrangig die Unterstützung der materiellen Lebensbedingungen von Familien gefordert werde, wohingegen der Elfte Kinderbericht eine „Neu-Justierung des Verhältnisses zwischen privater und öffentlicher Verantwortung für das Aufwachsen von Kindern und Jugendlichen" vorantreibe und zwar vermittelt „über den Ausbau der sozialen Infrastruktur für Kinder und Familien" (ebd.: 111). Diese Tendenz bezeichnet Joos als De-Familialisierung und spitzt die dahinterstehende Idee darauf zu, dass „‚weniger Familie', d.h. mehr öffentliche Betreuung, Erziehung und Bildung, für ‚mehr Familie' sorgen soll" (ebd.). Durch die Verbesserung der Vereinbarkeit von Familie und Beruf für Frauen und Männer, im Sinne einer weitreichenden De-Familialisierung, könne die Veränderung der Geschlechtsrollen *und* eine Familienorientierung der Menschen in Einklang gebracht werden (Huinink 2002). De-Familialisierung meint damit nicht nur den Abbau von Abhängigkeiten und Zwängen, sondern auch die möglichst weitgehende Befreiung der Familie von ihren Betreuungspflichten letztlich im Interesse des Erhalts der Familie (Ostner 2002: 249). Es ginge um die Betonung der Verantwortung des Staates für das Aufwachsen von Kindern, die sich in der Bereitstellung von sozialpädagogischen Dienstleistungen für Kinder und Jugendliche ausdrücke. Der Familie würde demzufolge eine widersprüchliche Bedeutung für das Aufwachsen von Kindern zugeschrieben. Der Markierung der Grenzen familialer Fähigkeiten zur Verantwortungsübernahme folge ein Bekenntnis zur öffentlichen Verantwortung, die der Familie zur Seite gestellt werden müsse (Joos 2006: 129).

Textor markiert die Grenzen familialer Fähigkeiten und Funktionen in seinem Online- Beitrag als „mangelnde Erfüllung von Familienfunktionen und De-Familialisierung der Kindheit“ (vgl. http://www.sgbviii.de/S138.html [Abrufdatum: 18.06.2011). Zwar geht er davon aus, dass Familien eine Vielzahl wichtiger Funktionen für ihre Mitglieder und für die Gesellschaft erfüllten: „Sie würden den Einzelnen mit lebensnotwendigen Gütern und wichtigen Dienstleistungen versorgen, die Regeneration der Arbeitskraft und viele Formen gemeinsamer Freizeitgestaltung ermöglichen, den Fortbestand der Gesellschaft garantieren und die Sozialisation, Personalisation und Enkulturation der nachwachsenden Generation sichern“ (ebd.). Zugleich bezweifelt er aber, dass Familien diese Aufgaben und Funktionen heute noch ausreichend erfüllten. Dies argumentiert er über den (Bedeutungs)verlust (1) der Haushaltsfunktion (immer weniger Güter und Dienstleistungen würden von den Familien selbst produziert), (2) der gemeinsamen Freizeitgestaltung oder familialen Freizeitfunktion (Verknappung von Familienzeit durch berufsbedingte Abwesenheiten insbesondere von Müttern), (3) der Selbsterhaltungsfunktion oder des Aufbaus und Erhalts von „befriedigenden“ Beziehungen zwischen Familienmitgliedern (Familienmitglieder würden sich nur noch selten sehen und zunehmend getrennte Wege gehen), (4) der Reproduktionsfunktion (eine große Zahl der Ehen und nichtehelichen Lebensgemeinschaften bleibe kinderlos) sowie (5) der Familienerziehung verstanden als Sozialisation, Enkulturation und Personalisation von Kindern (aufgrund des Zeitmangels seien Eltern kaum noch erzieherisch tätig). Zusammengenommen hätte Familie für Erwachsene eine abnehmende Bedeutung, die Funktionen von Familie hätten insgesamt an Bedeutung verloren oder diese würden „schlechter erfüllt als früher“. Kindheit würde „de-familialisiert“ durch den Bedeutungsverlust von Familie und

Familienerziehung für Kinder und Jugendliche. Diese zunehmende „Vergesellschaftung von Kindheit" zeige sich (1) an der immer früher beginnenden und immer länger andauernden außerfamilialen Betreuung und Bildung von Kleinkindern, (2) an der zunehmenden institutionellen Nachmittagsbetreuung älterer Kinder (Ganztagsschule, KiTa) und (3) an der zunehmenden Unterstützung durch (sozial)pädagogische Fachkräfte bei Problemen (z.B. SchulsozialarbeiterInnen, Fachkräfte in Jugendfreizeitstätten, JugendberaterInnen, Jugendtelefon und Beratungsangebote im Internet). Die Technisierung der Haushalte, die Medialisierung der Freizeit und die (egozentrierte) Lebensführung von Erwachsenen (insbesondere berufstätiger Mütter) scheint aus dieser Perspektive die Funktions- und Leistungsunfähigkeit der Familie zu bedingen. Die ‚Sozialpädagogisierung' – ob nun als Auslöser oder Folge – erhält eine Schlüsselfunktion in der beschriebenen De-Familialisierung von Kindheit und Jugend. Allerdings wird nicht deutlich, ob die Sozialpädagogisierung und De-Familialisierung von Kindheit als eine Reaktion auf die zunehmende Funktions- und Leistungsunfähigkeit der Familie zu betrachten ist, oder ob die zunehmenden Etablierung von Leistungen und Angeboten der Kinder- und Jugendhilfe Voraussetzung für eine Zurückdrängung des Familialismus und somit einer De-Familialisierung waren.

6 Re-Familialisierung durch Transformation des Wohlfahrtsarrangements?

Im Gegensatz zu De-Familialisierungsdiagnosen finden sich zunehmend Beiträge, die ein (Wieder)Erstarken des Familialismus konstatieren. Lange und Alt (2009) beschreiben eine „(un)heimliche Renaissance von Familie im 21. Jahrhundert" und Beckmann et al. (2009) stellen die These einer „neuen Familialität" zur Diskussion, die sie in den Kontext einer beobachtbaren Re-Formulierung sozialstaatlicher Unterstützungsstrukturen stellen. Postwohlfahrtsstaatliche Transformationsprozesse und die damit verbundene stärkere Überantwortung sozialer Risiken an familiale und auch andere informelle Netzwerke seien kennzeichnend für eine neue Familialität bzw. eine stärkere Re-Familialisierung (vgl. Oelkers/Richter 2009, 2010; Kutscher/Richter 2011). Eine stärkere (Wieder)Einbindung von Familien(mitgliedern) in die personenbezogene Wohlfahrtsproduktion zeichnet sich deutlich ab, beispielsweise wenn es um die Leistungen gegenüber Kindern, Jugendlichen, älteren und pflegebedürftigen Menschen geht. Für das bundesdeutsche Wohlfahrtsarrangement lässt sich gegenwärtig eine Transformation des Zusammenspiels von Familie und Staat bezüglich der Wohlfahrtsproduktion nachzeichnen, die als Re-Familialisierung bezeichnet werden kann: Mit der Transformation bzw. Neukonzeption des Wohlfahrtsstaates scheinen sich diese Prozesse umzukehren in eine zunehmende gesellschaftliche Re-Familialisierung: Die aus sozialstruktureller Benachteiligung resultierenden klassen- und geschlechtsspezifischen Zumutungen werden (wieder) verstärkt zum Privatproblem erklärt (Pühl 2003; Sauer 2008; Oelkers/Richter 2009, 2010). Diese Verschiebungen können als Veränderungen der Aufgabendelegation zwischen Staat und Familien gefasst werden. Mit einer zunehmenden Brüchigkeit wohlfahrtsstaatlicher Hilfs- und Unterstützungsleistungen findet eine Verschiebung gesellschaftlicher Anforderungen ins Private und damit auf informelle Netzwerke statt (Rosenbaum/Timm 2008), gegenüber einer auf rechtlichen Ansprüchen basierenden Sozialstruktur. Herausforderungen und familiale Herstellungskosten, die mit der strukturellen Vielfalt familialer Lebensarrangements einhergehen, werden den einzelnen Familienmitgliedern überantwortet. Unausgesprochen wird das Programm einer zunehmenden Kompensation sozialer Risiken (wie bspw. Arbeitslosigkeit, Krankheit etc.) durch Familien (re)formuliert. Von Re-Familialisierungsprozessen sind damit insbesondere Familien in prekären Lebenslagen betroffen, da ihnen aufgrund mangelnder Kaufkraft bspw. der Zugang zu privatwirtschaftlich organisierten Betreuungs- und Pflegedienste weitestgehend verschlossen bleibt. Es zeigt sich damit auch, dass die gegenwärtige Verschiebung sozialer Risiken ins Private in hervorgehobener Weise die nach wie vor gerade durch Frauen geleistete Care-Arbeit betrifft: „Privatisierung von Care-Arbeit heißt sowohl Refamilialisierung wie auch Vermarktlichung bzw. Kommodifizierung“ (Sauer 2008, 243). Mit einer zunehmenden „Be-Grenzung“ des Wohlfahrtsstaates findet auch eine Redefinition der Geschlechterrollen statt.

Mit Blick auf das Ausmaß des Familialismus im Wohlfahrtsarrangement sowie auf die gesellschaftlichen Prozesse der De-Familialisierung von Kindheit und Re-Familialisierung von Leistungen werden Paradoxien, Gleichzeitigkeiten und Brüche in den Programmen und Diskursen sichtbar. Im Zentrum steht die Relationierung des Verhältnisses von Staat, Markt und Familie beziehungsweise der einzelnen Mitglieder des familialen Arrangements. Soziale Arbeit fungiert dabei als Scharnier zwischen dem formellen Sektor (Staat und Markt) und dem informellen Sektor der Wohlfahrtsproduktion, zu dem insbesondere die Familie gezählt wird. In Form von Kinder- und Jugendhilfe tritt Soziale Arbeit vermittelnd zwischen Staat/Politik und Eltern mit ihren Kindern ein, wenn es um die (Neu)Justierung von privater bzw. familialer und öffentlicher Verantwortung für wohlfahrtsproduzierende Leistungen geht (Oelkers 2011a: 31).

7 Gleichzeitigkeit von De- und Re-Familialisierungsprozessen – Herausforderungen für die Kinder- und Jugendhilfe

Kutscher und Richter (2011) gehen von einem paradoxen Prozess der gleichzeitigen Re- und De-Familialisierung aus: Einerseits geht es im Kontext von Re-Familialisierung um die zunehmende Verlagerung von Leistungsverantwortung für die Zukunftschancen der nachwachsenden Generation in den familialen Ressourcenkontext (vgl. ebd.: 194), andererseits geht es beispielsweise in den Debatten um die Vereinbarkeit von Familie und Beruf sowie in investmentorientierten Programmen frühkindlicher Bildung um den Ausbau öffentlich verantworteter Leistungen (vgl. ebd.: 196). Weitere Differenzierungen werden sichtbar, wenn die beiden Autorinnen *soziale Ungleichheit* als weitere analytische Kategorie hinzunehmen:

„Insgesamt zeigen sich damit differente Konnotationen im Rahmen sowohl von Re- als auch von Defamilialisierungsdiskursen, die sowohl in den medialen und öffentlichen Debatten als auch in den politischen Programmen jeweils Unterschiedliches ermöglichen und hierbei offensichtlich auf der Basis habitusbezogener Annahmen wie auch ressourcenbasierter Möglichkeiten Familien bzw. Eltern in unterschiedlicher Weise spezifischen Regierungsweisen unterwerfen. So liegt der Schwerpunkt der Programme, die Eltern eines ‚mittleren Sozialmilieus' fokussieren, eher darauf, Wahlmöglichkeiten zu stärken und Selbstverwirklichung sowohl der Eltern als auch der Kinder zu eröffnen, während die Konzepte, die auf Eltern ‚unterer Sozialmilieus' abzielen, eher grundlegende Notwendigkeiten sowohl der Versorgung durch Erwerbsarbeit als auch der Bildungsteilhabe im Blick haben" (Kutscher/Richter 2011: 197).

Geht es um die (potentiellen) Mütter/Eltern ‚mittlerer Milieus' oder gar um die wenig gebär- und familiengründungsfreudigen AkademikerInnen, dann sollen durch wohlfahrtsstaatliche Leistungen Anreize zur Erhöhung der Geburtenrate geboten werden. Hier kommt also die Idee ‚weniger Familie', d.h. mehr öffentliche Betreuung, Erziehung und Bildung, für ‚mehr Familie' (s. o.) zum Tragen. Die Finanzierung von Elternzeiten und der Ausbau von Kinderbetreuung sollen Aktivieren und signalisieren Wahlmöglichkeiten. Ein Blick auf Mütter/Eltern ‚unterer Sozialmilieus' und sozial benachteiligte Familien steht eine Erhöhung der Müttererwerbsquote (Ziel: Unabhängigkeit von Transferleistungen) und die Überwindung herkunftsbedingter Bildungsbenachteiligung im Vordergrund (vgl. Kutscher/Richter 2011: 196f.). Hier geht es vornehmlich um die Aktivierung von Eltern und die Ergänzung familialer Leistungen. Als dritte Gruppe (oder Untergruppe der zweiten Gruppe) ließen sich noch jene Mütter/Eltern benennen, die als ‚gefährliche' Eltern (medial) adressiert werden (Oelkers 2009, 2011c): Bezogen auf diese AdressatInnengruppe werden (präventive) Kontrolle und Disziplinierung von unterschiedlichen Seiten (Politik, Medien, Teile der Öffentlichkeit) gefordert. In allen drei Bereichen wird Kinder- und Jugendhilfe involviert oder ist politisch aufgefordert tätig zu werden.

Soziale Arbeit – insbesondere als Kinder- und Jugendhilfe – richtet sich an bzw. auf Familie, denn „Soziale Arbeit im weitesten Sinn als Element gesellschaftlich-öffentlicher Gestaltung von Lebensformen findet seit ihren Ursprüngen in Auseinandersetzung mit, in Absetzung von oder an Stelle der privat-familialen Lebensgestaltung statt und zielt dabei auf gelingende (familiale) Privatheit hin, wobei sich Gelingen oder Misslingen an der jeweils gültigen, typisierten Normalität bemisst" (Karsten/Otto 1996: 10). Allerdings steht Kinder- und Jugendhilfe in dem in diesem Beitrag skizzierten Kontext vor neuen Herausforderungen. Beckmann et al. (2009) sehen Kinder- und Jugendhilfe besonders herausgefordert durch den Wandel von Familien- und Elternschaftskonstellationen sowie durch die fortschreitenden wohlfahrtsstaatlichen Transformationsprozesse. Kutscher und Richter (2011) verweisen auf die Notwendigkeit sozialpädagogisches Handeln vor dem Hintergrund aktueller Politiken entlang dreier Fragestellungen und Herausforderungen zu entwerfen: (1) Die (Neu-)Entdeckung von Familie als Ressource mit den paradoxen Tendenzen der klassenspezifischen De- und Re-Familialisierungstendenzen, (2) die Etablierung eines Aktivierungsregimes sowie (3) die Verstärkung von (präventiven) Kontrollaufgaben (vgl. ebd.: 198). Besonders deutlich werden diese Herausforderung bei der Indienstnahme der Kinder- und Jugendhilfe als Aktivierungs- und Disziplinierungsinstanz gegenüber ressourcenarmen Familien, die auch als „Pädagogisierung sozialer Bedarfs- und Problemlagen" (Galuske 2008, 11) gefasst werden kann. Sozialstrukturelle Voraussetzungen familialer Lebensführungsweisen werden hier vernachlässigt.

Was bisher weniger in den medialen und politischen aber eben auch nicht in den fachlichen Fokus gerückt wird, ist die Frage nach einem zukunftsorientierten Gesellschaftsentwurf, der unterschiedlichste familiale Arrangements ermöglicht, ohne in familialistischer Tradition an der normativen Zementierung der Normalfamilie als ‚Idealform' familialer Wohlfahrtsproduktion festzuhalten. Soziale Arbeit in Form von Kinder- und Jugendhilfe könnte hier eine zentrale und gestaltende Rolle spielen, denn dass die Mehrzahl der Eltern Unterstützungsangebote benötigt, ist nicht erst seit dem Siebten Familienbericht (BMFSFJ 2005) bekannt. Die Bedarfslagen sind vermutlich so unterschiedlich wie die sozialen Lebenslagen und familiaren Arrangements.

Literatur

Alt, Christian (2005): Kinderleben – Aufwachsen zwischen Familie, Freunden und Institutionen. Bd. 1: Aufwachsen in Familien. Wiesbaden: VS Verlag

Andresen, Sabine/Diehm, Isabell (2006): Kinder, Kindheiten, Konstruktionen. Erziehungswissenschaftliche Perspektiven und sozialpädagogische Verortungen. Wiesbaden: VS Verlag

Beck, Ulrich (1986): Risikogesellschaft. Auf dem Weg in eine andere Moderne. Frankfurt a. M.: Suhrkamp

Beck, Ulrich/Beck-Gernsheim, Elisabeth (1994): Riskante Freiheiten. Frankfurt a. M.: Suhrkamp

Becker-Textor, Ingeborg/Textor, Martin (2005): SGB VIII – Online-Handbuch.[online] URL: http://www.sgbviii.de/S138.html [Stand 18.06.2011]

Beck-Gernsheim, Elisabeth (1994): Auf dem Weg in die postfamiliale Familie. In: Beck/Beck-Gernsheim (Hrsg.) (1994):115-138

Beckmann, Christoph/Otto, Hans-Uwe/Richter, Martina/Schrödter, Mark (Hrsg.) (2009): Neue Familialität als Herausforderung der Jugendhilfe. Neue Praxis Sonderheft 9

Bertram, Hans/Borrmann-Müller, Renate (1988): Individualisierung und Pluralisierung familialer Lebensformen. In: Aus Politik und Zeitgeschichte. Beilage zur Wochenzeitung das Parlament B13/1988, 14-23

Bertram, Hans/Hollstein, Betina (2003): Soziale Beziehungen und soziale Netzwerke. In: Berliner Journal für Soziologie Nr. 13: 147-151

BMFSFJ– Bundesministerium für Familie, Senioren, Frauen und Jugend (2005): Siebter Familienbericht. Familie zwischen Flexibilität und Verlässlichkeit. Perspektiven für eine lebenslaufbezogene Familienpolitik. Berlin

Böhnisch, Lothar (2005): Familie und Bildung. In: Tippelt (Hrsg.) (2005): 283-292

Böhnisch, Lothar/Lenz, Karl (1997): Familien. Eine interdisziplinäre Einführung. Weinheim: Juventa

Böllert, Karin (2011): Soziale Arbeit als Wohlfahrtsproduktion. Offene oder geschlossene Lebenschancen? Wiesbaden: VS Verlag

Böllert, Karin/Oelkers, Nina (2010): Frauenpolitik in Familienhand? Neue Verhältnisse in Konkurrenz, Autonomie oder Kooperation. Wiesbaden: VS Verlag

Burkart, Günter (1991): Individualisierung und Familialismus. In: Glatzer (1991): 126-129

Bütow, Birgit/Chassé, Karl August/Hirt, Rainer (Hrsg.) (2008): Soziale Arbeit nach dem Sozialpädagogischen Jahrhundert. Opladen: Leske & Budrich

Casale, Rita/Rendtorff, Barbara (2007): Was kommt nach der Genderforschung? Zur Zukunft der feministischen Theoriebildung. Bielefeld: Transcript

Coelen, Thomas/Otto, Hans-Uwe (2008): Grundbegriffe Ganztagsbildung. Ein Handbuch. Wiesbaden: VS Verlag

DJI-Online (2009): Doing Family – den Alltag von Familien ernst nehmen. In: Thema 2009/12. Deutsches Jugendinstitut (DJI) [online] URL http://www.dji.de/cgi-bin/projekte/output.php?projekt=968 [Stand 13.03.2010]

Ecarius, Jutta (2002): Familienerziehung im historischen Wandel. Opladen: Leske & Budrich

Ecarius, Jutta (2007): Handbuch Familie. Wiesbaden: VS Verlag

Esping-Andersen, Gøsta (1990): The Three Worlds of Welfare Capitalism. Cambridge: John Wiley & Sons

Esping-Andersen, Gøsta (1996): Welfare States without Work: the Impasse of Labour Shedding and Familialism in Continental European Social Policy. In: Esping-Andersen (Hrsg.) (1996): 66-87

Esping-Andersen, Gøsta (1996.): Welfare States in Transition. London: Sage Publications Ltd

Fricke, Werner (1995): Jahrbuch Arbeit und Technik. Bonn: Dietz Verlag

Friedrichs, Jürgen (1998): Die Individualisierungsthese. Opladen: Leske & Budrich

Fuhs, Burkhard (2007): Zur Geschichte der Familie. In: Ecarius (Hrsg.) (2007): 17-35
Fux, Beat (1994): Der familienpolitische Diskurs. Eine theoretische und empirische Untersuchung über das Zusammenwirken und den Wandel von Familienpolitik, Fertilität und Familie. Sozialpolitische Schriften Heft 64 Berlin: Duncker und Humblot
Galuske, Michael (2008): Fürsorgliche Aktivierung – Anmerkungen zu Gegenwart und Zukunft Sozialer Arbeit im aktivierenden Staat. In: Bütow/Chassé,/Hirt (Hrsg.) (2008): 9-28
Gestrich, Andreas/Krause, Jens-Uwe/Mitterauer, Michael (2003): Geschichte der Familie. Stuttgart: Kröner
Glatzer, Wolfgang (1991): Die Modernisierung moderner Gesellschaften. 25. Deutscher Soziologentag 1990. Frankfurt a.M.: Campus
Hartmann, Jutta (2002): Vielfältige Lebensweisen. Dynamisierungen in der Triade Geschlecht – Sexualität – Lebensform. Opladen: Leske & Budrich
Hartmann, Jutta (2004): Grenzverwischungen. Vielfältige Lebensweisen im Gender-, Sexualitäts- und Generationendiskurs. Band 9. Innsbruck: Studia
Hartmann, Jutta et al. (Hrsg.) (2006): Heteronormativität. Empirische Studien zu Geschlecht, Sexualität und Macht. Wiesbaden: VS Verlag für Sozialwissenschaften
Huber, Hugo (1979): Familie: Ein euro-zentrischer Begriff? [online] URL: www.unifr.ch/spc/UF/95fevrier/huber.html [Stand 22.06.2011]
Huinink, Johannes (2002): Polarisierung der Familienentwicklung in europäischen Ländern im Vergleich. In: Zeitschrift für Familienforschung, Sonderheft 2, 49-73
Huinink, Johannes/Wagner, Michael (1998): Individualisierung und die Pluralisierung von Lebensformen. In: Friedrichs (1998): 85-106
Joos, Magdalena (2006): De-Familialisierung und Sozialpädagogisierung. In: Andresen/Diehm (Hrsg.) (2006): 109-134
Karsten, Maria-Eleonora/Otto, Hans-Uwe (1996): Die sozialpädagogische Ordnung der Familie. Beiträge zum Wandel familialer Lebensweisen und sozialpädagogischer Intervention. Weinheim/München: Juventa
Kaufmann, Franz-Xaver (1982): Elemente einer soziologischen Theorie sozialpolitischer Interventionen. In: Kaufmann (1982): 49-86
Kaufmann, Franz-Xaver (1982): Staatliche Sozialpolitik und Familie. München/Wien: Oldenbourg
Kaufmann, Franz-Xaver (1995): Zukunft der Familie im vereinten Deutschland. München: Oldenbourg
Kaufmann, Franz-Xaver (1997): Herausforderungen des Sozialstaates. Frankfurt a. M.: Suhrkamp
Kessl, Fabian/Richter, Martina (2006): Lebenslanges Lernen oder ununterbrochene Bildung? Eine symptomale Lektüre aktueller Bildungsprogrammatiken. In: Neue Praxis, 36. Jg., Heft 3: 308-323
Klein, Alexandra/Landhäußer, Sandra/Ziegler, Holger (2005): The Salient Injuries of Class: Zur Kritik der Kulturalisierung struktureller Ungleichheit. In: Widersprüche 25, Heft 98: 45-74
Kommission Sozialpädagogik (2011): Bildung des Effective Citizen – Sozialpolitik auf dem Weg zu einem neuen Sozialentwurf. Weinheim/München: Juventa.
Kutscher, Nadia/Richter, Martina (2011): Soziale Arbeit „im Kreise der Familie": Zur Wirkmächtigkeit von De- und Re-Familialisierungspolitiken, Aktivierungspraxen und Risikokontrolle. In: Kommission Sozialpädagogik (2011): 191-202
Lange, Andreas/Alt, Christian (2009): Die (un)heimliche Renaissance von Familie im 21. Jahrhundert. In: Neue Praxis Sonderheft 9: 31- 38
Lange, Andreas/Lettke, Frank (Hrsg.) (2007a): Generationen und Familien. Frankfurt am Main: Suhrkamp
Lange, Andreas/Lettke, Frank (2007b): Schrumpfung, Erweiterung, Diversität. Konzepte zur Analyse von Familie und Generationen. In: Lange/Lettke (Hrsg.) (2007a): 14-43

Lenz, Karl (2002): Familien. In: Schröer/Struck/Wolff (2002): 147-175.
Lenz, Karl/Nestmann, Frank (2009): Handbuch Persönliche Beziehungen. Weinheim/München: Juventa
Lessenich, Stephan (2003): Dynamischer Immobilismus: Kontinuität und Wandel im deutschen Sozialmodell. Frankfurt a. M.: Campus
Lessenich, Stephan (2008): Die Neuerfindung des Sozialen. Der Sozialstaat im flexiblen Kapitalismus. Bielefeld: Transcript
Lutz, Ronald (2011 i. E.): Erschöpfte Familien. Wiesbaden: VS Verlag
Maier, Maja S. (2009): Homosexuelle Paare. In: Lenz/Nestmann (Hrsg.) (2009): 259-276
Münder, Johannes (1999): Familien und Jugendhilferecht: Eine sozialwissenschaftliche Einführung Bd. 1. Neuwied: Luchterhand
Nestmann, Frank (1997): Familie als soziales Netzwerk und Familie im sozialen Netzwerk. In: Böhnisch/Lenz (1997): 213-234
Notz, Gisela (2005): Der Wandel der familiären Strukturen: Lebensweisen und Generationenwechsel. In: Pro-Familia-Magazin. 33 Heft 4: 4-7
Oelkers, Nina (2009): Aktivierung von Elternverantwortung im Kontext der Kindeswohldebatte. In: Neue Praxis, Sonderheft 9: 125-134
Oelkers, Nina (2011): Familiale Verantwortung für personenbezogene Wohlfahrtsproduktion. In: Böllert (2011): 30-42
Oelkers, Nina (2011b): Eltern und Elternschaft. In: Otto/Thiersch (Hrsg.) (2011): 306-312
Oelkers, Nina (2011c): Erschöpfte Eltern? Familie als Leistungsträger personenbezogener Wohlfahrtsproduktion. In: Lutz (Hrsg.) (2011 i. E.)
Oelkers, Nina/Richter, Martina (2009): Re-Familialisierung im Kontext post-wohlfahrtsstaatlicher Transformationsprozesse und Konsequenzen für die Soziale Arbeit. In: Kurswechsel 3/2009: 35–46
Oelkers, Nina/Richter, Martina (2010): Die post-wohlfahrtsstaatliche Neuordnung des Familialen. In: Böllert/Oelkers (Hrsg.) (2010): 15-23
Ostner, Ilona (1995a): Arm ohne Ehemann? Sozialpolitische Regulierung von Lebenschancen für Frauen im internationalen Vergleich. Aus Politik und Zeitgeschichte, Jg. 45, H. B 36-37: 3-12
Ostner, Ilona (1995b): Sozialstaatsmodelle und die Situation der Frauen. In: Fricke (1995): 57-67
Ostner, Ilona (2002): Am Kind vorbei – Ideen und Interessen in der jüngeren Familienpolitik. In: Zeitschrift für Soziologie der Erziehung und Sozialisation. 22. Jg., H. 3/2002: 249-265
Otto, Hans-Uwe/Thiersch, Hans (Hrsg.) (2011): Handbuch Soziale Arbeit. München: Reinhardt
Petzold, Matthias (2004): Familien heute. Sieben Typen familialen Zusammenlebens. [online] URL: www.familienhandbuch.de/cmain/f_Fachbeitrag/a_Familienforschung/s_379.html [Stand 08.02.2004]
Peuckert, Rüdiger (2007): Zur aktuellen Lage der Familie. In: Ecarius (Hrsg.) (2007): 36-56
Peuckert, Rüdiger (2008): Familienformen im sozialen Wandel. 7., vollständig überarbeitete Auflage. Wiesbaden: VS Verlag
Pühl, Katharina (2003): Geschlechterpolitik im Neoliberalismus. In: Widerspruch. Beiträge zu sozialistischer Politik. 23. Jg., 44/2003: 61-72
Rendtorff, Barbara (2007): Geschlechteraspekte im Kontext von Familie. In: Ecarius (Hrsg.) (2007): 94-111
Richter, Martina/Müncher, Vera/Andresen, Sabine (2008): Eltern. In: Coelen/Otto (Hrsg.) (2008): 49-57
Rosenbaum, Heidi/Timm, Elisabeth (2008): Private Netzwerke im Wohlfahrtsstaat. Familie, Verwandtschaft und soziale Sicherheit im Deutschland des 20. Jahrhunderts. Konstanz: UVK
Rump, Jutta/Sattelberger, Thomas/Fischer, Heinz (Hrsg.) (2006): Employability Management – Grundlagen, Konzepte, Perspektiven. Wiesbaden: Gabler Verlag

Sauer, Birgit (2008): Formwandel politischer Institutionen im Kontext neoliberaler Globalisierung und die Relevanz der Kategorie Geschlecht. In: Casale/Rendtorff (Hrsg.) (2007): 237-254

Schier, Michaela/Jurczyk, Karin (2007): Familie als Herstellungsleistung in Zeiten der Entgrenzung. In: Aus Politik und Zeitgeschichte, Nr. 34. Bundeszentrale für politische Bildung, 20. August 2007, [online] URL: http://www.bpb.de/popup/popupdruckversion.html?guid=5SYHQ7&page=3 [Stand 13.03.2010]

Schröer, Wolfgang/Struck, Norbert/Wolff, Mechthild (Hrsg.) (2002): Handbuch Kinder- und Jugendhilfe. Weinheim: Juventa

Schütter, Silke (2006): Die Regulierung von Kindheit im Sozialstaat. In: Neue Praxis Heft 5: 467-482

Textor, Martin (2005): Mangelnde Erfüllung von Familienfunktionen und De-Familialisierung der Kindheit. In: Becker-Textor/Textor (2005) [online] URL http://www.sgbviii.de/S138.html [Stand 22.06.2011]

Tippelt, Rudolf (2005): Handbuch Bildungsforschung. Wiesbaden: VS Verlag für Sozialwissenschaften

Ullrich, Carsten G. (2005): Soziologie des Wohlfahrtsstaates. Frankfurt a. M./New York: Campus Verlag

Vaskovics, Laszlo (1998): Soziale, biologische, genetische und rechtliche Elternschaft. 2. europäischer Fachkongress Familienforschung, Plenarvortrag ÖIF – Materialsammlung Heft 4 „Lebens- und Familienformen – Tatsachen und Normen“ (12-14.6.1997)

Vorheyer, Claudia (2005): Wer gehört zur Familie? In: Alt (2005): 23-44

Wirtschaftslexikon24.net Online unter: http://www.wirtschaftslexikon24.net/e/familialismus/familialismus.htm Stand 15.05.2011)

Jens Pothmann

„Familie" im Spiegelbild der Kinder- und Jugendhilfestatistik

Zwei Jahrzehnte Kinder- und Jugendhilfe im Horizont prekärer Lebenslagen für junge Menschen und deren Familien

Einleitung

Für zahlreiche gesellschaftliche Teilbereiche – auch für das Bildungs-, Erziehungs- und Sozialweisen – ist über mehrere Jahrzehnte zu beobachten, dass Berichterstattung, Dokumentation und Planung auf der Grundlage von statistischen Daten im politischen Raum erheblich an Bedeutung hinzugewonnen haben (vgl. Krüger/Rauschenbach/Sander 2007). Möglicherweise in einem bislang noch nicht gekannten Maße ist die aktuelle Sozialberichtererstattung – einschließlich der hierzu gehörenden Familienberichterstattung (vgl. auch Bertram 2007) – auf eine breite Datenbasis und darauf basierende belastbare Indikatoren angewiesen. Und für die Kinder- und Jugendhilfe sprechen Rauschenbach/Schilling (2011) im jüngst erschienen Kinder- und Jugendhilfereport 3 sogar auch von einer empirischen Wende für diesen Teilbereich des Erziehungs-, Bildungs- und Sozialwesens.

Die nachfolgenden Ausführungen verstehen sich als ein Beitrag zur Sozialberichterstattung für Nordrhein-Westfalen an der Schnittstelle von Familienberichterstattung auf der einen sowie Kinder- und Jugendhilfeberichterstattung auf der anderen Seite, die sich – so zumindest einmal vorläufig formuliert – „als eine Art „Gegengift" zu den billigend in Kauf genommenen sozialen Nebenwirkungen moderner Gegenwartsgesellschaften in den Lebenswelten von Familien und jungen Menschen" (Rauschenbach 2008, S. 34) versteht. In den Fokus genommen werden – empirisch fundiert durch Ergebnisse der amtlichen Kinder- und Jugendhilfestatistik – Familien in Nordrhein-Westfalen als Adressat_innen einer Kinder- und Jugendhilfe.

Bei den nachfolgenden Ausführungen werden in einem ersten Schritt einige notwendige theoretische und konzeptionelle Hinweise zur Kinder- und

Jugendhilfe und ihre Reaktionsmöglichkeiten auf Familien und junge Menschen in prekären Lebenslagen gegeben (1.). Ein zweiter Teil stellt in gebotener Kürze die Konstruktion der hier verwendeten empirischen Datengrundlage – also der amtlichen Kinder- und Jugendhilfestatistik – vor (2.). Im dritten und ausführlichsten Teil werden die Kinder- und Jugendhilfe sowie ausgewählte Arbeitsfelder bzw. Leistungsbereiche mit einem Fokus auf mögliche Wirkungsweisen gegen die Folgen prekärer Lebenslagen dargestellt (3.). Diese Befunde werden in einem Resümee zu gesellschaftlichen Entwicklungen bezogen auf das Aufwachsen junger Menschen, die Funktionalität von Familien sowie einem daraus resultierenden Auftrag für die Kinder- und Jugendhilfe eingeordnet (4.).

1 Kinder- und Jugendhilfe – konzeptionelle und theoretische Hinweise

Ein gelingendes Aufwachsen von jungen Menschen ist von vielen Faktoren abhängig. Hierzu gehören auch die äußeren Rahmenbedingungen. So sind prekäre Lebenslagen von Kindern und Jugendlichen sowie deren Familien folgenreich für das Aufwachsen junger Menschen. Das gilt insbesondere für Armutslagen, aber auch für anhaltende Schulprobleme oder Schwierigkeiten beim Übergang in die berufliche Ausbildung und in das Berufsleben. Und das gilt auch für die besonderen Herausforderungen, mit denen Menschen mit Migrationshintergrund – vor allem in Verbindung mit einer der anderen prekären Lebenslagen – konfrontiert sind.

So zeigen empirische Befunde, dass sich sozioökonomisch belastete Lebenslagen und die damit einhergehenden ökonomischen Ungleichheiten mit der Folge von sozialen Ausgrenzungsprozessen auf die Entwicklung von Kindern und Jugendlichen, aber eben auch auf das Erziehungsverhalten von Eltern auswirken. Schwierigkeiten bei der Persönlichkeitsentwicklung sowie misslingende Erziehungsprozesse wiederum sind der Grund für Schulschwierigkeiten oder auch Übergangsprobleme in den Beruf. Wenn auch noch nicht umfassend erforscht, so sind in diesem Zusammenhang doch die Folgen von prekären Lebenslagen auf der einen Seite sowie Bildungserfolg, Arbeitslosigkeit, Gesundheit, Freizeitgestaltung, delinquentes Verhalten, Sozialkontakte oder auch familiäres Zusammenleben bis hin zu Erziehungsstilen und Kindesvernachlässigungen auf der anderen Seite belegbar.[1]

1 Eine Zusammenstellung von empirischen Befunden und Datenquellen hierzu ist beispielsweise nachzulesen bei Rauschenbach/Züchner (2011) oder auch Fendrich u.a. (2010).

So scheint es auch nur folgerichtig, dass auch diese prekären Lebenslagen und die hier nur angedeuteten Zusammenhänge gesellschaftlich organisierte sozialstaatliche Antworten hervorgerufen haben. Die Kinder- und Jugendhilfe als eine vergesellschaftete Form des Helfens (vgl. Gängler 2011) mit ihren in den letzten Jahrzehnten gewachsenen Strukturen sowie einem mittlerweile in hohem Maße ausdifferenzierten Leistungsspektrum zwischen Betreuung, Bildung und Erziehung, aber auch zwischen Hilfe und Kontrolle ist ein zentraler und unverzichtbarer Teil dieser staatlichen und zivilgesellschaftlichen Antwort.

Die Kinder- und Jugendhilfe ist somit ein Feld des Bildungs-, Sozial- und Erziehungswesens. Die Kinder- und Jugendhilfe kann als ein ausdifferenziertes Teilsystem innerhalb der Sozialen Arbeit verstanden werden, das einen gesellschaftlichen Auftrag dafür hat, die Sozialisationsbedingungen für Kinder, Jugendliche und ihre Familien vor dem Hintergrund der durch andere Instanzen und Milieus (Schule, Familie usw.) geprägten Lebens- und Aufwachsbedingungen öffentlich zu organisieren (vgl. Bock/Seelmeyer 2005).

Bei der Kinder- und Jugendhilfe geht es infolgedessen um ein Bündel von Strukturen und Leistungen zur Förderung und Unterstützung junger Menschen und deren Familien. Die Kinder- und Jugendhilfe umfasst die Gestaltung von Sozialisationsbedingungen, aber auch das Angebot von Sozialisationsleistungen, die sich neben familialen, schulischen und berufsbezogenen Aufgabenfeldern mit der individuellen und gemeinschaftsbezogenen Entwicklung junger Menschen auseinandersetzen und damit einen Beitrag dazu leisten sollen, prekäre Lebenslagen so weit wie möglich zu kompensieren oder diese zu vermeiden.

Vor diesem Hintergrund wird nunmehr die gewachsene und ausdifferenzierte Kinder- und Jugendhilfe am Beispiel der Situation in Nordrhein-Westfalen mit Blick auf deren Möglichkeiten und Grenzen, auf prekäre Lebenslagen von jungen Menschen und deren Familien zu reagieren, in den Blick genommen.[2] Dabei können zur groben Orientierung drei Stufen unterschieden werden, bei denen die Kinder- und Jugendhilfe unmittelbar mit prekären Lebenslagen junger Menschen und deren Familien sowie deren negativen Auswirkungen konfrontiert ist:

2 Ausführlich nachzulesen sind die Auswertungen und Analysen zu den prekären Lebenslagen von jungen Menschen in Nordrhein-Westfalen einerseits sowie die Reaktionsweisen und -möglichkeiten der Kinder- und Jugendhilfe andererseits in einer von Thomas Rauschenbach, Tanja Betz, Stefan Borrmann, Mathias Müller, Jens Pothmann, Gerald Prein, Jan Skrobanek und Ivo Züchner erstellten Expertise über prekäre Lebenslagen von Kindern und Jugendlichen und die Herausforderungen für die Kinder- und Jugendhilfe zum 9. Kinder- und Jugendbericht des Landes Nordrhein-Westfalen (vgl. Rauschenbach u.a. 2011). Der Autor des Beitrags hat hierzu das Kapitel 4 „Kinder- und Jugendhilfe – eine Antwort auf prekäre Lebenslagen junger Menschen“ verfasst (vgl. ebd., S. 75ff.).

(1) Blickt man auf die öffentlich organisierte Kindertagesbetreuung, die Angebote der Offenen Ganztagsgrundschule oder auch die Kinder- und Jugendarbeit sowie das Leistungsspektrum der Familienbildung, so umfasst die Kinder- und Jugendhilfe Angebote, die für jeden jungen Menschen oder auch jede Familie zur Förderung und Unterstützung der Persönlichkeitsentwicklung und der Erziehung in der Familie zugänglich sind. Gemeint sind somit „allgemeine Förderangebote". Diese Bildungs-, Betreuungs- und Erziehungsangebote erleichtern beispielsweise den Eltern die Vereinbarkeit von Familie und Beruf, um die ökonomische Lebensgrundlage sicherzustellen, sind aber gleichzeitig auch nicht-monetäre Infrastrukturangebote zur Vermeidung und Kompensation sozialer Risiken. Nicht zuletzt aus prekären Lebenslagen resultierende Ausgrenzungen können hierüber vermieden sowie fehlende Bildungs- und Teilhabechancen geschaffen werden.

(2) Stehen im Fokus beispielsweise Maßnahmen der Jugendsozialarbeit oder auch der Hilfen zur Erziehung, so handelt es sich hier um konkrete Angebote der Kinder- und Jugendhilfe, die – im Unterschied zu den allgemeinen Förderungsleistungen – zur Überwindung oder zumindest zur Kompensation sozialer Benachteiligungen und/oder individueller Beeinträchtigungen in Anspruch genommen werden sollen. Diese resultieren – wie noch zu zeigen sein wird – nachweislich häufig aus prekären Lebenslagen. So richten sich Maßnahmen der Jugendsozialarbeit nicht an alle jungen Menschen, sondern dezidiert an benachteiligte Kinder, Jugendliche und junge Erwachsene. Oder Angebote der Hilfen zur Erziehung sind nicht Familien an sich zugänglich, sondern Voraussetzung für die Inanspruchnahme einer entsprechenden Leistung ist, dass „eine dem Wohl des Kindes entsprechende Erziehung nicht mehr gewährleistet ist und die Hilfe für seine (des jungen Menschen) Entwicklung geeignet und notwendig ist" (§ 27, Abs. 1 SGB VIII).

(3) Betrachtet man jenseits der Leistungen der Kinder- und Jugendhilfe die Aufgaben mit Interventionscharakter, wie etwa die Inobhutnahmen, aber auch die Mitwirkung in Verfahren vor den Familiengerichten oder in solchen nach dem Jugendgerichtsgesetz, so muss die Kinder- und Jugendhilfe im Rahmen ihrer Verpflichtung dem staatlichen Wächteramt gegenüber zum Schutz von Kindern und Jugendlichen tätig werden. Die Kinder- und Jugendhilfe reagiert dabei auf Krisensituationen, in denen das Kindeswohl gefährdet ist. Solche Krisensituationen resultieren oftmals aus prekären Lebenslagen der Kinder und Jugendlichen.

2 Die amtliche Kinder- und Jugendhilfestatistik – Hinweise zur Datengrundlage

Die Betrachtung der Kinder- und Jugendhilfe im Horizont prekärer Lebenslagen basiert auf einer empirischen Datengrundlage, der amtlichen Kinder- und Jugendhilfestatistik. Wie jegliche Art von Statistik hat auch diese im SGB VIII rechtlich kodifizierte Erhebung zu den Strukturen, Leistungen und Adressaten der Kinder- und Jugendhilfe zum Ziel, Tatbestände in der Realität so vollzählig und vollständig wie möglich zu erfassen, damit ein Bild der jeweils zu beobachtenden Realität entsteht, das für alle Beobachter nachvollziehbar ist und es sich nicht nur um einen subjektiven Eindruck von der Wirklichkeit handelt. Die amtliche Kinder- und Jugendhilfestatistik hat somit den Zweck, Fakten über die Kinder- und Jugendhilfe aufzuzeigen, die eine intersubjektive Diskussion der Entwicklungslinien und Herausforderungen der Kinder- und Jugendhilfe ermöglichen (vgl. Schilling/Pothmann 2011). Im § 98 SGB VIII heißt es dazu konkret: „Zur Beurteilung der Auswirkungen der Bestimmungen dieses Buches und zu seiner Fortentwicklung sind laufende Erhebungen (…) durchzuführen“ (Abs. 1).[3]

Bei der Zweckbestimmung wird bei der genannten Regelung des SGB VIII zunächst keine weitere Einschränkung mit Blick auf den zu erfassenden Ausschnitt der sozialen Wirklichkeit in der Kinder- und Jugendhilfe vorgenommen, so dass die grundlegende Anlage der Kinder- und Jugendhilfestatistik deutlich wird, über dieses Instrument einer institutionalisierten, empirischen Dauerbeobachtung Daten zu allen Leistungsbereichen und Arbeitsfeldern sowie Strukturen und Arbeitsprinzipien der Kinder- und Jugendhilfe zu erheben. Durch die explizite Nennung konkreter Bereiche im § 98 SGB VIII wird allerdings auf dem zweiten Blick deutlich, dass nicht alle Aufgaben und Leistungen gleichermaßen erfasst bzw. überhaupt berücksichtigt werden. Die amtliche Kinder- und Jugendhilfestatistik setzt sich vielmehr aus 4 Teilen mit insgesamt 10 bzw. ab 2012 voraussichtlich 11 Teilerhebungen zusammen.[4] Das sind im

3 Zur Beurteilung der Auswirkungen der Bestimmungen bedeutet konkret, dass anhand der empirisch gewonnen Daten Aussagen dazu gemacht werden können, wie sich einzelne Bereiche der Kinder- und Jugendhilfe entwickeln bzw. aktuell darstellen. Hierbei reicht die mögliche Palette der Aussagen von der Anzahl der verfügbaren Plätze in Kindertageseinrichtungen oder auch der Kindertagespflege über Aussagen zur Umsetzung von ambulanten Erziehungshilfen, die mitunter in den §§ 28 bis 31 SGB VIII beschrieben sind, bis hin zu differenzierten Aussagen zu den öffentlichen Ausgaben für die Kinder- und Jugendhilfe nach einzelnen Leistungsbereichen und Arbeitsfeldern (vgl. aktuell Rauschenbach/Schilling 2011). Ferner veröffentlicht die Arbeitsstelle Kinder- und Jugendhilfestatistik (AKJStat) dreimal jährlich den Informationsdienst KomDat Jugendhilfe (www.akjstat.uni-dortmund.de).

4 Zum Zeitpunkt der Manuskripterstellung wird im Deutschen Bundestag eine Novellierung des SGB VIII durch das so genannte „Bundeskinderschutzgesetzt“ diskutiert. Vorgesehen ist in

Einzelnen der Teil I zu den „Erzieherischen Hilfen“ und den sonstigen Hilfen, der Teil II zu den Maßnahmen der Jugendarbeit, der Teil III zu den Einrichtungen und tätigen Personen, und zwar einschließlich einer differenzierten Erfassung zur öffentlich organisierten Kindertagesbetreuung, sowie der Teil IV zu den Ausgaben und Einnahmen der öffentlichen Gebietskörperschaften (vgl. Abbildung 1).[5]

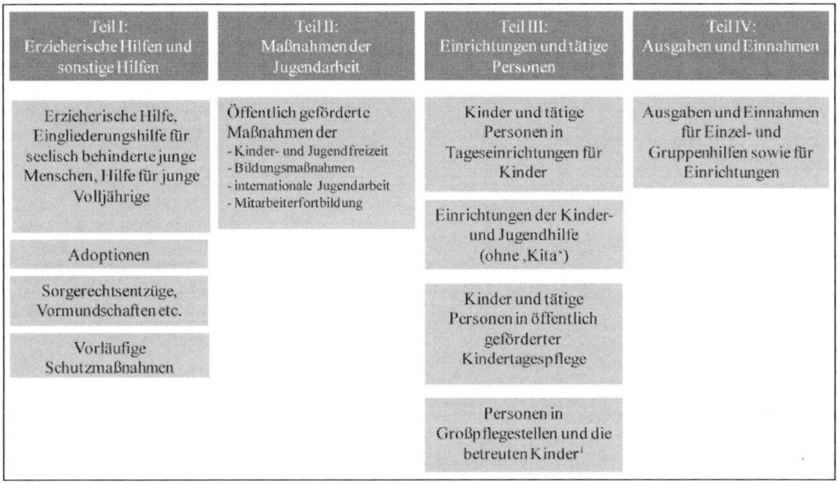

1 Ist 2009 erstmalig erhoben worden. Bis 2008 Erfassung von Plätzen in Tageseinrichtungen und Tagespflege.

Abbildung 1: Übersicht über die Teilstatistiken und Teilerhebungen der amtlichen Kinder- und Jugendhilfestatistik. Quelle: Schilling 2003, eigene Darstellung

Es wird hier auf die Darstellung der einzelnen Teilerhebungen verzichtet. Vielmehr wird an dieser Stelle auf bestimmte Konstruktionsprinzipien der amtlichen Kinder- und Jugendhilfestatistik hingewiesen. Dies sind im Einzelnen (vgl. auch Schilling 2009):

---

diesem Zusammenhang auch die Ergänzung der Kinder- und Jugendhilfestatistik um eine Teilerhebung zu den Gefährdungseinschätzungen nach § 8a SGB VIII (vgl. Deutscher Bundestag 2011).

5 Die Ergebnisse der amtlichen Kinder- und Jugendhilfestatistik sind als Excel- und PDF-Dateien verfügbar. Die Ergebnisse auf Bundesebene werden beim Statistischen Bundesamt (www.destatis.de), die Resultate für Nordrhein-Westfalen bei IT NRW, Geschäftsbereich Statistik (www.it.nrw.de) veröffentlicht. Analysen auf der Basis dieser Daten sind auch nachzulesen bei der Arbeitsstelle Kinder- und Jugendhilfestatistik (www.akjstat.uni-dortmund.de).

- Die öffentlichen finanziellen Aufwendungen für die Jugendhilfe werden umfassend und differenziert abgebildet, während alles, was von freien Trägern selbst finanziert wird, in der Statistik keine Würdigung findet (vgl. Kolvenbach 1997, S. 388 ff.).
- Die strukturellen Rahmenbedingungen sind eine Stärke der Kinder- und Jugendhilfestatistik. Durch die vierjährige Vollerhebung der Einrichtungen und tätigen Personen für die Kinder- und Jugendhilfe steht mit einer zeitlichen Perspektive von 20 Jahren und 5 Erhebungszeitpunkten umfangreiches und differenziertes Datenmaterial zur Verfügung, um die Gesamtentwicklung der Kinder- und Jugendhilfe und ihrer Arbeitsfelder dokumentieren zu können. Bislang wird diese Datengrundlage allerdings noch zu selten genutzt.[6]
- Zunehmend werden die Differenzierung der Hilfsangebote und Maßnahmen der Kinder- und Jugendhilfe berücksichtigt. Insbesondere die Resultate der familienunterstützenden und – ergänzenden Einzelfällen – also vor allem der ambulanten Leistungen der Hilfen zur Erziehung – können aufzeigen, inwiefern der Leitgedanke des SGB VIII, die Erziehung in der Familie vor allem zu unterstützen und zu ergänzen, bei aller Kritik an einer versäulten und zu wenig flexiblen Hilfepraxis in die Praxis umgesetzt wird.[7]
- Bleibt man noch bei der Erfassung der einzelfallorientierten Hilfen, so werden hier spätestens seit der Umstellung der Teilerhebung zu den Hilfen zur Erziehung in einem bislang unerreichten Umfang auch Angaben zu den Hilfeempfängern/-innen aufgenommen. Neben Alter und Geschlecht werden vor allem bei den erzieherischen Hilfen – und zwar nicht nur bei den Hilfen zur Erziehung, sondern auch bei den Eingliederungshilfen für

6 Zum Zeitpunkt der Erstellung dieses Beitrags lagen die letzten Gesamtergebnisse für die Kinder- und Jugendhilfe für den Zeitraum Ende 2006/Anfang 2007 vor (vgl. KomDat Jugendhilfe, Doppelausgabe 1&2 2008 unter www.akjstat.uni-dortmund.de >> KomDat sowie Rauschenbach/Schilling 2011). Die nächsten statistischen Befunde zur Kinder- und Jugendhilfe insgesamt werden – bezogen auf den Zeitraum Ende 2010/Anfang 2011 – voraussichtlich bis Anfang 2012 veröffentlicht sein.

7 Allerdings werden die familienunterstützenden Leistungen der Kinder- und Jugendhilfe, die ja charakteristisch für das Kinder- und Jugendhilfegesetzt sind, nur insoweit berücksichtigt, als es sich um Hilfen zur Erziehung im Sinne des § 27 SGB VIII handelt. Die vielfältigen Beratungsleistungen der öffentlichen und freien Kinder- und Jugendhilfe, rechtssystematisch gemäß §§ 16 bis 18 SGB VIII, werden hingegen bei der Erfassung von Leistungen der Kinder- und Jugendhilfe nicht berücksichtigt. Ebenso wenig werden die umfangreichen präventiven Aktivitäten im Rahmen des Kinder- und Jugendschutzes sowie der Kinder- und Jugendarbeit berücksichtigt. Diesbezüglich kann nur auf allgemeine Informationen über Strukturen dieser Bereiche zurückgegriffen werden. Hier besteht für die amtliche Kinder- und Jugendhilfestatistik ein erheblicher Weiterentwicklungsbedarf (vgl. Schilling/Kolvenbach 2011).

seelisch behinderte junge Menschen – auch Migrationshintergrund und die Aufenthaltsorte vor und nach der Hilfe abgefragt. Zudem werden Lebenslagen und Lebensverhältnisse der Adressaten durch die Abfrage entsprechender Merkmale berücksichtigt (vg. Kolvenbach/Taubmann 2006).

Insgesamt bleibt somit festzuhalten, dass bei aller Bedeutung dieser Säule einer empirischen Dauerbeobachtung für die Kinder- und Jugendhilfe die amtliche Kinder- und Jugendhilfestatistik kein vollständiges Bild der Strukturen, Leistungen sowie vor allem auch der Adressat_innenschaft der einzelnen Arbeitsfelder nachzeichnen kann. Gründe für die lückenhafte Darstellung sind in erster Linie darauf zurückzuführen, dass die Konzeption der KJH-Statistik nicht systematisch erfolgte, sondern aufgrund aktueller fachpolitischer Fragestellungen Stück für Stück erweitert wurde (vgl. hierzu ausführlicher Schilling 2003; Rauschenbach 2011).

3 Die vielen Gesichter der Kinder- und Jugendhilfe – empirische Befunde zu Strukturen, Leistungen und Maßnahmen in Nordrhein-Westfalen

Es wird im Folgenden zu zeigen sein, dass die Kinder- und Jugendhilfe im Allgemeinen sowie in Nordrhein-Westfalen im Besonderen einen zentralen Beitrag zur Vermeidung oder zur Kompensation von prekären Lebenslagen im Rahmen einer Infrastruktur des Bildungs-, Erziehungs- und Sozialwesens leistet. Hierzu wird nachfolgend in einem ersten Schritt der gesellschaftliche Teilbereich Kinder- und Jugendhilfe mit den ganz unterschiedlichen Arbeits- und Handlungsfeldern empirisch auf der Grundlage von Ergebnissen der Kinder- und Jugendhilfestatistik zu den Einrichtungen, den Beschäftigten sowie den Ausgaben der öffentlichen Gebietskörperschaften empirisch vermessen (3.1). Ein zweiter Teil betrachtet die eher allgemeinen Förderungsangebote der Kinder- und Jugendhilfe. Auf eine umfassende Darstellung dieses ausdifferenzierten Leistungsspektrums wird an dieser Stelle verzichtet. Vielmehr wird exemplarisch näher auf die Kindertagesbetreuung als längst etabliertes Regelangebot für das heutige Aufwachsen junger Menschen eingegangen (3.2). In einem dritten Teil werden Leistungen der Kinder- und Jugendhilfe aufgrund eines individuellen Bedarfs näher betrachtet. Hierzu gehören Maßnahmen der Jugendsozialarbeit, Leistungen der Hilfen zur Erziehung, aber auch Hilfen für junge Menschen mit einer Behinderung/Beeinträchtigung, sofern die Kinder- und Jugendhilfe in Nordrhein-Westfalen mit diesen jungen Menschen und deren Familien zu tun hat. Auch hier muss im Rahmen dieses Beitrags eine

Auswahl getroffen werden, mit der Konsequenz, dass das Feld der Hilfen zur Erziehung näher betrachtet wird (3.3). In einem vierten und letzten Teil wird schließlich auf die vorläufigen Schutzmaßnahmen als Beispiel für Maßnahmen der Kinder- und Jugendhilfe mit einem überwiegenden Interventionscharakter eingegangen (3.4).

3.1 Gesamtentwicklung für die Kinder- und Jugendhilfe

Die Kinder- und Jugendhilfe in Nordrhein-Westfalen stellt sich über einen längeren Zeitraum betrachtet derzeit immer noch als ein wachsendes Segment sozialer Dienstleistungen dar, das mitverantwortlich ist für die Organisation des Aufwachsens in öffentlicher Verantwortung. Dies wird weniger an der Entwicklung der Anzahl der Einrichtungen von 13.633 auf 15.787 zwischen 1986 und 1998 sichtbar, als vielmehr an der Entwicklung der Anzahl der beschäftigten Personen der Kinder- und Jugendhilfe in dem genannten Zeitraum. Zwischen 1986 und 1998 hat sich die Anzahl der Beschäftigten in Nordrhein-Westfalen in der Kinder- und Jugendhilfe innerhalb von 12 Jahren von rund 76.500 auf knapp 114.000 erhöht. Dies entspricht einem Zuwachs von nahezu 50%. Danach, zwischen 1998 und 2006/2007, ist die Anzahl der Einrichtungen mit ca. 15.000 konstant geblieben, während die erneute Steigerung des Personals in diesem Zeitraum um ca. 13.000 weitere Personen in erster Linie, wie noch zu zeigen sein wird, auf die Ausweitung der Teilzeitarbeit, aber auch arbeitsfeldspezifische Entwicklungen zurückzuführen ist (vgl. Abbildung 2).

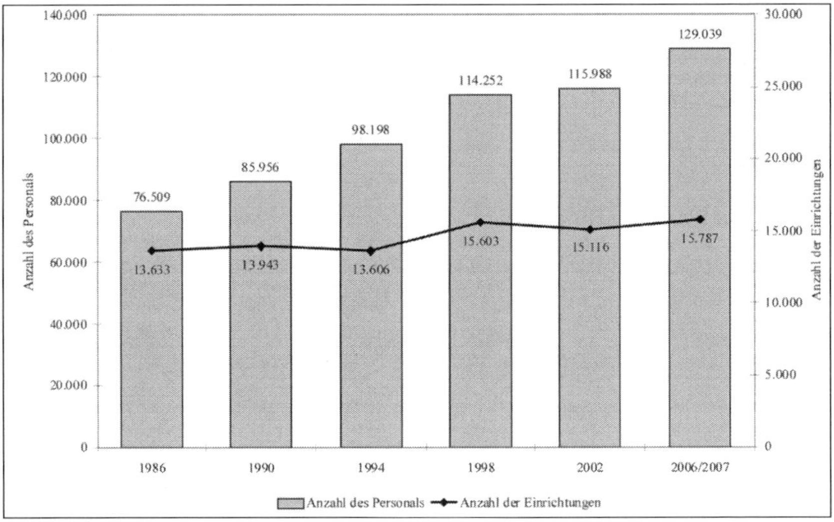

1 Die Daten zu den Tageseinrichtungen wurden am 15.03.2007 und die Daten zu den anderen Einrichtungen am 31.12.2006 erhoben.

Abbildung 2: Entwicklung von Personal und Einrichtungen in der Kinder- und Jugendhilfe in Nordrhein-Westfalen (1986-2006/07; Angaben absolut. Quelle: Information und Technik Nordrhein-Westfalen (IT NRW), Einrichtungen und tätige Personen in der Jugendhilfe; versch. Jahrgänge; eigene Berechnungen

Insgesamt ist seit den 1980er-Jahren somit die Zahl der in der Kinder- und Jugendhilfe tätigen Personen in NordrheinWestfalen unübersehbar gestiegen. Dies gilt für die öffentliche Kindertagesbetreuung ebenso wie für die anderen Arbeitsfelder der Kinder- und Jugendhilfe. Gleichwohl ist das Personalvolumen im Feld der öffentlich organisierten Kindertagesbetreuung in den hier dokumentierten rund 20 Jahren weitaus stärker gestiegen als in den anderen Arbeitsfeldern. So waren noch 1986 knapp 36.800 der Fachkräfte in der Kinder- und Jugendhilfe in Kindertageseinrichtungen tätig. Das entspricht bezogen auf das Gesamtpersonal (ohne den hauswirtschaftlichen Teil) einem Anteil von 54%. Ende 2006, Anfang 2007 sind immerhin 64% der Beschäftigten in diesem größten Arbeitsfeld der Kinder- und Jugendhilfe tätig.

Die Zunahme der personellen Ressourcen in Nordrhein-Westfalen korrespondiert mit der Entwicklung der Ausgaben für die öffentlichen Gebietskörperschaften. Zwischen 1992 und 2002 sind die Ausgaben von 2,66 Mrd. EUR auf 4,82 Mrd. EUR angestiegen (+81%), während zwischen 2002 und 2006 die Ausgaben mit leichten Schwankungen[8] fast konstant geblieben sind. Ab 2006 jedoch zeigt sich wiederum ein deutlicher Anstieg der finanziellen Aufwendungen für die Leistungen und Strukturen der Kinder- und Jugendhilfe auf zuletzt über 6 Mrd. EUR im Jahre 2009 (vgl. Abbildung 3).

Die Ausgabenzuwächse der letzten Jahre sind dabei auf fachliche Entwicklungen in einzelnen Arbeitsfeldern zurückzuführen – hierauf wird noch einzugehen sein –, aber auch auf die Einführung des „Neuen Kommunalen Finanzmanagements“ (NKF). Dies bedeutet eine Umstellung der kommunalen Haushaltssystematik und führt zu einer Erhöhung der gebuchten Ausgaben auf den Haushaltsstellen, ohne das mitunter auch tatsächlich mehr finanzielle Ressourcen aufgewendet worden wären. Im Kontext des mit dem NKF einhergehenden „Ressourcenverbrauchskonzeptes“ werden den Produkten der Kinder- und Jugendhilfe Kosten zugeordnet, die bislang in der Regel nicht berücksichtigt worden sind (vgl. ausführlicher Schilling 2011; Schilling u.a. 2009, S. 43ff.)

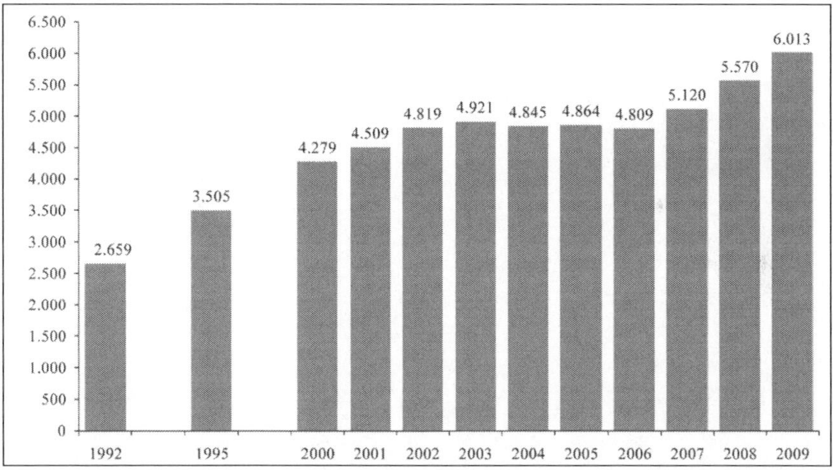

Abbildung 3: Entwicklung der Ausgaben und Einnahmen für die Kinder- und Jugendhilfe insgesamt in Nordrhein-Westfalen; 1992, 1995, 2000 bis 2009 (Angaben in Mio. EUR. Quelle: Information und Technik Nordrhein-Westfalen (IT NRW), Ausgaben und Einnahmen für die Jugendhilfe; versch. Jahrgänge; eigene Berechnungen

8 Diese Veränderungen sind mit darauf zurückzuführen, dass es für die Kindertagesbetreuung methodische Anpassungen bei der statistischen Erhebung der Elternbeiträge für Kinder in Einrichtungen freier Träger gegeben hat. Ferner sind hierfür noch zu thematisierende Entwicklungen in den einzelnen Arbeitsfeldern verantwortlich.

Jenseits der Umstellung der Haushaltssystematik in den Kommunen hat die Zunahme der Ausgaben jedoch auch inhaltliche Gründe. Der geringfügige Ausgabenzuwachs im Haushaltsjahr 2007 sowie der doch deutliche Anstieg für die Jahre 2008 und 2009 ist nicht zuletzt im Zusammenhang mit einem einsetzenden Ausbau der Angebote für unter 3-Jährige zu sehen. Darüber hinaus zeigen sich aber auch Ausgabenzuwächse für andere Arbeitsfelder der Kinder- und Jugendhilfe, etwa bei den Hilfen zur Erziehung oder auch der Kinder- und Jugendarbeit (vgl. Tabelle 1).

Tabelle 1: Öffentliche Ausgaben für die Kinder- und Jugendhilfe nach Leistungsbereichen in Nordrhein-Westfalen; 2000, 2008, 2009 (Angaben in Mio. EUR und in %)

				Veränderung zwischen 2000 und 2009		Veränderung zwischen 2008 und 2009	
	2000	2008	2009	absolut	in %	absolut	in %
Ausgaben insgesamt	4.279	5.570	6.013	1.849	44	443	8
darunter:							
Jugendarbeit	270	324	345	75	28	21	6
Jugendsozialarbeit	31	47	51	21	68	5	10
Mutter-Kind-Einricht.	31	37	42	11	34	5	12
Tageseinr. f. Kinder	2.336	3.105	3.291	954	41	186	6
HzE sowie §§ 35a, 41*	1.019	1.571	1.800	782	77	230	15

* Angaben basieren auf den Ergebnissen zu den Leistungen der Hilfen zur Erziehung einschließlich Geldern für Eingliederungshilfen für seelisch behinderte junge Menschen (§ 35a SGB VIII) sowie die Hilfen für junge Volljährige (§ 41 SGB VIII). Die Angaben beinhalten also keine Daten zu den einrichtungsbezogenen Aufwendungen. Darüber hinaus sind die Ausgaben für die Erziehungsberatung hier nicht enthalten.

Quelle: Information und Technik Nordrhein-Westfalen (IT NRW), Ausgaben und Einnahmen, versch. Jahrgänge; eigene Berechnungen

3.2 Öffentlich organisierte Kindertagesbetreuung – zwischen Ausbau, Ausdifferenzierung und konzeptioneller Weiterentwicklung

Ausbau und Ausdifferenzierung der Angebote
Die Infrastrukturleistungen und sozialräumlichen Angebote der Kinder- und Jugendhilfe stehen grundsätzlich unabhängig von einzelnen Lebenslagen der jungen Menschen und deren Familien allen zur Verfügung. Gleichwohl wird in diesem Zusammenhang für Nordrhein-Westfalen für die vorhandene Infrastruktur zur Gestaltung eines Aufwachsens in öffentlicher Verantwortung und mit institutionalisierten Bildungs-, Betreuungs- und Erziehungsangeboten ein wichtiger Beitrag geleistet.

Das prominenteste Beispiel aus den Reihen der Kinder- und Jugendhilfe ist diesbezüglich zweifelsohne das Arbeitsfeld der öffentlich organisierten Kindertagesbetreuung. Wirft man einen Blick auf die wichtigsten Eckwerte[9] der Kindertagesbetreuung, also die Einrichtungs- und Platzzahlen sowie die quantitative Entwicklung des Personals, so lassen sich zwischen 2006 und 2009 unterschiedliche Entwicklungen nachzeichnen (vgl. Tab. 7). Die Zahl der Einrichtungen ist im benannten Zeitraum vergleichsweise stabil geblieben und schwankt pro Jahr jeweils zwischen knapp 9.300 und etwas mehr als 9.700. Zurückgegangen ist hingegen die Zahl der Kinder, die eine Kindertageseinrichtung besuchen, und zwar von knapp 585.300 auf ca. 559.800. Gestiegen hingegen ist wiederum die Zahl der Beschäftigten von knapp 69.100 im Jahre 2007 auf nicht ganz 75.400. Folgerichtig ist die Zahl der Kinder pro Einrichtung gesunken, während die Zahl der Kinder pro Fachkräfte nahezu konstant geblieben ist (vgl. Tabelle 2).

Die steigenden Personalzahlen in den Kindertageseinrichtungen werden ergänzt durch Zuwächse bei den Tagespflegepersonen im Rahmen der öffentlich geförderten Kindertagespflege – zwei Hinweise auf unterschiedliche, altersspezifische Entwicklungen bei der Inanspruchnahme der Angebote. So ist zwischen 2006 und 2009 die Zahl der Tagespflegepersonen von knapp 6.300 auf etwa 9.500 sowie die der in diesem Zusammenhang betreuten Kinder von nicht ganz 11.000 auf fast 21.400 gestiegen (vgl. Tabelle 2). Hierbei handelt es sich insbesondere um Kinder im Alter von unter 3 Jahren.

9 Rekurriert wird an dieser Stelle auf die Ergebnisse der amtlichen Kinder- und Jugendhilfestatistik. Damit weichen die Daten von den seitens der Landesregierung in Nordrhein-Westfalen zumeist verwendeten Zahlen ab. Die Landesregierung greift in ihren Darstellungen zur öffentlich organisierten Kindertagesbetreuung auf ein internes Berichtswesensystem des Landes Nordrhein-Westfalen zurück.

Tabelle 2: Entwicklung von Einrichtungen, Plätzen und tätigen Personen im Bereich der Kindertageseinrichtungen in Nordrhein-Westfalen (2006-2009)

	Kinder und tätige Personen in Tageseinrichtungen für Kinder					Kinder und tätige Personen in öffentlich geförderter Kindertagespflege		
	Einrichtungen	Kinder in Tageseinrichtungen	Personal	Kinder pro Einrichtung[1]	Kinder pro Personal[1]	Tagespflegepersonen	Kinder in Kindertagespflege	Kinder pro Tagespflegeperson[1]
2006	9.561	585.271	69.554	61	7	6.291	10.996	2
2007	9.264	569.565	69.068	62	7	7.373	14.509	2
2008	9.746	568.809	72.579	59	7	8.830	17.852	2
2009	9.583	559.784	75.362	58	8	9.501	21.381	2

1 Werte gerundet.

Quelle: Information und Technik Nordrhein-Westfalen (IT NRW), Kinder und tätige Personen in Tageseinrichtungen, Kinder und tätige Personen in öffentlich geförderter Kindertagespflege, versch. Jahrgänge; eigene Berechnungen

Eine altersdifferenzierte Darstellung der Kinder in Kindertageseinrichtungen bestätigt, dass die Zunahme der Inanspruchnahme der Angebote öffentlich organisierter frühkindlicher Bildungs-, Betreuungs- und Erziehungsangebote insbesondere für die unter 3-Jährigen zu beobachten ist, während Kinder im Alter von 3 Jahren bis zum Schuleintritt sowie die Schulkinder demografisch bedingt oder aufgrund von Umorganisationsprozessen zurückgegangen sind (vgl. Tabelle 3).

Tabelle 3: Inanspruchnahme von öffentlich organisierten Angeboten der Kindertagesbetreuung in Tageseinrichtungen für Kinder in Nordrhein-Westfalen (2006-2009)

	Kinder			Teilnahmequote[4]		
	unter 3 Jahre	3 Jahre bis Schuleintritt[2]	Schulkinder bis 14 Jahre[3]	unter 3 Jahre	3 Jahre bis Schuleintritt[2]	Schulkinder bis 14 Jahre[3]
2006	24.925	517.909	40.988	5,3	86,4	5,5
2007	23.834	514.239	30.559	5,2	88,4	4,1
2008	32.203	518.069	17.303	7,1	91,5	2,4
2009	39.376	508.024	11.686	8,7	91,8	1,7

1 Nicht berücksichtigt werden hier die bei Tagespflegepersonen betreuten Kinder.
2 Aufgrund der Altersverteilung in den Kindertageseinrichtungen wird bei der Berechnung der Teilnahmequote auf die Altersgruppe der 3- bis 5-Jährigen sowie die Hälfte der 6-Jährigen in der Bevölkerung Bezug genommen.
3 Aufgrund der Altersverteilung in den Kindertageseinrichtungen wird bei der Berechnung der Teilnahmequoten auf die Altersgruppe der 7- bis 9- sowie jeweils die Hälfte der 6 und der 10-Jährigen rekurriert.
4 Als Referenzgröße aus den Bevölkerungsdaten zur Berechnung der Teilnahmequote werden herangezogen die unter 3-Jährigen, die 3- bis 6½-Jährigen sowie die 6½- bis 10½-Jährigen. Bei den Bevölkerungsdaten sind für die Berechnungen jeweils die Angaben zum 31.12. des Vorjahres herangezogen worden.

Quelle: Information und Technik Nordrhein-Westfalen (IT NRW), Kinder und tätige Personen in Tageseinrichtungen, Kinder und tätige Personen in öffentlich geförderter Kindertagespflege, versch. Jahrgänge; eigene Berechnungen

Die Anzahl der unter 3-Jährigen hat sich zwischen 2006 und 2009 in Tageseinrichtungen für Kinder von rund 24.900 auf knapp 39.400 erhöht. Damit besuchen nicht mehr rund 5% dieser Altersgruppe eine Kindertageseinrichtung, sondern zuletzt immerhin fast 9% (vgl. Tabelle 3). Unter Berücksichtigung der Kindertagespflege erhöht sich die Teilnahmequote an einer öffentlich organisierten Kindertagesbetreuung noch einmal. Die Zahl der von Tagespflegepersonen betreuten unter 3-Jährigen hat sich zwischen 2006 und 2009 von knapp 5.800 auf rund 13.100 erhöht und damit weit mehr als verdoppelt (hier nicht gesondert ausgewiesen). Die Teilnahmequote hat sich demnach von 1,2% auf 2,9% erhöht. Insgesamt, also Tageseinrichtungen für Kinder und Tagespflege zusammengenommen, ist die Inanspruchnahme von öffentlich organisierten Bildungs-, Betreuungs- und Erziehungsangeboten damit zwischen 2006 und 2009 von etwas mehr als 6% auf nicht ganz 12% gestiegen. Für 2010 liegt diese Quote mittlerweile bei 14% und fällt damit immer noch niedriger als in allen anderen Bundesländern aus (vgl. Schilling 2010).

Aus Sicht der Familien jedoch – so die empirisch durchaus plausible Annahme – ist dies allerdings trotz aller Ausbauanstrengungen immer noch zu wenig. Das zeigt ein Blick auf Daten jenseits der amtlichen Kinder- und Jugendhilfestatistik. Das Deutsche Jugendinstitut (DJI) hat bei der Vorstellung einer Studie zum Aufwachsen in Deutschland (AID:A) darauf hingewiesen, dass – wenn auch nicht speziell für Nordrhein-Westfalen – die Nachfrage nach Angeboten für unter 3-Jährige im Rahmen einer öffentlich organisierten Kindertagesbetreuung in den letzten Jahren sogar noch gestiegen ist. So wünschen sich 39% aller Familien mit Kindern im Alter von unter 3 Jahren eine entsprechende Betreuungsmöglichkeit.[10]

Weiterentwicklung öffentlich organisierter Kindertagesbetreuung – Beispiel Familienzentren

Die Kindertageseinrichtungen stehen aber nicht nur vor der Herausforderung, einen Ausbau ihres quantitativen und qualitativen Angebots an frühkindlicher Bildung, Betreuung und Erziehung organisieren zu müssen. Kindertageseinrichtungen sollen zudem zu Knotenpunkten in sozialräumlichen Netzwerken werden (vgl. Sell 2008). Und in der Tat: Angesichts ihrer Kooperationsbezüge bezeichnen Peucker u.a. (2010) Kindertageseinrichtungen als vernetzte Institutionen. Blickt man etwa auf Familienzentren oder Eltern-Kind-Zentren, so haben sich in der Tat neue Einrichtungsformen herausgebildet, die im Kern auf institutionalisierten Kooperations- und Vernetzungsformen zwischen den Regelangeboten der Kindertagesbetreuung und einem breiten Spektrum an Angeboten des Sozialraums basieren. Das heißt, das Angebot der Familienzentren richtet sich grundsätzlich zunächst an alle Familien. Gleichwohl gehört in diesem Rahmen mit zum Auftrag der Familienzentren, insbesondere auch Angebote für Familien in den diversen prekären Lebenslagen zu machen (vgl. auch Heuchel/Lindner/Sprenger 2009). Es geht also hierbei um insbesondere Ressourcen bündelnde Einrichtungen der Kinder- und Jugendhilfe sowie anderer Akteur_innen des Erziehungs- Bildungs- und Sozialwesens, die Bildungs-, Betreuungs- und Erziehungsleistungen verbinden, dabei in den Sozialraum hineinwirken und zusätzlich Eltern in ihrer Erziehungsverantwortung und -kompetenz stärken (vgl. Forschungsverbund 2010).

10 Diese Ergebnisse referierte Dr. Walter Bien im Rahmen seins Vortrags „Betreuungsbedarfe zwischen Wunsch und Angebot. Die Zukunft des U3-Ausbaus" am 17.11.2010 im Rahmen der DJI-Fachtagung „Aufwachsen in Deutschland. Potenziale und Herausforderungen" auf der Basis der AID:A-Daten (www.dji.de/dasdji/home/PA2010/PA_2010_Folien.pdf; Zugriff 25.08.2011)

3.3 Hilfen zur Erziehung – zwischen Familienunterstützung und Ersatzerziehung

Der Auftrag der Kinder- und Jugendhilfe lautet neben einer allgemeinen Förderung junger Menschen und deren Familien, fallbezogene Hilfe- und Unterstützungsangebote für benachteiligte Kinder, Jugendliche und junge Erwachsene anzubieten. Mehr noch: Im Falle von Entwicklungsverzögerungen und -störungen oder auch bei einem Scheitern familiärer Erziehung ist die Kinder- und Jugendhilfe dazu verpflichtet, entsprechende Unterstützungs- und Kompensationsangebote zu unterbreiten. Sie sollen helfen, prekäre Lebenslagen von jungen Menschen und deren Familien zu überwinden. Bei den Einzelfallhilfen sind die Hilfen zur Erziehung wohl das am häufigsten in Anspruch genommene Angebot.

Insgesamt liegt die Zahl der in Anspruch genommenen Leistungen der Hilfen zur Erziehung sowie der Hilfen für junge Volljährige 2009 bei 220.329. Durch diese Hilfen wurden laut Statistik 253.896 junge Menschen erreicht. Bezogen auf 10.000 der unter 21-Jährigen in Nordrhein-Westfalen bedeutet dies eine Inanspruchnahmequote von 677 Punkten. Das heißt, rechnerisch wurden 2009 knapp 7% der jungen Menschen in Nordrhein-Westfalen durch eine Leistung der Hilfe zur Erziehung erreicht.

Die Inanspruchnahme der Hilfen zur Erziehung differenziert sich in etwa 121.500 Fälle für die Erziehungsberatung (48%) sowie nicht ganz 132.400 junge Menschen in anderen familienunterstützenden und -ergänzenden, aber auch familienersetzenden Hilfeformen (52%) (vgl. Tabelle 4). Von diesen wiederum werden bei den ambulanten Leistungen 87.386 junge Menschen gezählt (66%), bei den stationären Maßnahmen sind es 44.996 (34%). Diese Verteilung zugunsten der eher ambulanten Hilfesettings resultiert aus der hohen Inanspruchnahme von Leistungen der Sozialpädagogischen Familienhilfe (SPFH) sowie der so genannten „27,2er-Hilfen“.[11]

11 Damit sind rechtssystematisch Leistungen der Hilfen zur Erziehung gem. § 27 SGB VIII gemeint, bei denen keine Verbindung zu Hilfen gem. §§ 28 bis 35 SGB VIII besteht.

Tabelle 4: Verteilung der Hilfen zur Erziehung nach Leistungssegmenten in Nordrhein-Westfalen (2009; Angaben absolut und in %)

	Insgesamt [1]1	Erziehungs-beratung (EB) [2]	Hilfen zur Erziehung ohne (EB) [3]2	davon familien-unterstützende u. -ergänzende Hilfen [4]	davon familien-ersetzende Hilfen [5]
Anzahl	253.896	121.514	132.382	87.386	44.996

1 Anzahl insgesamt entspricht der Summe aus den Spalten [2] und [3].
2 Anzahl insgesamt entspricht der Summe aus den Spalten [4] und [5].

Quelle: Information und Technik Nordrhein-Westfalen (IT NRW), Erzieherische Hilfen, 2009; eigene Berechnungen

Um aktuelle Ergebnisse mit Resultaten vorangegangener Erfassungen vergleichen zu können, ist es aufgrund der Umstellungen in der amtlichen Statistik (siehe 2.) notwendig, bei den Ergebnissen 2009 einige Hilfearten unberücksichtigt zu lassen. Hieraus resultieren Abweichungen zwischen einer diachronen und synchronen Darstellung der Erhebungsergebnisse.

Die Inanspruchnahme dieser Leistungen im Fall von einer nicht dem Kindeswohl entsprechenden Erziehung in der Familie hat sich zwischen 1991 und 2009 deutlich erhöht, und zwar von 95.443 auf 186.145 (vgl. Abbildung 4). Das entspricht nahezu einer Verdopplung der Anzahl der Fälle bzw. der Inanspruchnahme. [12]

12 Auf weitere allgemeine Auswertungen und Analysen zu den Hilfen zur Erziehung wird an dieser Stelle verzichtet. Hierzu kann auf die jährlichen HzE Berichte für das Land Nordrhein-Westfalen verwiesen werden (vgl. hierzu ausführlicher Pothmann/Wilk/Fendrich 2011).

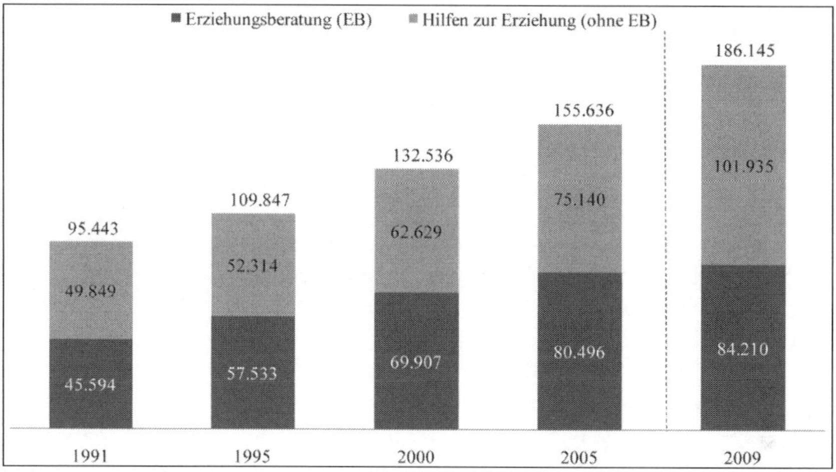

1 Im Rahmen der amtlichen Kinder- und Jugendhilfestatistik ist die Erfassung der Hilfen zur Erziehung zwischen 2006 und 2007 – wie weiter oben dargestellt – verändert worden (vgl. Kolvenbach/Taubmann 2006). Für die Darstellung hier ist von einer Vergleichbarkeit der ‚2009er-Ergebnisse' mit den aus den vorherigen Erhebungen auszugehen, da einige methodische Anpassungen bei der Aufbereitung der Resultate für 2009 vorgenommen worden sind. So werden bei der Erziehungsberatung nur die innerhalb des Erhebungsjahres beendeten Hilfen sowie bei der Anzahl der Sozialpädagogische Familienhilfe in Anspruch nehmenden Familien nur die Zahl der unter 18-Jährigen berücksichtigt (vgl. ausführlicher hierzu Schilling/Pothmann/Wilk 2009, S. 11ff.).

Abbildung 4: Entwicklung der Fallzahlen zu den Hilfen zur Erziehung (einschl. der Hilfen für junge Volljährige) in Nordrhein-Westfalen; 1991-2009. Quelle: Information und Technik Nordrhein-Westfalen (IT NRW), Erzieherische Hilfen, versch. Jahrgänge; eigene Berechnungen

Wenn eingangs darauf hingewiesen worden ist, dass es einen beobachtbaren Zusammenhang zwischen prekären, insbesondere sozioökonomisch belasteten Lebenslagen mit negativen Folgen für das Aufwachsen von jungen Menschen einerseits sowie einen Bedarf an Strukturen und Leistungen der Kinder- und Jugendhilfe andererseits gibt, so wird das besonders deutlich für die Inanspruchnahme von Leistungen der Hilfen zur Erziehung. Dies zeigt sich nicht zuletzt insofern, als dass die Hilfen zur Erziehung in Anspruch nehmenden Familien bzw. die jungen Menschen aus diesen Familien laut den statistischen Daten überproportional oft unter schwierigen sozioökonomischen Lebensbedingungen und/oder in prekären familiären Verhältnissen aufwachsen.

Familien, die eine Hilfe zur Erziehung in Anspruch nehmen, sind mit Blick auf ihre wirtschaftliche Situation zu einem erheblichen Anteil auf staatliche Transferleistungen angewiesen. Der Anteil der Familien, denen eine Hilfe zur

Erziehung (ohne Erziehungsberatung) gewährt wird und die zugleich Transferleistungen beziehen, liegt bei etwa 61%. Eine nicht dem Wohl des Kindes entsprechende Erziehung wird damit in 6 von 10 Fällen Familien gewährt, die nicht zuletzt aufgrund ihrer ökonomischen Situation auf staatliche Transferleistungen angewiesen sind.

Je nach Hilfeart variiert die ausgewiesene Gesamtquote von 61% zwischen 49% (Einzelbetreuungen) auf der einen und 76% (Vollzeitpflege) auf der anderen Seite (vgl. Abbildung 5). Für die SPFH als größte Hilfe im ambulanten Leistungssegment wird mit 66% der höchste Anteil in diesem Hilfesetting registriert. Das heißt: Zwei von drei Familien, die eine Sozialpädagogische Familienhilfe in Anspruch nehmen, sind gleichzeitig auf staatliche Transferleistungen angewiesen. Demgegenüber liegt der Anteil der Familien mit Bezug von Transferleistungen in der Erziehungsberatung bei lediglich knapp 18%. Mit 25% fällt das Ergebnis für die Eingliederungshilfen für seelisch behinderte junge Menschen nach § 35a SGB VIII im Vergleich zu den Hilfen zur Erziehung (ohne Erziehungsberatung) ähnlich niedrig aus.

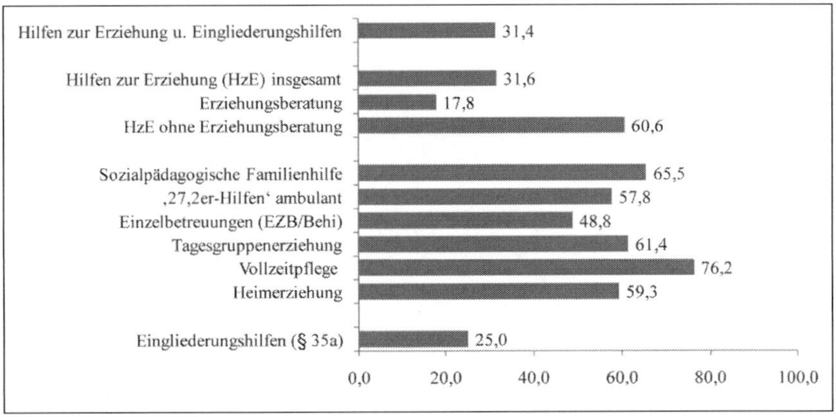

Abbildung 5: Begonnene Hilfen zur Erziehung (einschl. der Hilfen für junge Volljährige)[1] nach Leistungssegmenten und der wirtschaftlichen Situation der Eltern des jungen Menschen in Nordrhein-Westfalen (2009; Anteile in %). Quelle: Information und Technik Nordrhein-Westfalen (IT NRW), Erzieherische Hilfen, 2009; eigene Berechnungen

1 Hier werden auch die Eingliederungshilfen für seelisch behinderte junge Menschen mit berücksichtigt.

Mit Blick auf die anteilig größte Gruppe der Hilfeempfänger_innen, den Alleinerziehenden (49%), zeigt sich, dass diese im Vergleich zu der gesamten Klientel der Hilfen zur Erziehung materiell schlechter gestellt sind: 72% der

Alleinerziehenden, die eine Hilfe zur Erziehung in Anspruch nehmen, sind gleichzeitig auf staatliche finanzielle Unterstützung angewiesen. Im ambulanten Leistungssegment ist der Anteil der Alleinerziehenden, die Transferleistungen erhalten, mit 76% bei der SPFH am höchsten. Im stationären Bereich weist die Vollzeitpflege mit ca. 82% den höchsten Anteil aus (vgl. Tabelle 7).

Tabelle 7: Begonnene Hilfen zur Erziehung für Alleinerziehende nach Leistungssegmenten und der wirtschaftlichen Situation des Elternteils des jungen Menschen in Nordrhein-Westfalen (2009; Angaben absolut, Anteile in %[1])

	Alleinerziehende in den Hilfen zur Erziehung		dar. mit Bezug von Transferleistungen[2] in %
	abs.	in %	
Hilfen zur Erziehung (HzE) insgesamt	46.237	38,1	47,4
dv. Erziehungsberatung	27.112	33,0	30,1
dv. HzE ohne Erziehungsberatung	19.125	48,8	72,0
dar. Vollzeitpflege in anderer Familie	2.329	56,7	81,6
dar. Sozialpädagogische Familienhilfe	4.596	50,2	76,2
dar. Heimerziehung	4.388	48,1	71,0
dar. ‚27,2er-Hilfen' ambulant	3.875	48,7	71,0
dar. Tagesgruppenerziehung	1.016	48,7	72,6
dar. Einzelbetreuungen (EZB/Behi)	1.710	46,3	59,3
Eingliederungshilfen (§ 35a)	1.192	28,0	46,1

1 Einschließlich der Hilfen für junge Volljährige. Ferner werden hier auch die Eingliederungshilfen für seelisch behinderte junge Menschen mit berücksichtigt.

2 Transferleistungen sind hier: Arbeitslosengeld II auch in Verbindung mit dem Sozialgeld, die bedarfsorientierte Grundsicherung im Alter und bei Erwerbsminderung im Rahmen der Sozialhilfe oder auch der Kinderzuschlag.

Quelle: Information und Technik Nordrhein-Westfalen (IT NRW), Erzieherische Hilfen, 2009; eigene Berechnungen

Die genannten Befunde weisen einmal mehr auf die auch in Nordrhein-Westfalen mitunter schwierigen Lebenskonstellationen von Alleinerziehenden und den damit verbundenen Problemlagen mit Blick auf eine dem Wohl des Kindes entsprechende Erziehung hin. Signalisiert wird über diese Daten infolgedessen, dass die Familiensituation von Alleinerziehenden in Sachen Erziehung offenkundig deutlich häufiger zusätzliche öffentliche Unterstützung erfordert als andere Familienkonstellationen.

Andererseits ist Folgendes in Erwägung zu ziehen: So lassen die Ergebnisse Rückschlüsse auf die Gewährungspraxis in den Jugendämtern Nordrhein-Westfalens selber zu. Zumindest entsteht der Eindruck, als würden Hilfen in den Jugendämtern vor Ort noch immer nach dem Muster der traditionellen Fürsorge gewährt: Familienergänzende und familienersetzende, also stärker intervenierende Hilfen, werden häufiger bei Alleinerziehenden eingesetzt. In dieser Hinsicht wäre auch die Kinder- und Jugendhilfeforschung aufgefordert zu untersuchen, ob eher die geringeren Ressourcen der Alleinerziehenden oder eine spezifische professionelle Praxis dafür ausschlaggebend sind, dass die Inanspruchnahme familienersetzender Hilfen so ungleich verteilt ist.

3.4 Vorläufige Schutzmaßnahmen – Kinder- und Jugendhilfe zwischen Dienstleistung und Intervention

Neben den diversen Förderungs- und Unterstützungsaufträgen für junge Menschen und deren Familie steht die Kinder- und Jugendhilfe in der Verpflichtung, Kinder und Jugendliche vor Gefahren und Gefährdungen zu schützen. Die Kinder- und Jugendhilfe ist bei aller Dienstleistungsorientierung und Niedrigschwelligkeit dem im Grundgesetz garantierten staatlichen Wächteramt verpflichtet. Bei diesem geht es nicht so sehr um die Gewährleistung optimaler Entwicklungsbedingungen, sondern zuallererst um eine Gefahrenabwehr bezogen auf das Wohl des Kindes, und zwar auch gegen den Willen der Eltern. Hierzu werden im Folgenden die Inobhutnahmen bzw. die vorläufigen Schutzmaßnahmen in den Blick genommen.

Die Zahl der Inobhutnahmen ist in Nordrhein-Westfalen seit Mitte der 1990er-Jahre, dem Beginn der regelmäßigen Erfassung im Rahmen der Kinder- und Jugendhilfestatistik, nahezu ausnahmslos Jahr für Jahr gestiegen. Wurden 1995 in Nordrhein-Westfalen noch 5.132 Kriseninterventionen seitens der Träger durchgeführt, waren es 2009 bereits 9.801 Fälle. Die Anzahl der Inobhutnahmen – bezogen auf 10.000 unter 18-Jährige – hat sich damit seit der erstmaligen Erfassung von 15 auf aktuell fast 32 erhöht. Seit Anfang dieses Jahrzehnts schien sich das jährliche Fallzahlenvolumen zunächst zu konsolidieren, allerdings zeigt sich in den Ergebnissen aus der jüngeren Zeit wiederum ein deutlicher Anstieg gegenüber den Vorjahren: Während in den Jahren 2000 bis 2006 jährlich 7.700 bis etwas über 8.000 Hilfen gem. § 42 SGB VIII statistisch erfasst wurden, werden für die Jahre 2008 und 2009 mit jeweils zwischen 9.000 und 10.000 Inobhutnahmen die bislang höchste Fallzahlen ermittelt (vgl. Abbildung 6).

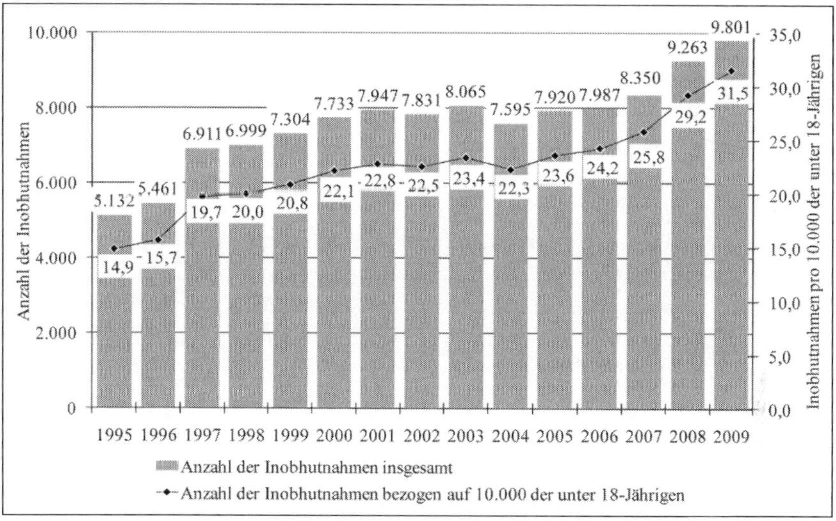

Abbildung 6: Entwicklung der Inobhutnahmen (ohne Herausnahmen) in Nordrhein-Westfalen (1995-2009; Angaben absolut und pro 10.000 der unter 18-Jährigen). Quelle: Information und Technik Nordrhein-Westfalen (IT NRW), Vorläufige Schutzmaßnahmen, versch. Jahrgänge; eigene Berechnungen

4 „Neuformatierung des Aufwachsens zwischen öffentlicher und privater Verantwortung“ – Einordnungen für die Kinder- und Jugendhilfe

Es ist ein weitgehend verallgemeinerbares Kennzeichen der europäischen Gesellschaften am Anfang des 21. Jahrhunderts: Sowohl Partnerschafts- und Familienbiografien als auch Erwerbsverläufe differenzieren sich aus, werden vielfältiger, aber auch unsicherer. Es sind Prozesse einer Destandardisierung sowie einer Enttraditionalisierung zu beobachten. Es gehen Selbstverständlichkeiten und Automatismen für das gesellschaftliche Zusammenleben, die individuelle Lebensführung sowie die Bewältigung des Alltags verloren. An deren Stelle treten – gewollt oder ungewollt – institutionell gerahmte Optionen, Anforderungen, aber auch Zwänge, zwischen unterschiedlichen Handlungsoptionen auszuwählen und Entscheidungen zu treffen.

Eine Folge dieses gesellschaftlichen Wandels ist auch, dass sich das Erscheinungsbild, die Strukturen und das Selbstverständnis von Familien verändert haben. Hiermit geht einher, dass Familie wohl immer weniger als ein sich selbst regulierendes, in sich selbst ruhendes und von außen unbeeinflusstes Beziehungsgefüge betrachtet werden kann und darf. Die Vorstellung, dass Familie dann am besten funktioniert, wenn man sie in Ruhe lässt, scheint in dieser Form längst nicht mehr zu gelten (vgl. Rauschenbach 2008, S. 32). Hierfür sind die An- und Herausforderungen für Familien zu groß. Das „Doing Familiy", die permanent geforderte Herstellungsleistung von Familie im Alltag (vgl. Jurczyk u.a. 2009, S. 64ff.), muss folglich gesellschaftlich nicht nur geschätzt, sondern auch unterstützt und geschützt werden.

Die vorangegangenen Analysen zur Kinder- und Jugendhilfe in Nordrhein-Westfalen haben gezeigt: Die in den Blick genommenen Strukturen und Leistungen haben im bevölkerungsreichsten Bundesland mit fast 190 Jugendämtern eine wichtige Aufgabe bei der Vermeidung und der Kompensation prekärer Lebenslagen von jungen Menschen und deren Familien. Dabei können Infrastrukturleistungen und sozialräumliche Maßnahmen, die prinzipiell allen jungen Menschen und deren Familien zugänglich sind, von individuellen Hilfeangeboten mit spezifischen Inanspruchnahmevoraussetzungen unterschieden werden. Hiervon wiederum zu differenzieren sind die hoheitlichen Aufgaben mit einem überwiegend intervenierenden Charakter.

Der zentrale, an Bedeutung zunehmende, aber auch sich ausdifferenzierende Auftrag der Kinder- und Jugendhilfe ist mit dem Blick in den Zahlenspiegel der amtlichen Kinder- und Jugendhilfestatistik bei den vorangegangenen Ausführungen deutlich geworden. Am Anfang des 21. Jahrhunderts hat die Kinder- und Jugendhilfe eine zentrale gesellschaftliche Aufgabe zu erfüllen und muss Verantwortung für die nachwachsenden Generationen übernehmen. Sie wird hier gebraucht, muss aber dafür natürlich auch mit entsprechenden Ressourcen ausgestattet werden sowie als soziale Akteurin allseits, auch im politischen Raum, akzeptiert sein. Auf diese Herausforderungen sind nicht zuletzt auch politische Antworten zu geben und in eine entsprechende Infrastruktur sowie ein dazu passendes Hilfeangebot – das heißt auch, ein sich stets mit den Bedarfslagen weiterentwickelndes Leistungsspektrum – umzusetzen.

Literatur

Bertram, H.: Konzepte und zentrale Ergebnisse des Siebten Familienberichts, in: H.-H. Krüger, Th. Rauschenbach, U. Sander (Hrsg.), Bildungs- und Sozialberichterstattung. Beiheft der Zeitschrift für Erziehungswissenschaft, 9. Jg., Beiheft 6/2006, Wiesbaden 2007, S . 53-65.

Bock, K./Seelmeyer, U.: Kinder- und Jugendhilfe, in: H.-U. Otto, H. Thiersch (Hrsg.), Handbuch Sozialarbeit Sozialpädagogik, 3. Aufl., München 2005, S. 985-1000.

Deutscher Bundestag (Hrsg.): Entwurf eines Gesetzes zur Stärkung eines aktiven Schutzes von Kindern und Jugendlichen (Bundeskinderschutzgesetz – BkiSchG), Drucksache 17/6256, Berlin 2011.

Fendrich, S./Jordan, E./Maykus, S./Müller, R./Pothmann, J.: Diskussionspapier „Hilfen zur Erziehung in Nordrhein-Westfalen“, in: Institut für soziale Arbeit (Hrsg.), ISA-Jahrbuch zur Sozialen Arbeit, Münster u.a. 2010, S. 126-150.

Forschungsverbund DJI/TU Dortmund: Familie ist kein Auslaufmodell, Familie ist Zukunft. Thesen des Dortmunder Familienkongresses zum Aufwachsen zwischen öffentlicher und privater Verantwortung, in: Forschungsverbund/Stadt Dortmund (Hrsg.), Familien stärken und unterstützen. Familienkongress Dortmund, Dortmund 2010, S. 134-139.

Jurczyk, K./Schier, M./Szymenderski, P./Lange, A./Voß, G. G.: Entgrenzte Arbeit – entgrenzte Familie. Grenzmanagement im Alltag als neue Herausforderung, Berlin 2009.

Kolvenbach, F.-J.: Die Finanzierung der Kinder- und Jugendhilfe. Zur Empirie eines vernachlässigten Themas, in: Th. Rauschenbach, M. Schilling (Hrsg.), Die Kinder- und Jugendhilfe und ihre Statistik. Band 2: Analysen, Befunde und Perspektiven, Neuwied 1997, S. 367-402.

Kolvenbach, F.-J./Taubmann, D.: Statistik der erzieherischen Hilfen neu konzipiert, in: Wirtschaft und Statistik, 2006, Heft 10, S. 1048-1054.

Krüger, H.-H./Rauschenbach, Th./Sander, U. (Hrsg.): Bildungs- und Sozialberichterstattung. Beiheft der Zeitschrift für Erziehungswissenschaft, 9. Jg., Beiheft 6/2006, Wiesbaden 2007.

Gängler, H.: Hilfe, in: H.-U. Otto, H. Thiersch (Hrsg.), Handbuch Soziale Arbeit. 4. Auflage, München 2011, S. 609-618.

Heuchel, I./Lindner, E./Sprenger, K.: Familienzentren in Nordrhein-Westfalen. Beispiele innovativer Praxis, Münster u.a. 2009.

Peucker, C./Gragert, N./Pluto, L./Seckinger, M.: Kindertagesbetreuung unter der Lupe, München 2010 (www.dji.de/jhsw).

Pothmann, J./Wilk, A./Fendrich, S.: HzE Bericht 2011. Inanspruchnahme von Hilfen zur Erziehung in Nordrhein-Westfalen zwischen fachlichen Herausforderungen und regionalen Disparitäten (Datenbasis 2009), Dortmund 2011.

Rauschenbach, Th.: Zukunftschance Bildung. Familie, Jugendhilfe und Schule in neuer Allianz, Weinheim und München 2008.

Rauschenbach, Th.: 20 Jahre Kinder- und Jugendhilfe im Spiegel ihrer Statistik. Eine Bilanz der empirischen Wende, in: Th. Rauschenbach, M. Schilling (Hrsg.), Kinder- und Jugendhilfereport 3 – Bilanz einer empirischen Wende, Weinheim und München, S. 11-24.

Rauschenbach, Th./Schilling, M. (Hrsg.): Kinder- und Jugendhilfereport 3 – Bilanz einer empirischen Wende, Weinheim und München 2011.

Rauschenbach, Th./Züchner, I.: Lebenslagen von Kindern und Jugendlichen in Deutschland, in: J. Münder, R. Wiesner, Th. Meysen (Hrsg.), Kinder- und Jugendhilferecht. Handbuch, Baden-Baden 2011, S. 13-39.

Rauschenbach, Th./Betz, T./Borrmann, S./Müller, M./Pothmann, J./Prein, G./Skrobanek, J./Züchner, I.: Prekäre Lebenslagen von Kindern und Jugendlichen – Herausforderungen für die Kinder- und Jugendhilfe. Expertise zum 9. Kinder- und Jugendbericht des Landes Nordrhein-Westfalen, Dortmund 2011.

Schilling, M.: Die amtliche Kinder- und Jugendhilfestatistik. Dissertation an der Universität Dortmund Fachbereich Erziehungswissenschaft und Soziologie, Dortmund 2003 (https://eldorado.tu-dortmund.de/handle/2003/2907; Zugriff: 25.08.2011).

Schilling, M.: Vor § 98 ff. SGB VIII, in: G. Fieseler, H. Schleicher, M. Busch (Hrsg.), Gemeinschaftskommentar zum SGB VIII, Köln, Ergänzungslieferung Mai 2009.

Schilling, M.: U3 – Der Ausbau kommt weiter voran, in: KomDat Jugendhilfe, 2010, Heft 3, S. 3-4.

Schilling, M.: Der Preis des Wachstums. Kostenentwicklung und Finanzierung der Kinder- und Jugendhilfe, in: Th. Rauschenbach, M. Schilling (Hrsg.), Kinder- und Jugendhilfereport 3 – Bilanz einer empirischen Wende, Weinheim und München 2011, S. 67-86.

Schilling, M./Kolvenbach, F.-J. (2011): Dynamische Stabilität. Zur Systematik der KJH-Statistik und ihrer Weiterentwicklung, in: Th. Rauschenbach, M. Schilling (Hrsg.), Kinder- und Jugendhilfereport 3 – Bilanz einer empirischen Wende, Weinheim und München, S. 191-210.

Schilling, M./Pothmann, J.: Zahlen sind nicht alles, aber Nichts ist ohne Zahlen. Amtliche Kinder- und Jugendhilfestatistik als Informationsgrundlage für die Politikberatung, in: Gemeinsames Sonderheft „Das Jugendamt" und „Zeitschrift für Kindschaftsrecht und Jugendhilfe": 20 Jahre KJHG. Blick zurück nach vorn für Prof. Dr. Dr. hc. Reinhard Wiesner, 2010, S. 248-251.

Schilling. M./Pothmann, J./Wilk, A.: HzE Bericht 2009 (Datenbasis 2007). Gewährung und Inanspruchnahme von Hilfen zur Erziehung in Nordrhein-Westfalen, Dortmund u.a. 2009.

Sell, S.: Kindertageseinrichtungen – ideale Orte der Kooperation und Vernetzung?, in: Archiv für Wissenschaft und Praxis der sozialen Arbeit, 2008, Heft 3, S. 46-59.

Birte Brändel | Johannes Hüning u.a.

Mütter in der Erziehungshilfe

1 Ein Vorwort

Die Erziehung in Familien ist weiblich und die Frau ist die Protagonistin in kindlichen Erziehungskontexten. Diese These ist in erziehungswissenschaftlichen Fachdiskursen ebenso theoriebasiert wie unstrittig und wird durch zahlreiche Autor_innen belegt (vgl. Nave-Herz 2007; Hill/Koop 2005; Ecarius 2007; Bertram 2005; auch Beck 1986). Die weiblichen Figuren in familialen Systemen stehen in besonderer Verantwortung für die Erziehung, Bildung und Betreuung der Kinder. Diese Funktionszuweisung impliziert eine hohe Kontinuität und wird mit normativen Erwartungen der Gesellschaft und deren Institutionen an die Mütter herangetragen (vgl. Hüning 2010). Aktuell richten sich diese Erwartungen insbesondere an der Sicherstellung kindlicher Bildungsprozesse durch die Mütter aus (vgl. Grunert/Krüger 2006). Dieses Axiom umfasst mit Blick auf die Funktionszuschreibung „Erziehung" die augenscheinlich „funktionierenden" Familien ebenso wie die in ihrer Erziehungsfunktion gehinderten Familiensysteme.[1]

Mütter aus Familien in Jugendhilfekontexten, gemeint sind hiermit familiale Lebenszusammenhänge, die für Erziehungs- und Bildungsprozesse – in der Regel unverschuldete – ungünstige Rahmenbedingungen oder defizitäre Erziehungskompetenzen der dort erziehenden Figuren inkludieren (vgl. Hüning/Peter 2010), werden insofern explizit fokussiert, da bei der Betrachtung die offensichtliche weibliche Alleinzuständigkeit für kindliche Entwicklungsprozesse und ein mögliches Versagen der evidenten familialen Funktion eine thematische Klammer bilden. Gerade wenn Kinder aus der Familie herausgelöst werden (müssen) und damit einen augenscheinlichen Funktionsverlust der Familie offen legen, sehen sich die Mütter – meist moralisierenden – Schuldzuweisungen ausgesetzt. Die Frage nach der Verantwortung für diesen Verlust an erzieherischer Funktionalität wird ebenso schnell gestellt wie umgehend

1 Die Autor_innen gehen von einer Optionalität familialer Lebensformen aus und unterscheiden zunächst nicht zwischen verschiedenen Familienkonzepten.

beantwortet. Die abgebenden Mütter geraten in Erklärungsnöte und Rechtfertigungszwänge. Für die hiervon betroffenen Mütter in der Jugendhilfe ergibt sich insofern eine Gleichzeitigkeit von *Hauptverantwortung* für Erziehung und Bildung der Kinder in Familien auf der einen und *Alleinverantwortung* für das Scheitern dieser speziellen familialen Funktion auf der anderen Seite, diese Mütter treffen zumeist auf Unverständnis Dritter.

Die Kenntnis über diese offensichtlichen Reflexe von Familienangehörigen oder anderen Personen des individuellen sozialen Umfelds der Mütter, manchmal auch von Angehörigen sozialpädagogischer Professionen, gaben den Anlass für dieses Forschungsprojekt.[2]

Zielführend war dabei die Frage nach möglichen Gründen für die Abgabe der Kinder, sowie die Frage nach den jeweiligen familialen Kontextbedingungen, nach typischen Kategorien, die sich in den jeweiligen Biografieverläufen der befragten Mütter wiederholen. Von Interesse waren des Weiteren die jeweils subjektiv wahrgenommenen Leerstellen im Kanon der Jugendhilfeinterventionen, also die Frage nach dem, was den betroffenen Frauen an Unterstützung, Begleitung, Beratung, aber auch Akzeptanz seitens der Kinder- und Jugendhilfe gefehlt hat. Am Ende der Forschung stand letztlich die Erkenntnis über eine Nichtbetrachtung mütterlicher Lebenslagen nach Abgabe leiblicher Kinder in Hilfeformen durch die Kinder- und Jugendhilfe.

Insgesamt stellten sich zehn Mütter für das Projekt zur Verfügung.[3] Mit Hilfe qualitativer Forschungszugänge wurden die weiblichen Entwicklungs- und Biografieverläufe rekonstruiert und diskutiert. Aufgrund der geringen Grundgesamtheit der Befragten und der notwendigen, aber auch gebotenen örtlichen Begrenzung beansprucht dieses Forschungsprojekt keine Repräsentativität. Gleichwohl ist zu vermuten, dass mit Blick auf die Adressatinnen dieses Forschungsprojekts zumindest eine Vergleichbarkeit mütterlicher Le-

2 In Kooperation zwischen dem Katholischen Sozialdienst Hamm, dessen Fachdiensten „Hilfen für Kinder, Jugendliche und Familien“ und „Pflegekinderdienst“, und der Westfälischen Wilhelms-Universität Münster, Institut für Erziehungswissenschaft (Arbeitsbereich Sozialpädagogik), fand in dem Sommersemester 2009 und in dem Wintersemester 2009/10 ein Forschungsseminar statt, in dem Studierende von April 2009 bis Februar 2010 Theorien zum Thema generierten und ein Forschungsdesign entwickelten. Die Datenerhebung und die Datenaufbereitung schlossen sich an.

3 Die Mütter [Vornamen; betroffene Kinder; in Anspruch genommene Hilfeform]: Alexandria (zwei Töchter in der Heimerziehung); Tanja (ein Sohn in einer Sozialpädagogischen Lebensgemeinschaft); Ilona (zwei Töchter in Heimerziehung bzw. in einer Mutter-Kind-Einrichtung); Alexandra H. (ein Sohn in einer teilstationären Hilfe); Jasmin (ein Sohn in Heimerziehung); Martina R. (ein Sohn in Heimerziehung); Iris (zwei Töchter in Pflegefamilien); Martina W. (ein Sohn in Heimerziehung); Denise (eine Tochter in Heimerziehung); Sabine (5 Kinder in Heimerziehung und Pflegefamilien).

benslagen unabhängig von ihrer jeweiligen kommunalen bzw. lokalen Verortung möglich ist.

Im folgenden Beitrag wird zunächst auf den gebotenen Fachdiskurs hingewiesen. Anschließend wird die Präsenz bzw. Nichtpräsenz dieser Thematik im sozialpädagogischen bzw. erziehungswissenschaftlichen Fachdiskurs dargelegt. Des Weiteren beschreibt dieser Beitrag die von den Müttern aufgezeigten Bedarfe und formuliert mögliche Ansätze sozialpädagogischer Unterstützungsformen, die für nachgehende und begleitende, insofern sicher auch präventive Angebote der Kinder- und Jugendhilfe stehen könnten.

Doch zunächst wird auf das Ausgangsinteresse an dieser doch sehr speziellen Forschungsperspektive eingegangen, also die Frage aufgreifend, warum die Lebenslagen und Belange von Müttern zu dieser Untersuchung motivierten.[4]

Unerlässlich ist, unseres Erachtens nach, an dieser Stelle ein Exkurs zu den Zuständigkeiten und Verantwortungen hinsichtlich der familialen Funktionalität im Kontext von Erziehungs- und Bildungsprozessen der Kinder: Die Zuschreibungen hierzu sind eklatant eindeutig, sowohl mit Blick auf gelingende, als auch auf misslingende Erziehung und Bildung in familialen Systemen.

Unerlässlich ist in diesem Zusammenhang eine kritische Inblicknahme des Hilfeplanverfahrens gem. §§ 27, 36 SGB VIII: Eine qua Gesetz partizipativ zu gestaltenden Hilfeplanung bei installierten Hilfen zur Erziehung impliziert offenbar eine Vernachlässigung individueller mütterlicher Belange. Verschränkt sich die Partizipation auf die Interessen der Kinder und Jugendlichen?

Danach schließen sich einige Hinweise zu unserem methodischen Forschungsvorgehen an, da die Nachvollziehbarkeit der Vorgehensweise und die Überprüfbarkeit der erhobenen Daten den Anforderungen wissenschaftlicher Standards entsprechen will. Hieran werden die Betrachtungsfolien der Untersuchung entfaltet, um die untersuchten individuellen mütterlichen Biografien darzulegen, mit den Hinweisen auf „das Typische" für die Lebensverläufe dieser Frauen im Sinne einer Typologie. Nach dieser auf die Mütter ausgerichteten Betrachtungsweise, werden die Sichtweisen der angefragten Fachprofessionen fokussiert, nämlich Ausführungen von vier Expert_innen, von denen drei Fachkräfte direkt mit Frauen arbeiten, die sich in vergleichbaren oder ähnli-

4 Im Mai 2010 konnten die Autoren_innen dieses Beitrags in Paderborn im Rahmen eines Innovationswettbewerbs die Ergebnisse eines qualitativen Forschungsprojekts präsentieren, das sich die Aufgabe gestellt hatte, die besonderen Lebenslagen von Frauen bzw. Müttern mit wissenschaftlichen Methoden zu fokussieren, deren Kinder nicht mehr zuhause, sondern dauerhaft in stationären Einrichtungen der Jugendhilfe leben, nämlich in Pflegefamilien oder Heimen. Sowohl die Darstellung des Forschungsprojekts, als auch dessen Präsentation wurden durch die Fachverbände Sozialdienst katholischer Frauen (SkF) und Sozialdienst Katholischer Männer SKM im Erzbistum Paderborn mit dem 1. Platz ausgezeichnet, der mit einem Preisgeld von 5.000,00 Euro verbunden war.

chen prekären Problemlagen befinden. Dabei handelt es sich um Leitungskräfte aus einem Jugendamt, einem Frauenhaus und einer Suchtberatung sowie – sozusagen als eine weitere, besondere Perspektive – um einen Gewaltberater, der ausschließlich mit männlichen Gewalttätern arbeitet, die ihre Partnerinnen misshandelt haben.[5]

Anschließend wird auf die aus Sicht der Mütter bestehenden Leerstellen der Kinder- und Jugendhilfe eingegangen, also auf die konkret erfahrenen individuellen Vernachlässigungen der Mütter durch das SGB VIII hingewiesen.

2 Erziehungs- bzw. Familienarbeit ist weiblich

An dieser Stelle ist, wie eingangs erwähnt, zunächst ein Exkurs geboten, nämlich der explizite Hinweis auf typische binnenfamiliale Zuständigkeiten und tradierte Verantwortungen für Frauen und Mütter.

Wenn über Erziehung oder Bildung von Kindern in familialen Systemen diskutiert wird, erfolgt in der Regel ein mehr oder weniger deutlicher Hinweis auf die Zuständigkeit für kindliche Entwicklungsprozesse: Eine bis heute geführte Familienrhetorik (vgl. Lüscher 1999) beinhaltet eine mit hoher Verbindlichkeit an die Frau und Mutter hergetragene Verantwortung für die Erziehung und Bildung von Kindern in Familien (vgl. Beck 1986; Kaufmann 1995; Nave-Herz 2007; Ecarius 2007; Hüning 2010). Auch das Synchronisieren kindlicher Entwicklungsprozesse mit außerfamilien Erziehungs- und Bildungsorten obliegt in der Regel der Mutter.

Das Thema „Erziehung“ wird an vielen Orten von zahlreichen Expert_innen und Nichtexpert_innen – wie das Thema „Familie“ überhaupt – kontrovers und aufgeregt diskutiert. Jeder und jede weiß, was eine „gute“ Erziehung ausmacht, welches Handlungsrepertoire und welche Erziehungshaltung demnach zu einer „guten“ Mutter gehören. Diese Rede über binnenfamiliale Setzungen und Normierungen befeuert somit eine eigenständige Mütterrhetorik (vgl. Hüning 2010).

Selbst im Kontext der eher unverdächtigen Sozialberichterstattung über Familien als eine besondere Form von Politikberatung mit langer Tradition[6] implizieren familiale Funktionen wie Erziehung und Bildung hohe weibliche Verantwortungsanteile und normative Setzungen (vgl. Zweiter Familienbericht 1974; Dritter Familienbericht 1994; zuletzt Siebter Familienbericht 2006).

---

5 Die Professionellen [Vorname und Einrichtung]:Brigitte D. (Frauenhaus); Ursula L. (Jugendamt); Berthold S. (Suchtberatung), Andreas M. (Gewaltberatung).

6 Die Deutschen Familienberichte bspw. verhandeln seit 1968 die familialen Realitäten und Verhinderungen auf einem durchgängig hohen sozialwissenschaftlichen Niveau und belegen dieses mit seriösem empiriebasierten Datenmaterial.

Die Rede über Mütter hat eine lange Tradition: Friebertshäuser, Matzner und Rothmüller bspw. sprechen im Zusammenhang von Mütterkonzepten von Mutterschaft als ein sozialgeschichtliches Faktum (2007: 186). In diese Konzepte fließen „normative Konstrukte ein“ (Friebertshäuser et al. 2007: 186). Für Hoffmeister ist Mutterschaft ein „ideologieresistenter Normkomplex“ (Hoffmeister 2001: 313) und Beck identifiziert die stärkste Anbindung von Mutterschaft an die traditionelle Frauenrolle (vgl. Beck 1986: 183). Wie die Betrachtungsfolie auch gewendet wird: die Mutterrhetorik impliziert multioptionale, oft normativ aufgeladene Zuschreibungen und Funktionserwartungen, letztendlich eine Verkoppelung von Frausein und Mutterschaft. Und dies ist umso erstaunlicher, als dass die Begründungsthesen für diese normative Rollenzuschreibung, nämlich der Legitimation von ungleichen sozialen Differenzierungen über den biologischen Tatbestand „Geschlecht“, seit den 1970er Jahren an Akzeptanz verloren haben (vgl. Nave-Herz 2007: 38).

Der erziehungswissenschaftliche Fachdiskurs reflektiert sehr wohl die evidente Funktion der Frau und Mutter in familialen Systemen und deren Bedeutung für die familiale Funktionalität. An keiner anderen familialen Figur definiert sich die Quantität und Qualität von Erziehungs-, Bildungs- und Betreuungskontexten in dieser sozialwissenschaftlichen Disziplin so wie an der Mutter. Die familiale Figur der Mutter beinhaltet offensichtlich eine Dialektik von Wandel und Kontinuität wie keine andere. Die Gleichzeitigkeit von stetigen Wandlungsprozessen und umfänglichen Anpassungserwartungen sowie tradierten, scheinbar unauflöslichen Funktionszuweisungen und Erstzuständigkeiten bildet die Konstante bei der Rekonstruktion von Mütterbildern in den erziehungswissenschaftlichen Fachdiskursen (z B. Friebertshäuser u. a. 2007).

Die Kontexte von Müttern erfahren nachvollzieh- und belegbar grundlegende Veränderungen und Korrekturen, aber auch Erschwernisse und Verhinderungen. Unverkennbar hat sich dabei die familiale Erziehungsumwelt aus der Sicht der Mütter gewandelt. Die Modernisierung der familialen Infrastrukturen, insbesondere der Ausbau der außerfamilialen Erziehungs- und Bildungseinrichtungen verlagert Erziehungsarbeit vermehrt außerhalb der familialen Kontexte. Auch der Trend zum Ganztagsschulbetrieb löst die Mutter zumindest nicht unerheblich aus dem kindlichen Bildungsprozess heraus, wenn ihr auch die Synchronisation von familialen und außerfamilialen Bildungskontexten und die Kommunikation mit den Schulen verbleibt. In diesem Zusammenhang erfolgte aber auch eine De-Konstruktion des lange gepflegten Bildes von der – berufstätigen – „Rabenmutter“ (vgl. Nave-Herz 2007). Eine berufliche Qualifikation mit einer sich anschließenden Berufsbiografie wird den Frauen auch als Mütter zugestanden – wohl auch erwartet. Ob damit auch eine erhöhte Teilhabe der Frauen an Weiterbildungs- und Qualifikationsprozessen verbunden ist, bleibt zunächst unbeantwortet.

Der familiale Wandel löst zwar die Mütter zusehends aus tradierten Rollen und Funktionszusammenhängen, befördert die Zunahme multipler weiblicher Lebenskonzepte und entkoppelt eine gewünschte Mutterschaft von dem Rechtsinstitut der Ehe im speziellen und von einer dauerhaften Partnerschaft generell. Aber weder der gesellschaftliche Wandel im Allgemeinen noch die familiale Transformation im Besonderen löst die Kontinuität der expliziten weiblichen Gleichzeitigkeiten auf. Nave-Herz spricht mit Blick auf die mütterliche Erwerbstätigkeit von einer „Doppelorientierung der Frauen" (2007: 42), die eigentlich eine hierfür notwendige Vereinbarkeit von Mutterschaft und Beruf inkludiert. Aber auch Nave-Herz konstatiert: „Die These über die heutige Doppelorientierung der Frauen hat zu der Forderung nach einer familienfreundlicheren Arbeitswelt geführt, um die Partizipation von Müttern *und* Vätern sowohl am Familien- als auch am Arbeitsleben zu ermöglichen. Trotz dieser über 20 Jahre lang öffentlich geführten Diskussion hat sich bisher in dieser Hinsicht kaum etwas geändert" (Nave-Herz 2007: 42).[7]

Im selben Zusammenhang stellt beispielsweise die Berichtskommission zum Siebten Familienbericht 2006 eher desillusioniert fest: „Die geschlechtsspezifische Ordnung für Familienaufgaben wurde [durch sozialpolitische Interventionen, die Verf.] nicht tangiert. [.....]. Mit diesen Modernisierungsschritten im Bereich der mütterlichen Erwerbsarbeit folgte die Familienpolitik allerdings nichts Anderem als der seinerzeit vorherrschenden öffentlichen Debatte. Es ist auch am Forschungsstand auffällig, dass die Ausgestaltung von Paarbeziehungen, Ehe und Elternschaft bis in die 90er Jahre hinein vornehmlich am Wandel der Lebensführung von Frauen fest gemacht wurde, an ihrer Bildungsbeteiligung, ihrer Erwerbsbeteiligung, ihrem veränderten generativen Verhalten. Auch die Chancengleichheitsdebatte rückte sehr vorrangig das weibliche Geschlecht und deren Beteiligung an der Erwerbsarbeit in den Mittelpunkt, weniger die reziproke Anforderung an das männliche Geschlecht in der Bewältigung familialer Arbeit" (BMFSFJ Siebter Familienbericht 2006: 77).

Festzuhalten bleibt also: Die Rhetorik über Mütter und deren Evidenz für familiale Funktionalität – insbesondere für kindliche Erziehungs- und Bil-

7 „Die jungen Frauen haben – in der Angleichung der Bildung und in der Bewusstwerdung ihrer Lage – Erwartungen auf mehr Gleichheit und Partnerschaft in Beruf und Familie aufgebaut, die auf gegenläufige Entwicklungen auf dem Arbeitsmarkt und im Verhalten der Männer treffen. Die Männer umgekehrt haben eine Rhetorik der Gleichheit eingeübt, ohne ihren Worten Taten folgen zu lassen" (Beck 1986: 162). Die harmonische Männersicht der Geschlechterordnung aus den 70er Jahren ist nach Beck einer verbalen Aufgeschlossenheit bei weitgehender Verhaltensstarre gewichen.

dungsprozesse – inkludiert offensichtlich normative Vorgaben und tradierte Rollenzuschreibungen gerade für Frauen und Mütter (vgl. Hradil 2001; Koop/Hill 2006; zuletzt Hüning 2010: 394 ff.).

2.1 Zuständigkeiten bei familialem Funktionsverlust

Ist die Rede über Mütter und deren Funktionen – insbesondere mit Blick auf Erziehung und Bildung – in familialen Systemen per se normativ aufgeladen, so wird sie dann umso aufgeregter geführt, wenn die familiale Erziehung misslingt und die Gesellschaft Verantwortung für die hiervon betroffenen Kinder übernehmen muss. Dieses geht in der Regel einher mit einer fehlenden öffentlichen Akzeptanz vermeintlichen elterlichen Fehlverhaltens sowie mit nicht unerheblichen Stigmatisierungen, vor allem der Mütter. In diesem speziellen Kontext erfährt die Stereotype der „Rabenmutter“ offensichtlich – entgegen einer allgemeinen Erosion dieser Zuschreibung für Mütter – eine Renaissance.

Ein kritisches Hinterfragen angesichts eines familialen Funktionsverlustes – so ein erstes Ergebnis der Untersuchung – richtet sich in der Regel an die Mutter und nicht an den Vater. Das bedeutet, dass die Mütter offensichtlich nicht nur für die Erziehung an sich die Erstverantwortung tragen (müssen), sondern auch die ersten Adressatinnen der Kritik sind, wenn familiale Erziehungsanstrengungen – erst einmal völlig unabhängig von den Gründen hierfür – versagen. Die Inanspruchnahme von Leistungen des SGB VIII wird offensichtlich oft unreflektiert leichthin mit Erziehungsdefiziten verkoppelt, mit erzieherischem Fehlverhalten, das oftmals Müttern mehr oder weniger deutlich ausgesprochen unterstellt wird. Die Kritiker dieses angeblichen Fehlverhaltens bewerten dabei augenscheinlich nicht angemessen genug die jeweiligen weiblichen Biografieverläufe, die individuellen mütterlichen Kontexte oder die sozialen Ungleichstellungen und Verhinderungen von Frauen, so die evidente Erkenntnis der Untersuchung.

An dieser Stelle produziert unseres Erachtens nach auch die Kinder- und Jugendhilfe offenbar eine Paradoxie: Durch die erziehungswissenschaftlichen Fachdiskurse ist sie über diese mütterlichen Disparitäten in Kenntnis gesetzt worden, trägt diesem Kenntnisstand aber offensichtlich keine Rechnung, z. B. in Form gebotener sozialpädagogischer Hilfesettings für diese Mütter. Die Kinder- und Jugendhilfe fokussiert offensichtlich nicht hiermit notwendig verbundene sozialpädagogische Handlungslinien, bspw. in Form von nachgehender Beratung für Mütter nach einer Abgabe von Kindern, selbst dann nicht, wenn noch weitere Kinder in der Familie leben bzw. zu erwarten ist, dass diese Frauen weitere Kinder gebären können.

Die so beschriebene Ausgangslage motivierte letztlich zur Durchführung dieses Forschungsprojekts.

3 Die Hilfeplanung als Ort der Inblicknahme mütterlicher Belange?

Unseres Erachtens nach ergibt sich mit Blick auf die Befunde des Forschungsprojekts hinsichtlich der Hilfeplanung eine widersprüchliche Gleichzeitigkeit:

Das SGB VIII verortet zwar grundsätzlich die Möglichkeit der Thematisierung von Mütterthemen im Hilfeplanverfahren gem. §§ 27, 36 SGB VIII (vgl. Münder u.a. 2003; Wiesner 2006). Das Verfahren selbst definiert aber offensichtlich gleichzeitig auch die Grenzen einer differenzierteren Inblicknahme mütterlicher Belange durch eine letztlich statisch auf das Kind bzw. den Jugendlichen ausgerichtete Perspektive der Handelnden – so die zweite evidente Erkenntnis des Forschungsprojektes.

Eine unmittelbare, tiefergehende Verhandlung der individuellen Mütterbelange ist in diesem Verfahren nicht vorgesehen und wird – so zumindest der Eindruck – letztlich auch durch eine leicht identifizierbare ‚Nichtzuständigkeit' für diese mütterliche Problematik innerhalb der Kinder- und Jugendhilfe deutlich.

Der vierte Abschnitt des Kinder- und Jugendhilfegesetzes befasst sich dezidiert mit den Hilfen zur Erziehung. Einen Anspruch auf diese Leistungen haben Personensorgeberechtigte – in der Regel Eltern gem. § 27 SGB VIII –, „wenn eine dem Wohl des Kindes oder des Jugendlichen entsprechende Erziehung nicht gewährleistet ist und die Hilfe für seine Entwicklung geeignet und notwendig ist". Und weiter: „Art und Umfang der Hilfe richten sich nach dem erzieherischen Bedarf im Einzelfall" auch eine gebotene Herausnahme des Kindes durch das Jugendamt oder die freiwillige Abgabe eines Kindes an stationäre Einrichtungen und Dienste der Jugendhilfe ist darunter zu verstehen. Hierbei handelt es sich um Vollzeitpflege, Heimerziehung oder sonstige betreute Wohnformen, welche in den §§ 33 und 34 SGB VIII definiert sind. Die Vollzeitpflege umfasst dabei „eine zeitlich befristete Erziehungshilfe oder eine auf Dauer angelegte Lebensform" (§ 33) für Kinder und Jugendliche in einer anderen Familie. Es wird dabei Rücksicht auf das Alter, den Entwicklungsstand und die persönlichen Bindungen des Kindes oder des Jugendlichen genommen. Ziel ist die „Verbesserung der Erziehungsbedingungen in der Herkunftsfamilie" (§ 33). Die Förderung der Entwicklung von Kindern und Jugendlichen, durch die Verbindung von therapeutischen und pädagogischen Angeboten und Alltagserleben, ist im § 34 SGB VIII für die Heimerziehung definiert. Ein wesentliches Ziel der Heimerziehung oder der sonstigen betreuten Wohnformen ist es, ebenfalls eine Verbesserung der Erziehungsbedingungen in der Herkunftsfamilie zu schaffen, wodurch die Rückkehr eines Kindes oder Jugendlichen in diese Familie erreicht werden kann.

In die Entscheidung über die Inanspruchnahme einer Hilfe, deren Art und Umfang sind die Personensorgeberechtigten sowie das Kind oder der Jugendliche mit einzubeziehen. Es handelt sich also um eine Mitwirkung an dem Hilfeplanverfahren. Die Fachkräfte und die bereits genannten Personen sollen gem. § 36 Abs. 2 SGB VIII gemeinsam und „regelmäßig prüfen, ob die gewählte Hilfeart weiterhin geeignet und notwendig ist." Es handelt sich demnach nicht um einen einmaligen Akt der Hilfeplanung, sondern um ein prozessuales Vorgehen (vgl. Fricke 1992: 511). Der Hilfeplan muss auch während der Unterbringung des Kindes oder des Jugendlichen modifiziert und geändert werden können. Wesentlich ist also, dass zum Wohl des Kindes oder des Jugendlichen, eine Zusammenarbeit bei Hilfen außerhalb der eigenen Familie von Nöten ist. § 37 SGB VIII besagt, dass durch „Beratung und Unterstützung [...] die Erziehungsbedingungen in der Herkunftsfamilie innerhalb eines im Hinblick auf die Entwicklung des Kindes oder Jugendlichen vertretbaren Zeitraumes so weit verbessert werden [sollen], dass [die Erziehungsberechtigten] das Kind oder den Jugendlichen wieder selbst erziehen" können. Somit wird gesetzlich der hohe Stellenwert der Eltern- und Familienarbeit betont, welche die Rückkehr der abgegebenen Kinder in die Herkunftsfamilien ermöglichen soll. Oftmals handelt es sich hierbei jedoch um eine formalisierte Beratung des Jugendhilfeträgers. Personenberechtigte sind nur bezüglich des Hilfeprozesses ihres Kindes zu beraten. Es geht also nicht um eine psychosoziale Beratung, welche die konstante Mitarbeit des Klient_innen erfordert. Vielmehr wird eine Informationsvermittlung gegenüber dem Leistungsberechtigten bezüglich des weiteren Verlaufs und der zu erwartenden Entwicklungen des Kindes oder des Jugendlichen getätigt (vgl. Fricke 1992: 510).

Wird in den Hilfeplangesprächen eine am Wohl des Kindes orientierte Lösung gesucht, so bleiben die Kindeseltern, in diesem Fall die Mütter, mit ihren Belangen offensichtlich außen vor, so die Befunde des Forschungsprojekts. Zwar werden die betroffenen Frauen regelmäßig informiert und mit Auflagen belegt, nämlich mit Hinweisen auf die Verhinderungen, die im binnenfamilialen Kontext geändert werden müssen, damit die Kinder oder Jugendlichen wieder bei ihnen leben dürfen, jedoch fehlt es offenbar an einer nachgehenden Beratung und entlastenden Unterstützungsangeboten, die es möglich machen, die familialen Erziehungsbedingungen letztendlich nachhaltig zu verbessern. Dies spiegelt sich letztlich in den Aussagen der interviewten Mütter wider. So beschreibt bspw. eine Mutter eindrücklich, dass sie sich nach der Abgabe ihrer Kinder durch die Kinder- und Jugendhilfe sehr allein gelassen gefühlt habe. Es hätten zwar Hilfeplangespräche stattgefunden, in denen jedoch, wie bereits beschrieben, nur die Belange der Kinder umfänglich und tiefergehend thematisiert wurden. Eine für sie als Mutter zuständige und erreichbare Ansprechperson, mit der sie eigene Probleme und Sorgen hätte besprechen können, wäre, ihrer Aussage zu Folge, sehr hilfreich gewesen. Diese Mutter steht bzw. stand einer nachgehenden Beratung grundsätzlich sehr positiv gegenüber und bedauerte es letztlich ausdrücklich, nicht die Möglichkeit erhalten zu haben, eine solche Beratung in Anspruch nehmen zu können (*Alexandria*).

Weiterhin ist unseres Erachtens zu bedenken, dass die prekäre Situation in einer von der Abgabe eines Kindes betroffenen Familie nicht nur auf das jeweilige Kind zu begrenzen ist, sondern dass oftmals weitere Geschwister in den Familien leben, die denselben Erziehungshindernissen ausgesetzt sind. Die Erwartung, dass diese Geschwisterkinder ebenfalls Adressat_innen der Jugendhilfe werden, ist somit durchaus berechtigt.

Ein weiterer Hinweis war erkennbar: Mütterbelange werden im Kontext von Hilfeplanung offenbar nicht expliziert und wenn überhaupt, dann im Rahmen von Elternarbeit der stationären Hilfeeinrichtungen – unabhängig vom Hilfeplanverfahren – in den jeweiligen Einrichtungen der Kinder- und Jugendhilfe verhandelt *(alle Mütter außer Sabine)*. Zur Elternarbeit sind die stationären Einrichtungen der Kinder- und Jugendhilfe verpflichtet. Deren Bedeutung für die sozialpädagogischen Konzepte in Heimen ist unstrittig und sie wird daher in die jeweilige Angebotspalette der Jugendhilfeeinrichtung verortet.[8]

Die Untersuchung ergab einen weiteren deutlichen Hinweis mit Blick auf die Inpflegegabe von Kindern gem. § 33 SGB VIII: Noch schwierigerer zeigt sich offensichtlich die Beteiligung von Eltern über die Hilfeplanung hinaus bei einer Inpflegegabe von Kindern, da bei dieser Hilfeform eine Form der Nichtzuständigkeit innerhalb der Kinder- und Jugendhilfe – mit Blick auf die durch uns untersuchten Mütterbiografien – geradezu eklatant deutlich wird. Weder die begleitenden Pflegekinderdienste noch die beteiligten Steuerungsdienste der Allgemeinen Sozialen Dienste (ASD) dieser kleinen Studie sehen eine nachgehende Beratung für Eltern vor. Die Rekonstruktionen der durch uns hierzu befragten Mütter ergaben eher den Eindruck einer – aus der Perspektive der Mütter – vorsichtig ausgedrückt ‚beabsichtigten' Vernachlässigung nachgehender Beratung für die abgebenden Herkunftssysteme, offensichtlich mit

8 Die verbindlichen Absprachen über das Vorhalten spezieller Angebote für Eltern über die Hilfeplanung erfolgt im Rahmen von Qualitätsdialogen zwischen den örtlich zuständigen Jugendämtern und den jeweiligen Anbietern dieser Hilfeform. So beschreiben die Konzepte und Leistungsbeschreibungen der Einrichtungen sicherlich die Notwendigkeit von Elternarbeit. Inwieweit allerdings diese besonderen, die Mütter (oder Väter) tangierenden Belange in den Einrichtungen tatsächlich tiefergehend besprochen werden, ist an dieser Stelle nicht zu beantworten. Diese Frage werden andere Forschungsprojekte oder Evaluationsprozesse beantworten.

der Hoffnung der beteiligten Fachkräfte verbunden, damit die Hilfeverläufe für die Kinder zu stabilisieren (*Tanja; Jasmin; Iris; Martina W.*). Es ist wohl eher zu vermuten, dass den Herkunftssystemen, und somit auch den Müttern, eine ungute Einflussnahme auf die Entwicklungsmöglichkeiten ihrer Kinder in den Pflegefamilien unterstellt wird – so eine mögliche und noch weiter zu verifizierende These.

Eine Wertschätzung der Eltern, in unserem Falle der Mütter, ist offenbar gleichzeitig auch abhängig von der jeweiligen individuellen sozialpädagogischen Haltung der Fachkräfte bzw. deren grundsätzlicher Haltung zu den Herkunftssystemen, so die subjektiven Wahrnehmungen der befragten Frauen.

Deutlich wurde aber auch: Eine nachgehende Beratung ist letztlich keine einklagbare, durch die Jugendhilfe zwingend vorzuhaltende Leistung. Eine nachgehende Beratung durch die Kinder- und Jugendhilfe, die von den durch uns befragten Frauen gewünscht wurde, ist in keinem Leistungsparagrafen des SGB VIII verortet.

3.1 Zur (Nicht-)Präsenz des Themas im Fachdiskurs

Dieses sozialpädagogische Forschungsprojekt greift – wie eingangs erwähnt – die Frage nach der Inblicknahme von Müttern durch die Fachprofession auf und verortet den Forschungsfokus in den Kontext der Kinder- und Jugendhilfe. Das Forschungsinteresse ist in der Frage nach der Evidenz der Mütter für die Sozialisationsprozesse der Kinder auf dem Hintergrund der Erkenntnis, dass genau diese familialen Figuren eine eklatante Vernachlässigung durch das Instrumentarium des SGB VIII erfahren, begründet. Das Projekt wollte einerseits eine typische weibliche Problematik in Jugendhilfekontexten aufgreifen und verhandeln, sowie andererseits durch eine eigenständige sozialpädagogische Forschungsleistung die Schnittstelle zwischen Theoriewissen und Praxishandlung fokussieren.

Diese Betrachtungsfolie – Mütterbelange in der Kinder- und Jugendhilfe – war allerdings offensichtlich bisher nicht Gegenstand erziehungswissenschaftlicher oder explizit sozialpädagogischer Forschungsanstrengungen, die eine Diskussion zum Thema hätten befördern können. Ein erziehungswissenschaftlicher Austausch zu dieser sehr speziellen Problemlage von Frauen findet eher rudimentär statt. Friebertshäuser/Matzner/Rothmüller bspw. beteiligen sich an diesem ‚Quasi-Diskurs', indem sie auf die Desiderate mit Blick auf Mütterforschung hinweisen und insbesondere eine erziehungswissenschaftliche Forschungsperspektive anmahnen, um eine explizite fachwissenschaftliche Betrachtungsfolie dieser sozialen Figuren zu entfalten (Friebertshäuser/Matzner/Rothmüller 2007: 192 ff.). Mütterbelange und Problemlagen von

Frauen in familialen Systemen werden in der Regel implizit im Kontext von Familienrhetorik (mit-) verhandelt und diskutiert (vgl. Hüning/Peter 2010: 92 ff.), werden dort quasi „mitgedacht" anlässlich einer allgemeinen Rede über Familie. Explizite Betrachtungen von Mütterbelangen und -bedarfen im erziehungswissenschaftlichen Fachdiskurs fehlen offensichtlich

Die diesem Forschungsvorhaben zugrunde gelegte Arbeitshypothese impliziert dagegen eine exklusive weiblich Paradoxie: eine *Gleichzeitigkeit von Ungleichstellungen* bedingt durch die Evidenz der Mutter als der *zentralen Figur* für familiale Funktionalität, vor allem als Protagonistin in erzieherischen Kontexten, dabei behaftet mit einer exklusiven (Erst-)Zuständigkeit und (Allein-) Verantwortung für kindliche Sozialisationsprozesse einerseits, andererseits aber auch die *explizite Adressatin* von Interventionen, Stigmatisierungen und Sanktionen öffentlicher Jugendhilfestrategien zu sein, letztendlich in signifikanter Weise in eine typische Disparität hineingestellt zu werden – unabhängig davon, welche Faktoren oder individuellen Defizite zu diesem familialen Versagen in erzieherischen Kontexten geführt haben.

Die Sichtung der einschlägigen Fachliteratur ergab ein offensichtliches Desiderat: Bezogen auf die Situation von Müttern in der Jugendhilfe wird eine Forschungslücke – und damit verbunden – ein hierzu fehlender Diskurs in der Fachliteratur überdeutlich. Die Inblicknahme der Mütterbelange durch die Jugendhilfe – so der Eindruck – bleibt augenscheinlich beschränkt auf die Partizipation der Hilfeadressatinnen und auf eine oftmals eher stigmatisierende Inverantwortungsnahme der Mütter für die Erziehung der Kinder durch die professionellen Protagonisten der Kinder- und Jugendhilfe. Explizite mütterliche Forschungsfolien entfalten die Erziehungswissenschaft und die Sozialpädagogik in diesem Kontext nicht, verbleiben eher bei der Beschreibung reaktiver Angebote der Kinder- und Jugendhilfe, sei es beraterisch, sei es über die Installierung individueller Hilfen für Mütter, beispielsweise mit Unterbringungen von erziehungsschwachen Müttern in stationären Einrichtungen der Jugendhilfe.[9]

Ein Fazit hierzu: Die Fachdiskurse verhandeln offenbar die Themen der „Hilfen zur Erziehung" und der „Hilfeplanung" umfänglich, nämlich aus jeder möglichen wissenschaftlichen Perspektive oder von verschiedenen sozialpädagogischen Fragstellungen ausgehend, auch mit Blick auf die verschiedenen Hilfeformen sowie im Kontext von Lebensweltorientierung, die Beteiligung von Kindern oder die Mitwirkung von Vätern fokussierend. Spezielle For-

9 An dieser Stelle ist allerdings anzumerken, dass die Sichtung der vorliegenden einschlägigen Literatur insofern eingeschränkt wurde, als dass nur deutschsprachige Veröffentlichungen seit Einführung der SGB VIII 1990 bzw. 1991 bis heute in den Literaturspeicher aufgenommen wurden.

schungen zur Lebenslage und zu Bedarfen von Müttern, deren Kinder in Pflegefamilien oder in Heimen leben, liegen offensichtlich bis heute nicht vor.[10]

4 Zur methodischen Vorgehensweise

Die Entscheidung für einen qualitativen Forschungsansatz war letztlich auch der Überlegung geschuldet, das Forschungsvorgehen am Untersuchungsgegenstand flexibel auszurichten und sowohl das Instrumentarium als auch die Forschungsfragen nicht statisch festzuschreiben. Qualitative Forschungsdesigns implizieren induktive und deduktive Techniken sowie nicht-standardisierte Untersuchungsverfahren. Des Weiteren ist für diesen Forschungsansatz charakteristisch, dass der Forschungsprozeß interpretativ agiert, das heißt, die soziale Realität wird als gesellschaftlich, ihr Sinn also durch Interpretation und Bedeutungszuweisung konstruiert und nicht als objektiv vorgegeben aufgefasst (vgl. Lamnek 2005; Mayring 2003).

Qualitative Forschung operiert dabei naturalistisch, das bedeutet, das Untersuchungsfeld ist die natürliche Welt, die mit naturalistischen Methoden erfasst und beschrieben werden soll.

Qualitative Sozialforschung geht kommunikativ vor, weil die methodologischen Regeln nicht losgelöst von den vorgängigen Regeln des alltäglichen Kommunikationsprozesses festgelegt werden können, da die soziologischen Methoden der Sozialforschung Kommunikation implizieren (vgl. Lamnek 2005). Dieser Forschungsansatz arbeitet reflexiv, das bedeutet, die qualitative Sozialforschung soll „sich selbst in mehrfacher Hinsicht kritisch reflektieren", was aber auch ein theoretisches und praktisches Problem von Soziologie und Sozialforschung ist (vgl. Lamnek 2005: 32 ff.).

Bei der Untersuchung hat sich das Forschungsseminar eines qualitativen Forschungsansatzes bedient und sowohl zehn narrative Interviews mit von einer Abgabe eines leiblichen Kindes betroffenen Müttern als auch vier Expert_inneninterviews durchgeführt. Das narrative Interview steht dabei für eine offene Befragungsform. Die Expert_inneninterviews erfolgten dagegen als eine leitfadengestützte Befragung.[11]

10 Interessanter Weise fokussiert der Fachdiskurs sehr wohl eine „Nichtbehandlung" von Vätern in Jugendhilfekontexten im Sinne einer durch die Kinder- und Jugendhilfe ignorierte Ressource (vgl. Matzner 2005; Sabla 2009). Stork beklagt im gleichen Zusammenhang die Janusköpfigkeit der Jugendhilfe mit Blick auf deren Anstrengungen zur Väterbeteiligung, da Väter eher als Störfaktoren identifiziert werden und daher deren Partizipation vernachlässigt wird (vgl. Stork 2007: 6).

11 Vor der Durchführung der Mütter-Interviews wurde die Tauglichkeit dieser konkreten Befragungsform anhand eines Pre-Tests erprobt. Dazu fanden vorab zwei Gespräche mit Müttern statt.

Mit Hilfe eines zunächst deduktiv entwickelten Kategoriensystems wurden erste Kategorien und Typen im Kontext einer Explikation der Interviewtexte im Textkörper identifiziert und notiert. Die Modifikation des Kategoriensystems erfolgte hieran anschließend nun induktiv, d.h. neue, aktuellere Erkenntnisse zum Forschungsinteresse aus den vorliegenden schriftlich fixierten Interviewtexten fanden Berücksichtigung und forschungsevidente Aspekte wurden in das Kategoriensystem eingearbeitet. Es erfolgte die endgültige Analyse der Textkörper.

Die enorme Textmenge wurde dann im Rahmen einer qualitativen Inhaltsanalyse zunächst paraphrasiert, bedeutende Belege generalisiert und einer weiteren Reduktion unterzogen. Die identifizierten Kategorien und Typen wurden abschließend modifiziert und es erfolgte eine erste Interpretation. Die freigelegten Kategorien dienten letztlich auch zur Auswahl der Interviewten für die Expert_inneninterviews. Die Entscheidung, das Forschungsdesign um Experteninterviews zu erweitern, steht somit typisch für den qualitativen Forschungsansatz und unterstreicht den Vorteil einer offenen Vorgehensweise bei der Durchführung und Fortschreibung eines Forschungsprojekts. Die gewonnenen Erkenntnisse über die Bedeutung der Kategorien „Individuelle weibliche Jugendhilfebiografien", „Binnenfamiliale Gewalterfahrung", „Suchtverhalten und familiale Funktionalität", sowie „Ungünstige soziale Kontexte und Verhinderungen" waren letztlich evident für die später erfolgende Kontextualisierung der erhobenen Befunde.

Die Typenbildung steht für eine bewährte Auswertungsmethode innerhalb der qualitativen Sozialforschung.[12] Die Entwicklung einer Typologie erfordert die systematische Suche nach Zusammenhängen zwischen einzelnen Kategorien (vgl. Kelle/Kluge 1999). Der Erarbeitung relevanter Vergleichsdimensionen (durch das Vorwissen und die Analyse begründet) folgen die Eingruppierung der Fälle und die Analyse einer empirischen Regelmäßigkeit ihres Auftretens im Textkörper bzw. Untersuchungsgegenstand. Es folgt die Analyse der inhaltlichen Sinnzusammenhänge und die Typenbildung. Abschließend werden die gebildeten Typen charakterisiert gemäß der Frage, welche Kriterien in diesem Kontext typisch sind (vgl. Lamnek 2005).

12 „Die gängigste Auswertungsmethode innerhalb der qualitativen Forschungspraxis ist die Bildung von Typen und Typologien. Diese geschieht in deskriptiver und in theoretischer Absicht" (Lamnek 2005: 241).

5 Die Typologie in den Mütterbiografien

Dieses Analyseverfahren ermöglichte die Formulierung der nachfolgend dargelegten Typologie, verdeutlicht somit das „Typische" in den Biografieverläufen der befragten Mütter:

Individuelle weibliche Jugendhilfebiografien

> „Nein. In einer Wohngruppe. Also ins Heim hätte ich meine Tochter niemals gegeben. Niemals. Weil ich selber teilweise in einem Heim war und ich einfach der Überzeugung bin, aufgrund meiner Erfahrung, dass es da einfach nicht genügend Hilfe gibt, die S. bräuchte" (Denise).

Auffällig war, dass es in jeder zweiten Mutterbiografie bereits in der eigenen Kindheit Erfahrungen mit der Kinder- und Jugendhilfe gegeben hat. So sind fünf Kindesmütter selbst und/oder ihre Geschwister in einer sozialpädagogischen Hilfeform aufgewachsen *(Interviews Alexandria, Ilona, Martina R., Martina W., Denise)*. Entweder weil die Mütter ihre Kinder abgegeben haben oder weil sich die Kinder der elterlichen Verantwortung als Selbstmelder entzogen. Zwei Frauen lebten als Jugendliche über längere Zeit obdachlos *(Interviews Iris, Denise)*. Sie durchliefen mehrere Stationen der Kinder- und Jugendhilfe, oftmals im Wechsel mit Aufenthalten in der Psychiatrie. Auffallend oft beschreiben die Mütter die Hilfeleistungen der Kinder- und Jugendhilfe aus heutiger Sicht als unzureichend *(Interviews Alexandra H., Jasmin, Martina W., Denise)*. Eine der Mütter musste einen sexuellen Übergriff durch andere männliche Schützlinge in einer Kinderschutzstelle erfahren *(Interview Tanja)*.

Nicht selten wurde großes Misstrauen gegenüber der Institution »Jugendamt« offenbar. Lediglich eine Mutter beschreibt die eigene Sozialisationsgeschichte in der Heimunterbringung äußerst positiv. Dieser Aspekt hat ihr die Entscheidung zur Abgabe ihres eigenen Kindes in die Obhut der Kinder- und Jugendhilfe gewiss erleichtert *(Interview Ilona)*.

Binnenfamiliale Gewalterfahrung: Gewalt in der Herkunftsfamilie/ Gewalt in der Partnerschaft

> „Die Schwangerschaft über bin ich davor verschont geblieben und die ersten Lebensmonate vom T. eben halt auch. Und da war eine Situation eben halt, da war T. gerade ein Jahr, da ist eben halt der Kindesvater gegen mich wieder handgreiflich geworden und da habe ich eben auch über das Kind hin, auch durch das Kind die Kraft entwickeln können, mich langfristig von ihm zu trennen. Also hab gedacht, ich werde nicht warten, dass ein Schlag, der mir gegolten ist, an das an das Kind gerät. Und da hab ich auch erst die Kraft gehabt mich aus dieser Co-Abhängigkeit zu lösen" (Martina R.).

Einige Mütter gaben an, dass die eigene Herkunftsfamilie bezüglich familialer Gewalt bereits vorbelastet sei. Auch in der eigenen Erziehung habe es massive Gewalttraumata gegeben. Zwei Frauen berichten von solchen traumatischen Erlebnissen. Es ist zu Übergriffen seitens Erwachsener gekommen. Zwei der Mütter sind sexuell missbraucht worden *(Interviews Tanja, Denise)*. Eine Mutter beschreibt gleich drei massive Übergriffe – in Form sexuellen Missbrauchs – durch verschiedene Personen. In einem der Fälle fanden die Missbräuche über einen langjährigen Zeitraum, durch einen Bekannten der Eltern, statt. Es wurde ferner von Übergriffen des eigenen Vaters an der Mutter berichtet. Andere Frauen beschrieben Formen psychischer Gewalterfahrung.

Eine Mutter erzählte von sexuellen Übergriffen in der Partnerschaft *(Interview Jasmin)*. In sechs Fällen hat es Formen von häuslicher Gewalt in der Partnerschaft gegeben. Die Mütter erfuhren zum Teil dabei erheblich traumatisierende Ereignisse. Die Beziehungen waren größtenteils bereits vor den Schwangerschaften zerrüttet, haben jedoch häufig noch bis weit darüber hinaus gehalten. In einigen Fällen hatte es massive Zwischenfälle in Form von physischer Gewalt gegeben, bis die Mütter den Entschluss getroffen haben sich zu trennen. Oftmals hat es wiederholte Trennungen und Wiederaufnahmen der Beziehungen gegeben. Dieses komplexe System aus Macht und Kontrolle macht es den Frauen schwer, sich Hilfe von außen zu holen. In einem der Fälle ist es zu massiven Misshandlungen des Sohnes durch den Kindsvater gekommen *(Interview Jasmin)*.

Suchtverhalten und familiale Funktionalität

> „Äh, Widerstand gegen die Staatsgewalt unter starkem Alkoholeinfluss. Dann Beschaffungskriminalität, Ladendiebstähle, Einbrüche und dergleichen. Man kann wirklich sagen, von seinem 14. Lebensjahr an bis heute ist sein Lebenslauf JVA Dortmund, Bielefeld. Er kommt dann auch eine Zeit wieder raus, fängt sich auch. Weiß sein Leben auch aufzubauen und in der nächsten Episode verliert er dann auch wieder alles. Und das ist so das Leben, was er bis heute lebt" (Martina R.).

In einigen Familien sind Suchtproblematiken manifestiert, vornehmlich im Umgang mit Alkohol. Dies wurde vor allem für die Herkunftsfamilien der Kindesväter beschrieben.

Für neun (von zehn) der Kindesväter waren Suchtproblematiken zu registrieren. Meist spielte Alkohol eine erhebliche Rolle (in sieben Fällen), aber auch andere Substanzabhängigkeiten und Spielsucht (in einem Fall) sind benannt worden. Durch mangelndes Vermögen an Verantwortungsübernahme hinsichtlich des familialen Einkommens stürzten einige Väter ihre Familien in die Verschuldung. In einem der Fälle ist es in diesem Zusammenhang zu einer

Inhaftierung des Kindsvaters gekommen *(Interview Ilona)*. Vielfach legen die Männer aus Sicht der befragten Mütter eine Inkompetenz in Bezug auf Lebensbewältigungsstrategien zu Tage. Die Mütter tragen die Lasten des Partners demnach häufig mit.

Drei Frauen beschrieben eine eigene schwere Substanzabhängigkeit als somatisches Mittel der Ausblendung, vornehmlich im Jugendalter; in zwei Fällen bis weit darüber hinaus. Eine der Mütter hatte aktuell ihre eigene Alkoholsucht bewältigen können *(Interview Denise)*. Eine weitere Mutter befand sich vor der Geburt ihres Kindes – aufgrund von Drogenmissbrauch – in mehreren Entgiftungs-, Entzugs- und Psychotherapien.

> „Alles hat ja immer so eine Geschichte. Ist ja immer so. Ich bin jetzt seit fast 6 Jahren trockene Alkoholikerin. War tagsüber zwar immer nüchtern. So ab abends, sieben, acht, habe ich dann sehr viel getrunken und hinterher dann schon, dass ich wirklich nach 2 Bier schon nicht mehr wusste was ich getan habe. Also wirklich ganz, ganz schlimm. Und hab dann durch einen Freund, der beim Kreuzbund ist, gewesen ist, auch. Der hat dann also öfters so mit mir geredet. Ich wusste es ja im Vorfeld immer selbst schon, aber das ist immer so, es muss erst Klick machen. Es ist einfach so. Ich bereue es für mich auch, obwohl ich weiß, dass es eine Krankheit ist. Aber trotzdem ist es immer sehr schwierig. Und dann habe ich gesagt: Ich komme jetzt einfach mit und erst nachdem ich aufgehört zu trinken, fingen die Schwierigkeiten an“ (Denise).

Ungünstige soziale Kontexte und Verhinderungen: Herkunft und soziale Einbindung/Bildungsferne und Armut/Ungeplante Mutterschaft als Risiko/Störungsbilder der Mutter/Störungsbilder des Kindes

> „Ja, wie gesagt, und auch diese kleine Wohnung. Wie gesagt, das waren ja zwei Räume gewesen. Das eine haben wir als Kinderzimmer gemacht. Und das andere war Wohn-, Schlafzimmer und Küche zusammen. Und ein kleines Badezimmer. Also so muss man sich das vorstellen. Ja, vielleicht so ein bisschen. Wenn das alles ein bisschen anders gelaufen wäre. Ich glaube dann wäre das erst gar nicht so weit gekommen. Weil, wie gesagt, wenn man mit vier Leuten. Also mit zwei Kindern auf einem Raum sitzt den ganzen Tag. Ist schon anstrengend. Und da konnte man sich auch nicht zurück ziehen oder irgendwie mal. Ne. Und wenn mal irgendwas anstand. Dann war sowieso das Hauptsächlichste war. Wir gehen einkaufen. Oder wir gehen die Enten füttern. So, das waren dann die Aktivitäten mit den Kindern“ (Iris).

In den meisten Fällen hat es bereits in der eigenen Erziehung der befragten Mütter massive Versäumnisse gegeben. Die Frauen beschreiben häufig distanzierte Formen des Umgangs miteinander in der Herkunftsfamilie. Oft spielten dabei Zwang und Kontrolle eine Rolle im Verhältnis zwischen Eltern und Kind. Die heutigen Beziehungen zu der Herkunftsfamilie stellen sich oft prekär dar

(Interviews Tanja, Alexandra H., Jasmin, Martina R., Iris, Denise). Dies führt dazu, dass die Kindesmütter wenig Unterstützung bei der Bewältigung ihres Alltags mittels der eigenen Familie erfahren. Hinzu kommen Verurteilungen durch die Eltern oder Großeltern wegen der Abgabe des eigenen Kindes, welche die intergenerationale Beziehung zusätzlich belasten. Hinsichtlich der oftmals problematischen Partnerschaften der Mütter zu den Kindesvätern treffen die Frauen häufig auf Unverständnis seitens der eigenen Familie. Die familialen Strukturen werden des Weiteren aus Sicht der Befragten zunehmend schwächer. Nur eine Mutter beschreibt eine stützende Präsenz mittels ihrer Familie.

Auch über ein ausreichendes soziales Umfeld, welches den Frauen Beistand leisten und psychische Diskontinuitäten abfangen könnte, verfügen die wenigsten der Mütter. In der Aufnahme von sozialen Bindungen zeigen sich die meisten der Frauen eher zurückhaltend. Es waren oft nur wenige bis gar keine Bezugspersonen auszumachen.

Sechs Frauen stammen aus eher bildungsfernen Kulturen des Aufwachsens. Die meisten Mütter haben einen Hauptschulabschluss erreicht. Sie haben auf Grund von frühen, ungeplanten Schwangerschaften ihre Ausbildungen abbrechen müssen oder zumindest den Berufseinstieg versäumt. Dies trifft bei auffallend vielen Müttern zu. Ein höherer Bildungsabschluss lässt sich bei lediglich einer der Frauen nachweisen. Diese hatte die Hochschulreife nach Beendigung der Ehe mit dem Kindesvater nachholen können. Drei Mütter entstammen Herkunftssystemen, deren Bildungs- und Einkommensniveau als solide beschrieben werden kann. Aktuell befinden sich vier Frauen in beruflichen Maßnahmen, drei Frauen gehen beruflichen Tätigkeiten nach, eine der Frauen ist erwerbsunfähig und zwei Mütter sind Hausfrauen und leben von sozialstaatlichen Transferleistungen.

Durch die eigene Sozialisationsgeschichte und weitere Begleitumstände befinden sich die Mütter häufig in labiler psychischer Verfassung. Die Mütter leiden zumeist unter Depressionen und Traumata. Borderline, autoaggressives Verhalten, psychosomatische Erkrankungen, entwickelte Sprach- und Angststörungen wurden ebenfalls benannt. Ferner wurden andere körperliche Erkrankungen erwähnt, die ebenfalls als Symptom psychischer Spannung interpretiert werden können. Die eingeschränkte Belastbarkeit der Mütter wirkt sich offenbar unweigerlich negativ auf deren Erziehungskompetenzen aus. Alle zehn befragten Mütter nahmen bzw. nehmen professionelle Hilfe in Form von Psychotherapien, ambulanten Therapien in Tageskliniken o.ä. in Anspruch. Einigen wurde eine Medikation verordnet. Manche der Frauen sind kollabiert und mussten zeitweise einer Behandlung in der Psychiatrie unterzogen werden. Wegen Suizidgefahr befanden sich zwei Frauen zeitweise in stationärer

Behandlung. Insgesamt lässt sich festhalten, dass psychische Labilität ein wiederkehrendes Moment ist.

Neben der prekären psychischen Verfassung der Kindesmütter kommen in fünf Fällen außergewöhnliche Erkrankungen des Kindes hinzu. Dies kann eine massive zusätzliche Belastung der Mütter darstellen. Mit der Bewältigung des Alltages überfordert, führt die Behandlung des Kindes häufig zu einer Überlastung der eigenen Ressourcen. Es wurden burnoutähnliche Symptome beschrieben. Die Kinder legen in vielen Fällen aggressives Verhalten an den Tag und stellen eine Gefährdung für sich selbst und andere dar. Des Weiteren wurde ADHS benannt. Zwei Kinder wurden für einige Zeit in der Kinder- und Jugendpsychiatrie untergebracht.

Der abwesende Vater

> „Ja, der leibliche Vater hat sich eigentlich nie richtig um die Kinder gekümmert, also in der Ehe schon nicht und nach der Ehe schon mal überhaupt nicht. Wenn die Kinder alle 14 Tage bei ihrem leiblichen Vater warne, dann haben sie, dann hat er immer schlecht über meine jetzigen Mann gesprochen – also immer so drauf rumgestochert auf meinen jetzigen Mann, dass sie sich nichts gefallen lassen sollen von ihm, keine Grenzen setzen lassen brauchen, ja, und meine älteste Tochter, die Julia, die auch in einer Wohngruppe war, die war sowieso, wie soll ich das jetzt sagen, dickköpfig? Oder, die hat mal meinen jetzigen Mann von Anfang an eh nicht akzeptiert, und dann hat das schon immer schön gepasst, wenn mein Ex-Mann sie dann immer aufgestichelt hat." (Alexandria).

Betrachtet man die Qualitäten der Beziehungen zwischen Kindesmutter und -vater, so lassen sich mit Blick auf die befragten Mütter deutliche Parallelen ausmachen. Beachtenswert erscheint, dass in jedem der Fälle der Kindesvater in Folge von Trennung oder gar Tod abwesend ist. Die Mehrheit der Interviewten ist derzeit alleinerziehend.

Da es in den meisten Fällen – wie oben erwähnt – zu ungeplanten, frühen Schwangerschaften kam, lehnten die Kindesväter die Teilnahme an der elterlichen Sorge oftmals gänzlich ab. Im Anschluss an eine Trennung kommt es oftmals noch zu Auseinandersetzungen zwischen den Eltern. Die verlassenen Väter akzeptieren die Trennung nicht oder sie setzen der Mutter mit Verleumdung und/oder Verfolgung o.ä. zu.

Die Vater-Kind-Beziehungen sind laut Einschätzung der interviewten Müttern meist von mangelhafter Güte. Der überwiegende Teil der Väter erweist sich als offensichtlich desinteressiert an der Entwicklung ihrer Kinder. Sie lehnen den Kontakt zum eigenen Kind häufig ab. Einige der betroffenen Väter legten gefährdendes Verhalten an den Tag. Väter mit Suchtproblematik erscheinen teils alkoholisiert zu den Besuchskontakten.

Zusammenfassend konnte konstatiert werden, dass in den rekonstruierten Mütterbiografien Parallelitäten zu identifizieren waren, die nicht als zufällig zu bewerten sind. Offensichtlich setzten sich einzelne Aspekte dieser Lebenswelten der Mütter zumindest ähnlich zusammen, geprägt durch markante soziale Phänomene und belastende Erfahrungen. Diese speziellen Rahmenbedingungen befördern des Weiteren die ungünstigen Lebenslagen und -verläufe der interviewten Mütter in signifikanter Weise.

6 Was ist aus Sicht der befragten Vertreter_innen der Fachprofession typisch für Mütterbiografien?

Die Lebensverläufe der befragten Mütter sind – wie Fegert es mit Blick auf ein mögliches Adressat_innenmilieu der Kinder- und Jugendhilfe formuliert – offensichtlich gerahmt von transgenerationalen Phänomenen, wie eine die Familiengenerationen übergreifende Arbeitslosigkeit oder eine perpetuierte Arbeitsmarktferne, ebenso eine Prädispositionen für psychische und somatische Erkrankungen, aber auch generationsübergreifende Misshandlungserfahrungen, milieuspezielle Erziehungshaltungen sowie einen nahezu manifesten Statusfatalismus (vgl. Fegert 2010).

Die Rekonstruktionen der befragten Fachkräfte mit Blick auf die mütterlichen Biografieverläufe implizierten wiederkehrende biografische Abbrüche und belastende Ereignisse in den weiblichen Lebensverläufen. Drei Expert_innen konstatieren beispielsweise frühe Mutterschaften für diese speziellen weiblichen Biografieverläufe als typisch. Eine frühe Mutterschaft stellt oftmals – so die befragten Fachkräfte – für die jungen Mütter einen Risikofaktor dar.

Des Weiteren haben die Mütter, aus Sicht der befragten Fachkräfte, im eigenen Herkunftssystem in der Regel sehr überschaubare Lernfelder erfahren, um ein angemessenes Erziehungshandeln – Stichwörter waren hier Regeln und Grenzen durchsetzen – erlernen zu können. Die Mitarbeiterin eines Jugendamts bemerkt hierzu: „Im Milieu haben viele der Klientinnen innerhalb der eigenen Herkunftsfamilie nichts oder nicht viel über den Umgang mit Kindern mitbekommen; es wird sich nicht mit den Herausforderungen von Elternschaft auseinandergesetzt“ (Interview Ursula L.). Daher ist es für diese Personengruppe typisch, ein überschaubares Erziehungsverhalten für die eigenen Kinder vorzuhalten. Es sei für diese Mütter bezeichnend, eigenes Erziehungshandeln nicht reflektieren zu können.

Bezeichnend für die Mütterbiografien seien auch individuelle weibliche Jugendhilfeerfahrungen, die Expert_innen sprachen in diesem Zusammenhang vom sogenannten „Jugendamtsadel" (Interview Brigitte D.). Hier ist aus der Sicht der befragten Fachkräfte auch eine generationsübergreifende Nachhaltigkeit von Jugendhilfeinterventionen offensichtlich mit einem Fragezeichen zu versehen, da augenscheinlich ein „Teufelskreislauf von sich wiederholenden Entwicklungsmustern, trotz Interventionen der Jugendhilfe, nicht durchbrochen werden kann" (Interview Ursula L.).

Eindeutig wurde auch die Wahrnehmung der Fachkräfte mit Blick auf die Verantwortung für die Erziehung der Kinder beschrieben. Typischer Weise seien die Mütter in Erziehungskontexten die Protagonistinnen und die Väter sind in den Beschreibungen eher ohne Bedeutung, vielmehr seien sie für die Erziehungsprozesse ‚schädlich' durch deren Nichtpräsenz, oder durch ein gelebtes Sucht- oder Gewaltverhalten (Interview Berthold S.).

Für die Fachkräfte aus Jugendhilfe und Suchtberatung waren die jeweiligen ungünstigen familialen Kontexte – Wohn- und Einkommenssituation, soziale Netzwerke und Sozialraumzugehörigkeit – eine Verhinderung für eine gelingende Erziehung. Einkommensarmut und Arbeitslosigkeit seien wesentliche Gründe für eine Einschränkung der familialen Funktionalität, so die Expert_innen (Interview Brigitte D.).

Ein eindeutiger Hinweis erfolgte auf eine nahezu statische Zuschreibung für eine Erstverantwortung der Frauen für Erziehung, auch dann, wenn der Partner oder Vater arbeitslos war und sich in der Familie aufhielt. Dieser Sachverhalt führte nicht zu einer erhöhten Beteiligung der Väter an den Erziehungs- und Bildungsprozessen der Kinder. Hierzu ein Zitat der Führungskraft aus dem Jugendamt: „Die Frau hat für das Kind zu sorgen, der Mann beschafft das Geld. Das ist widersprüchlich: Männer [*im Klient_innenmilieu; die Verfasser_innen*] sind meist arbeitslos!" (Interview Ursula L.). Eine daraus resultierende mögliche umfängliche Verantwortungsübernahme der Väter für familiale Erziehung und Bildung bleibt aus.

Bei den Expert_innen setzte sich auch der Eindruck durch, dass die Frauen in der Regel eher über instabile soziale Netzwerke verfügen, dass auch die eigenen familialen Herkunftssysteme wenig Kompensation und Korrektur bei defizitären Familienfunktionen bieten.

Binnenfamiliale Gewalt, Sucht und der abwesende Vater wurden von allen Expert_innen als typische und bedeutende Phänomene benannt, allerdings jeweils intensiver vom Suchtberater bzw. vom Gewaltberater.

Alle vier befragten Fachkräfte waren sich einig, dass in den betroffenen Familien dasselbe Familien- und Erziehungsleitbild mit den gleichen tradierten Rollendefinitionen gelebt und weiter gegeben wird, insbesondere die Erst- und (nicht seltene) Alleinzuständigkeit der Mütter für die Erziehung und Bildung der Kinder. Die Väter finden sich in den Beschreibungen der Expert_innen eher in dem Bereich der familialen Freizeitgestaltung wieder.

Einen wichtigen Hinweis auf das nahezu statisch verfestigte Familien- und Erziehungsleitbild des Untersuchungsmilieus ergaben die Feststellungen des Frauenhauses und der Suchtberatung zum Verhalten von Frauen in den dort installierten therapeutischen Klein- und Selbsthilfegruppen: Den Müttern, deren Kinder in stationären Hilfeformen leben, war es im Rahmen der in den Beratungsstellen durchgeführten Gruppenarbeiten nicht möglich, über die mit der Abgabe des Kindes verbundenen Ereignisse zu sprechen, da dort ein enormer Erwartungsdruck, der eine Alleinverantwortung der Mütter für die Entwicklung der Kinder ausdrücklich impliziert, dies verhinderte. Eine Toleranz oder Akzeptanz in den Gruppen für ein solches mütterliches Verhalten sei wohl nicht zu erwarten, so die Bewertung der befragten Expert_innen.

Einen besonderen Blick auf die Problemlage der Mütter hinsichtlich binnenfamilialer Gewalt ergaben die Beschreibungen und Einsichten des Gewaltberaters: Aus Sicht der gewalttätigen Männer werden die Partnerinnen für die Gewalteskalationen im familialen Kontext verantwortlich gemacht. „Frauen seien ja (aus Sicht der Täter; die Verfasser_innen) selber schuld, sie würden die Männer mit ihrem Verhalten zu Gewalt provozieren. Insgesamt zeigen sich diese Männer in diesem speziellen Beratungskontext wenig reflektiert oder gar selbstkritisch" (Andreas M.).

Entgegen der Beschreibungen der anderen drei Fachkräfte sei es für die Gewaltberatung dagegen typisch, dass die zu beratenden Männer allen Schichten, also auch den bildungsnahen und einkommensstarken Schichten, zuzuordnen sind. Eine Begrenzung auf ein spezielles Milieu sei ebenso nicht möglich, wie die Betonung eines erkennbaren Zusammenhangs zwischen Beratungsbedarf für die Täter und eigenen, individuellen Jugendhilfeerfahrungen der Männer.

An dieser Stelle sei eine Fußnote angefügt: Interessanterweise ergab sich im Zusammenhang mit den Expert_inneninterviews auch der Eindruck, dass in den Ausführungen und Beschreibungen der befragten Fachkräfte selbst ebenfalls tradierte Familien- und Erziehungsleitbilder zu erkennen sind. Gleichwohl erschienen diese wesentlich modifizierter und moderater, wenngleich alt bekannte Rollenzuschreibungen und Erwartungshaltungen sehr wohl benannt wurden und auch erkennbar waren.

7 Zu den ‚Leerstellen' innerhalb der Kinder- und Jugendhilfe aus der Perspektive der Mütter

Die Zusammenfassung der mütterlichen Deskriptionen legt offensichtliche Leerstellen innerhalb der Jugendhilfesystematik offen: Aus der Perspektive der befragten Frauen ergibt sich nämlich die Notwendigkeit einer inhaltlichen, auf die Angebote der Kinder- und Jugendhilfe ausgerichteten Feinjustierung des SGB VIII, welche die Belange und Unterstützungsbedarfe von Müttern fokussiert.

„Eine Lobby für die Mütter im Jugendamt"

Derzeit ist keine explizite Interessensvertretung für diese spezifischen Adressatinnen in den Jugendämtern vorhanden. Ob eine solche Interessensvertretung dort erwünscht ist, lässt sich an dieser Stelle nicht beantworten. In den Hilfeplangesprächen gem. § 36 SGB VIII werden die Wünsche und Befindlichkeiten der Mütter offenbar nicht angemessen thematisiert. Des Weiteren: Eine Scheu vor dem Jugendamt und ein grundlegendes Maß an Misstrauen sind bei vielen der betroffenen Mütter erkennbar ausgeprägt. Vor allem in Fällen, in denen Mütter selbst in der Kindheit oder Jugend Hilfeadressatinnen waren. Wie bereits erwähnt, haben diese Mütter den Hilfeprozess selbst oft als unzureichend beschrieben. Was das Hilfeersuchen der Mütter beim jeweiligen Jugendamt anbelangt, so fühlen sich diese in ihrem Anliegen vielfach nicht wertgeschätzt oder nicht verstanden. Einige Mütter sprechen gar von ‚unterlassener' Hilfeleistung. Es wurde sich dennoch mehrheitlich für eine „Lobby" im Jugendamt ausgesprochen, damit die speziellen individuellen Belange dieser Adressatinnen Gehör finden könnten.

„Nachgehende Beratung unabhängig von Hilfeplanung"

> „Das ist darum, dass die Frau K. mit mir so eine Lafision [phon.] *(Life-Supervision, die Verf.)* gemacht hat. [...] So haben die ja damit angefangen ne und dann später kam ja nach dieser Lafision [phon.] da waren ja auch diese Frauengruppe dann. Ja und das fand ich nicht schlecht" (Jasmin)

In vielen Familien waren zunächst sozialpädagogische Familienhilfen installiert. Diese Hilfen nahmen die Mütter in der Regel durchweg positiv wahr. Die meisten der Frauen benötigen Hilfestellung bei der Bewältigung alltäglicher Aufgaben. In der Mehrheit der Fälle ersetzte die sozialpädagogische Familienhilfe die sonst schwachen sozialen Bindungen. Hier fanden die Mütter eine Möglichkeit zum Austausch. Mit der Fremdunterbringung des Kindes wurden diese Hilfen allerdings stets beendet. Eine solche Form der Unterstützung im Alltag wird jedoch von einem Gros der Frauen weiter gewünscht. Vor allem aber bedürfen die Mütter einer Person, die ihre Bedarfe aufnimmt und beratend zur Seite steht. So sprechen sich einige Frauen dafür aus, dass eine solche Beratung fest in das Leistungsspektrum der Kinder- und Jugendhilfe nach einer (freiwilligen) Abgabe der Kinder verankert sein sollte.

„Selbsthilfegruppen für abgebende Mütter"

> „So eine Selbsthilfegruppe, ja genau, die dann aber zum Beispiel, nicht von Leuten geleitet wird, die sich ja mit der Materie, sag ich jetzt mal, auskennen. Sondern vielleicht von jemandem, der das selbst erlebt hat... Weil man ja dann vielleicht einfach so dieses Gefühl ja einfach auch besser rüber bringen kann. Weil es ist ja nun mal wirklich so, ja, man setzt sich in den Kreis, ja, dieses typische Klischee: „Ich bin ..." Ja, was sagt man dann? Ich bin eine Versagerin? Niemand würde auf die Idee kommen zu sagen: „Ich bin eine Mutter die ihr Kind weggeben musste." Da bin ich felsenfest von überzeugt, dass das keine Mutter sagen würde. Sondern eher so: „Ich bin eine Versagerin" (Denise).

Die im Lebensalltag der Frauen bereits angebotenen Hilfen in Form etwa von Alleinerziehenden-Treffs weisen sich als ungeeignet für die speziellen Bedarfe der interviewten Mütter aus. Die Belange von Alleinerziehenden und die Belange von Frauen, deren Kinder nicht in der Obhut ihrer Mütter aufwachsen, unterscheiden sich erheblich. Für die befragten Frauen stellt sich diese Form der Selbsthilfe eher als eine Belastung und Bürde dar. Sie fühlen sich gehemmt, ihre Situation in einer solchen Gruppe preiszugeben. Auch für die Zeit, in der das Kind noch zu Hause lebt, ist diese Möglichkeit nicht geeignet. Die Frauen sind durch ihre Biografieverläufe derart vorbelastet, dass sich die Lebensthemen der Mütter in einem solchen Gruppenangebot nicht decken würden. Das macht es für die betroffenen Frauen problemtisch sich zu öffnen. Neben dem Wunsch nach einer konkreten Person als Beistand, stellt sich der Bedarf an Austausch mit Betroffenen heraus. Zum einen sind Mütter mit „Betroffene" gemeint, die sich zur selben Zeit in einer ähnlichen Lebenssituation hinsichtlich eines Kindes befinden. Dann wäre eine Kommunikation über den momentanen Gefühlszustand möglich. Die Betroffenen könnten die Ängste benennen und Bedenken gegenseitig thematisieren. Zum anderen fänden es die befragten Frauen hilfreich, wenn es eine Möglichkeit gäbe, sich mit Müttern austauschen zu können, bei denen der Prozess der Abgabe des Kindes bereits abgeschlossen ist. Hier erhoffen sich die betroffenen Mütter aus den Erfahrungswerten der anderen Frauen Mut schöpfen zu können. Darüber hinaus scheint es für die psychische Verfassung der Frauen wichtig, dass in der Gruppe nicht ausschließlich eine Problembewältigung zum Tragen kommt. Die Frauen wollen auch aus positiven Themen schöpfen können.

„Frühe Hilfe für junge, werdende Mütter“
Es wurden weitere Unterstützungsmöglichkeiten genannt, die präventiv wirken könnten: Es ist aus Sicht der befragten Mütter wünschenswert, dass bereits direkt nach der Geburt Möglichkeiten zur Inanspruchnahme von öffentlichen Hilfen, insbesondere der Kinder- und Jugendhilfe, aufgezeigt werden, gerade für junge Mütter, oder in den Fällen, in denen offensichtlich ist, dass ein Säugling in prekäre Umstände hineingeboren wird. So wird von den Müttern gewünscht, dass das Krankenhauspersonal Sensibilität dafür entwickelt, in welcher Familie ein grundsätzliches Gefährdungspotenzial für Kind und Mutter besteht und befähigt ist, explizit auf Hilfsangebote hinzuweisen.

Ebenso sollte der Bildungssektor, gerade im Bereich der Kindergärten und Schulen, mehr Verantwortung übernehmen, aufmerksam auf prekäre Lebenssituationen junger Mütter achten und an der Entwicklung von Unterstützungsnetzwerken mitwirken.

8 Und nun? – Zu möglichen Handlungsoptionen für die Kinder- und Jugendhilfe

Dem Wissen über eine fehlende nachgehende Beratung für abgebende Mütter und der Kenntnis über gebotene, von den betroffenen Frauen selbst formulierten sozialpädagogischen Handlungsbedarfe steht einerseits die – aus subjektiver Perspektive des Fachpersonals – Arbeits- und Fallüberlastung des Personals, vor allem in den Jugendämtern, andererseits der enorme Kostendruck auf die Kinder- und Jugendhilfe gegenüber. In NRW beispielsweise wurden 2009 insgesamt 1,8 Milliarden Euro für Leistungen der Kinder- und Jugendhilfe (vorläufige Schutzmaßnahmen; Hilfen zur Erziehung; Eingliederungshilfen für seelisch behinderte Jugendliche und Volljährige sowie Hilfen für junge Volljährige) aufgewendet. Das entspricht einer Steigerung gegenüber dem Vorjahr von 14,4, %. Insgesamt wurden 2009 in NRW 6 Milliarden Euro in die öffentliche Kinder- und Jugendhilfe investiert (vgl. Landesamt für Statistik NRW 2010).

Gleichwohl entsprechen die Fokussierung mütterlicher Belange von Kindern, die dauerhaft in stationären Einrichtungen der Kinder- und Jugendhilfe untergebracht sind und die sozialpädagogisch ausgerichtete, nachgehende Begleitung dieser Frauen dem präventiven Selbstanspruch des SGB VIII (vgl. BMFSFJ Achter Kinder- und Jugendbericht 1990, insbesondere Thiersch; Münder u.a. 2003). Prävention als ein zentrales Strukturmerkmal einer modernen Kinder- und Jugendhilfe impliziert eine ganzheitliche Inblicknahme der Problemfolien von Kindern und Jugendlichen, aber auch die Inaugenscheinnahme und Wertschätzung der Eltern und deren Bedarfe, insbesondere der der Mütter.

Die Kinder- und Jugendhilfe ist somit aufgefordert, angemessene Beratungssettings für abgebende Mütter zu entwickeln und zu implementieren. Das SGB VIII selbst bedarf hinsichtlich dieser offensichtlichen Lücke im Leistungsangebot innerhalb der Jugendhilfe einer Neujustierung bzw. einer Modifikation. Die Beteiligung der Mütter an der Hilfeausgestaltung muss die speziellen Mütterbelange zukünftig intensiver und lösungsorientierter inkludieren und mit berücksichtigen. Die nahezu statische Ausrichtung der Hilfen zur Erziehung auf die Kinder und Jugendlichen benötigt eine Nivellierung, die den Fokus der Kinder- und Jugendhilfe in diesem Kontext auf die Mütter- (und Väter) Belange erweitert. Eine Neuausrichtung der Jugendhilfe befördert die konstruktive Partizipation der Mütter, bereichert so die Hilfeausgestaltung für die jungen Menschen und käme letztlich auch den Kindern und Jugendlichen zugute.

9 Versuch eines Fazits

In Anbetracht der, im Rahmen dieser kleinen Studie, untersuchten Lebensgeschichten führt offensichtlich ein komplexes Zusammenspiel sozialer Disparitäten und familiärer Kontexte zu einer beeinträchtigten familialen Erziehungsfunktion (vgl. auch Zens 2004). Dieser speziellen familialen Funktionalität, welche in der Hauptverantwortung einer oft alleinerziehenden Mutter liegt, können spezifische Problematiken zugeschrieben werden, welche letztlich typisch wiederkehrende Merkmale in den Prozess der Abgabe eines leiblichen Kindes in die Kinder- und Jugendhilfe erkennen lassen.

Sinnvoll scheint hier eine Betrachtung der Problemlagen auf drei verschiedenen Ebenen: Auffallend stellt sich in jeder der untersuchten Lebensgeschichten heraus, dass viele der Schwierigkeiten nicht mit der Geburt des Kindes „entstanden“ sind, sondern ihren Ursprung bereits in der familiären Vorgeschichte der Frauen haben. Neben dieser, durch Missstände und traumatische Erlebnisse geprägten Sozialisation der Mütter, lassen sich des Weiteren auch die Paarbeziehungen zwischen den Müttern und den Kindsvätern als negativ belastet beschreiben. Resultierend aus dem Mangel an eigenen positiven Erfahrungen in der Erziehung und den herrschenden Missständen innerhalb des Familiensystems, müssen die Problematiken auch auf der Ebene der erzieherischen Aufgaben gegenüber dem Kind betrachtet werden.

Die in der bezüglich des Themas vorliegenden überschaubaren Fachliteratur formulierten signifikanten Risikofaktoren für die Entstehung psychischer und psychosomatischer Krankheiten bei Kindern aus „erziehungsdefizitären“

Familien lassen sich auch bei den Müttern auf Grund ihrer eigenen familiären Sozialisation definieren (vgl. Zens 2004). Im Hinblick auf die Sozialisationsgeschichten der Mütter wurden Aspekte wie sexueller Missbrauch, Suchtproblematiken, häusliche Gewalt, fehlende Bindungen innerhalb der Familie benannt. In Anbetracht dessen, dass „die Entwicklung der Kinder ganz wesentlich durch das Vorbild der Eltern, durch Identifikationsvorgänge, durch elterliche Erziehungsziele und Erziehungsstile und durch familiale Kommunikationsstrukturen beeinflusst wird“ (Graeßner, Mauntel, Püttbach 1993: 60), sind erzieherische Defizite im Umgang mit dem eigenen Kind hier nicht verwunderlich. Als Voraussetzung für ein emotionales „Unterstützungsverhalten“ (ebd.: 60) wäre hier eine „emotionale Beziehung aufgrund ganzheitlicher Beziehungen zu anderen Menschen, wie sie typischerweise in Familien möglich werden“ (ebd.: 60) notwendig. Beschrieben werden hier jedoch familiäre Gegebenheiten, welche auf „widersprüchliche[n] oder unvereinbare[n] Aufgaben“ (ebd.: 60) basieren und bereits das Wohl der Mütter schädigten.

Es ergaben sich bei einer Bewertung unserer Ergebnisse letztendlich drei eindeutige Hinweise:

1. Das Bild von einer Nichtberücksichtigung dieser speziellen Zielgruppe durch die Kinder- und Jugendhilfe hat sich bestätigt – zumindest mit Blick auf die Studie. Das SGB VIII ist eben ein Instrument der Kinder- und Jugendpolitik und kein Transformationsriemen für die Interessen und Belange von Frauen oder dieser speziellen Zielgruppe, die der abgebenden Mütter. Aber mit Blick auf den präventiven Anspruch des SGB VIII verwundert dieser Sachverhalt. Nachgehende Beratung könnte Mütter nachhaltig stabilisieren und vor Wiederholungen dieser für alle Beteiligten traumatischen Prozesse schützen. Darüber hinaus ist davon auszugehen, dass psychisch und physisch stabilere Mütter positiver auf Hilfeverläufe ihrer Kinder wirken, die in Einrichtungen der Kinder- und Jugendhilfe leben. Eine nachgehende Begleitung der Mütter durch die Jugendhilfe unterbleibt allerdings.
2. Offensichtlich erfassen die erziehungswissenschaftliche und sozialpädagogische Forschungsperspektive noch nicht angemessen diese speziellen Mütteraspekte und -belange. Zumindest liegen uns hierzu keine Hinweise vor. Daher verbleibt unseres Erachtens an dieser Stelle ein Forschungsdesiderat und damit verbunden die Notwendigkeit weiterer Forschungsanstrengungen, auch mit einem kritisch auf das Personal in der Kinder- und Jugendhilfe ausgerichteten Blick.
3. Unzureichend beantwortet bleibt in diesem Zusammenhang die Frage nach den Vätern. Es wären nämlich Antworten zu suchen nach den Motivationslagen der betroffenen Männer, sich offensichtlich – mit Blick auf die durch uns befragten Mütter – völlig aus diesen Prozessen zu verabschieden. Hier

ergibt sich unserer Meinung nach eine weitere notwendige Forschungsperspektive, welche die Lebens- und Motivationslagen dieser speziellen Männergruppe untersucht, auch wenn sich mittlerweile die Erziehungswissenschaft der Figur des Vaters in Familie und Jugendhilfekontexte thematisch nähert (vgl. Sabla 2009).

Literatur

Beck, U. (1986): Risikogesellschaft – Auf dem Weg in eine andere Moderne. Suhrkamp-Verlag, Frankfurt am Main.

Grunert, C./Krüger, H.-H. (2006): Kindheit und Kindheitsforschung in Deutschland. Forschungszugänge und Lebenslagen. Budrich-Verlag, Opladen.

BMFSFJ (2005): Nachhaltige Familienpolitik. Zukunftssicherung durch einen Dreiklang von Zeitpolitik, finanzieller Transferpolitik und Infrastrukturpolitik. Eigenverlag, Berlin.

BMFSFJ (2006): Siebter Familienbericht. Familie zwischen Flexibilität und Verlässlichkeit – Perspektiven für eine lebenslaufbezogene Familienpolitik. Bundesdrucksache 16/1360, Berlin.

BMJFFG (1990): Achter Jugendbericht. Bericht über Bestrebungen und Leistungen der Jugendhilfe. Bonner Universitäts-Buchdruckerei, Bonn

Friebertshäuser, B./Matzner, M./Rothmüller, N. (2007): Familie: Mütter und Väter. In: Ecarius, J. (Hrsg.): Handbuch Familie. VS Verlag für Sozialwissenschaften, Wiesbaden. S. 179-198.

Graeßner, G./Mauntel, Chr./Püttbach, E. (1993): Gefährdungen von Kindern. Verlag Leske und Budrich, Opladen.

Hill, P./Kopp, J. (2006): Familiensoziologie. Grundlagen und theoretische Perspektiven. VS Verlag für Sozialwissenschaften, Wiesbaden.

Hoffmeister, D. (2002): Mythos Familie. Zur soziologischen Theorie familialen Wandels. LEske+Budrich Verlag Opladen.

Ecarius, J. (2007): Handbuch Familie. Verlag Leske+Budrich Verlag, Wiesbaden.

Fegert, J. M. (2010): Ein (Jugend) Amt für alle Kinder! Vom § 35 a SGB VIII zur „Großen Lösung". Vortrag auf der DIJuF-Zweijahrestagung am 27.04.2010 in Fulda

Hüning, J. (2010): Das Erziehungsgeschehen in der Familie aus der Perspektive der Familienberichte. Eine Rekonstruktion familialer Erziehung, Bildung und Betreuung aus Sicht der sozialpolitischen Berichterstattung in der Bundesrepublik Deutschland von 1968 bis 2006. Verlagshaus Monsenstein & Vannerdat, Münster

Hüning, J./Peter, C. (2010): Der sozialpädagogische Blick auf Familie. In: Böllert, K./ Oelkers, N. (Hrsg.): Frauenpolitik in Familienhand? Neue Verhältnisse in Konkurrenz, Autonomie oder Kooperation. VS Verlag für Sozialwissenschaften, Wiesbaden. S. 79-98.

Hradil, St. (2001): Soziale Ungleichheit. VS Verlag für Sozialwissenschaften, Wiesbaden.

Kelle, S./Kluge, U. (1999): Vom Einzelfall zum Typus. Leske+Budrich Verlag, Opladen.

Lamnek,, S. (2005): Qualitative Sozialforschung. 4., vollständig überarbeitete Ausgabe. Beltz-Verlag, Weinheim/Basel.

Landesamt für Statistik NRW (2010): Jugendhilfe in NRW. Stand Dezember 2010. IT-NRW

Matzner, M. (2005): Väter – eine noch unerschlossene Ressource und Zielgruppe in der Sozialen Arbeit mit Kindern und ihren Familien. In: Otto, H.-U./Thiersch, H. (Hrsg.): Neue Praxis, 6/2005. S. 585-608.

Mayring, P. (2003): Qualitative Inhaltsanalyse. Grundlagen und Techniken. Beltz Verlag, Weinheim.

Mierendorff, J./Olk, Th. (2007): Kinder- und Jugendhilfe. In: Ecarius, J. (Hrsg.): Handbuch Familie. Vs Verlag für Sozialwissenschaften, Wiesbaden. S. 542-567

Münder, J. (2003): Frankfurter Kommentar zum SGB VIII. Kinder- und Jugendhilfe. Beltz-Votum Verlag, Weinheim/Basel.

Nave-Herz, R. (2007): Familie heute. Wandel der Familienformen und Folgen für die Erziehung. Wissenschaftliche Buchgesellschaft, Darmstadt.

Schefold, W. (1998): Hilfeplanverfahren und Elternbeteiligung. Evaluationsstudie eines Modellprojekts über Hilfeerfahrungen von Eltern im Rahmen des KJHG. In: Deutscher Verein für öffentliche und private Fürsorge (Hrsg.). Heft 50. Arbeitshilfen. Eigenverlag, Frankfurt am Main.

Seithe, M. (2007): Hilfen zur Erziehung. In: Ecarius, J. (Hrsg.): Handbuch Familie. VS Verlag für Sozialwissenschaften, Wiesbaden. S. 568-592.

Stork, R. (2007): Kann Heimerziehung demokratisch sein? Eine qualitative Studie zum Partizipationskonzept im Spannungsfeld von Theorie und Praxis. Juventa-Verlag, Weinheim/München

Zenz, G. (2004): Traumatische Kindheiten, Beiträge zum Kinderschutz und zur Kinderschutzpolitik aus erziehungswissenschaftlicher und rechtswissenschaftlicher Perspektive. Johan-Wolfgang-Goethe Universität, Frankfurt.

Claudia Buschhorn

Mütter in Frühen Hilfen

Das Projekt „Guter Start ins Leben“, ein Angebot des Sozialdienstes katholischer Frauen (SkF), bzw. die ersten Ergebnisse der begleitenden Evaluationsstudie zu diesem Projekt stellen die Basis dar, von der aus sich der Thematik „Mütter in Frühen Hilfen“ genähert wird, da primär Schwangere und Mütter mit Kindern zwischen 0 und 3 Jahren die Angebote im Rahmen des Projektes nutzen. Eine Fokussierung auf Mütter war innerhalb des Angebotes nicht intendiert, spricht jedoch für die These, dass nach wie vor primär Mütter, gemäß des noch immer vorherrschenden traditionellen Mutterbildes, für die Versorgung und Erziehung der Kinder hauptverantwortlich sind, auch dann, wenn sie nicht alleinerziehend und berufstätig sind (vgl. auch Nave-Herz in diesem Band). Diese Zuständigkeit der Mütter gilt im Besonderen, wenn Schwierigkeiten und Fragen im Zusammenhang mit der Kindererziehung und -versorgung auftreten.

Zu den Nutzerinnen[1] der Angebote des Projektes wurden im Rahmen der Evaluation zahlreiche Daten erhoben, die vielfältige Aussagen darüber erlauben, welche Art der Belastungen, welche Erwartungen an das Projekt etc. diese Nutzerinnen kennzeichnet.

Im Folgenden wird nun eine Erläuterung des Begriffs *Frühe Hilfen* vorgenommen. Anschließend wird als ein Beispiel für ein Angebot Früher Hilfen das Projekt „Guter Start ins Leben“ skizziert. Zum Abschluss des Beitrages werden erste Ergebnisse dargestellt.

1 Frühe Hilfen – Das Nationale Zentrum Frühe Hilfen

Den derzeit wichtigsten Bezugsrahmen für die Diskussion um Frühe Hilfen auf politischer und fachlicher Ebene stellt das Nationale Zentrum Frühe Hilfen (NZFH) dar. Es wurde im März 2007 vom Bundesministerium für Familie,

1 Im Folgenden wird nur von Nutzerinnen bzw. Adressatinnen gesprochen, da ausschließlich Mütter mit dem Angebot dauerhaft erreicht wurden. Informationen über die Väter der Kinder liegen nur vereinzelt vor und werden daher in diesem Beitrag nicht berücksichtigt.

Senioren, Frauen und Jugend (BMFSFJ) im Rahmen des Aktionsprogramms „Frühe Hilfen für Eltern und Kinder und Soziale Frühwarnsysteme" gegründet. Grundlage für den Aufbau des NZFH war der Koalitionsvertrag der Bundesregierung (2005), in welchem Maßnahmen zur „Frühen Förderung für gefährdete Kinder – Prävention durch Frühförderung" fixiert sind:

> „Kinder mit sozialen und gesundheitlichen Risiken brauchen Förderung von Anfang an. Dazu müssen Hilfen für sozial benachteiligte und betroffene Familien früher, verlässlicher und vernetzter in der Lebenswelt bzw. dem Stadtteil verankert werden. Das Wächteramt und der Schutzauftrag der staatlichen Gemeinschaft müssen gestärkt und soziale Frühwarnsysteme entwickelt werden. Jugendhilfe und gesundheitliche Vorsorge sowie zivilgesellschaftliches Engagement sollen zu einer neuen Qualität der Frühförderung in Familie verzahnt werden. Gerade für sozial benachteiligte Familien müssen die klassischen ‚Komm-Strukturen' vieler Angebote zielgruppenbezogen verbessert und neue ‚Geh-Strukturen' entwickelt werden" (vgl. Bundesregierung 2005, S.114 f.).

Das Konzept des Zentrums beruht auf drei Säulen: der Schaffung einer Wissensplattform, der gezielten Öffentlichkeitsarbeit und der Förderung des wechselseitigen Transfers von Erfahrungen und Erkenntnissen aus Forschung und Praxis (vgl. Sann/Schäfer 2008, S. 115). Ausgangspunkt ist die Vorstellung, dass „für einen frühzeitigen und effektiven Schutz von Säuglingen und Kleinkindern vor Vernachlässigung und Misshandlung eine bessere und verbindliche Zusammenarbeit von Kinder- und Jugendhilfe und Gesundheitssystem erforderlich ist" (dies., ebd.). Daher ist es eine zentrale Aufgabe des Zentrums, Verständigungsprozesse von Akteur_innen aus den unterschiedlichen Arbeitsfeldern und Disziplinen zu unterstützen. Diesem Grundgedanken folgend wird das NZFH gemeinsam von der Bundeszentrale für gesundheitliche Aufklärung (BZgA) und dem Deutschen Jugendinstitut (DJI) getragen. Die BZgA als nachgeordnete Behörde des Bundesgesundheitsministeriums dient hier vor allem als Bezugsrahmen für Informations- und Aufklärungsaspekte gesundheitliche Fragen betreffend, während das DJI als Forschungsinstitut einen hohen Anteil an entwicklungsorientierter Praxisforschung zu unterschiedlichen Bereichen der Kinder- und Jugendhilfe aufweist (vgl. www.fruehehilfen.de [12.01.2011]).

Darüber hinaus begleitet und koordiniert das NZFH die von den Ländern initiierten und vom BMFSFJ von 2007-2010 geförderten Modellprojekte zu Frühen Hilfen. Diese wurden flankiert von wissenschaftlichen Begleitprojekten, um die Arbeit der Modellstandorte zu evaluieren und hieraus Empfehlungen für die Praxis abzuleiten.

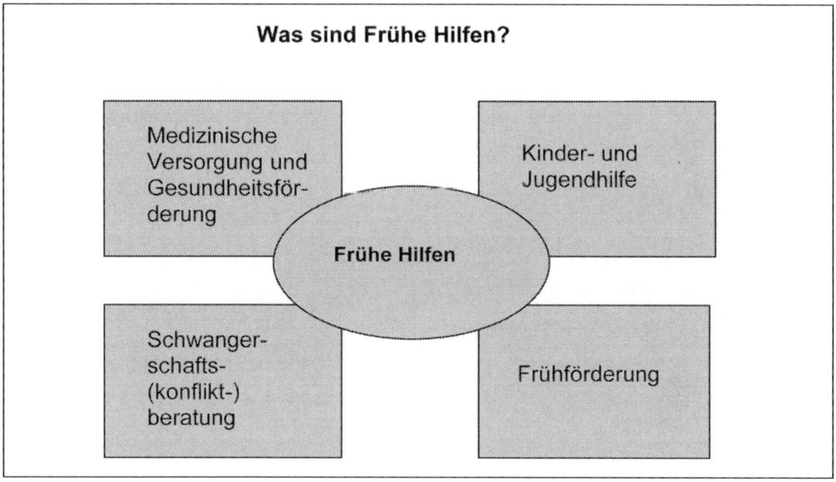

Abb. 1: Was sind Frühe Hilfen? (Sann/Schäfer 2008, S.106)

Anhand der oben stehenden Grafik wird deutlich, wo nach Ansicht des NZFH Angebote Früher Hilfen anzusiedeln sind: An den Schnittstellen von Kinder- und Jugendhilfe und Frühförderung sowie von Angeboten des Gesundheitswesens und der Schwangerschaftsberatung. Angebote Früher Hilfen können je nach Konzept auch alle vier Bereiche „unter einem Dach" vereinen.

Eine Einordnung Früher Hilfen in Handlungslogiken der Kinder- und Jugendhilfe findet sich in Abb. 2 aus dem 13. Kinder- und Jugendbericht (vgl. BMFSFJ 2009, S. 188).

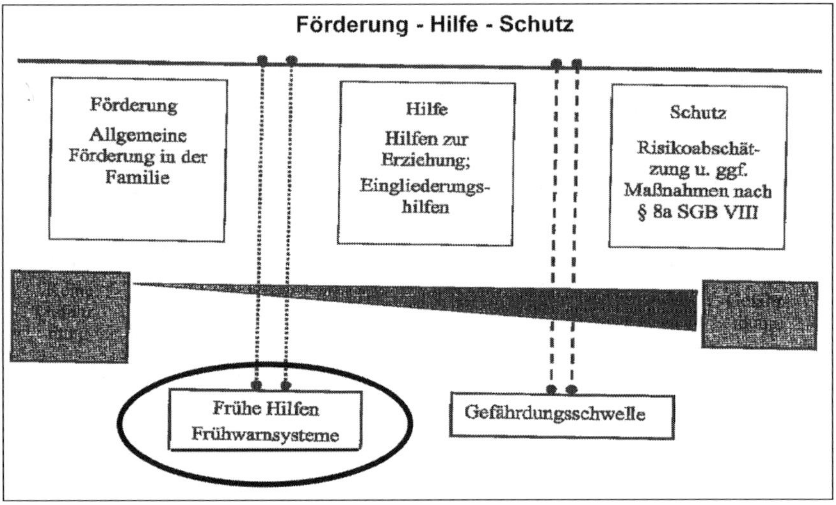

Abb.2: Einordnung Früher Hilfen (BMFSFJ 2009, S.188)

Frühe Hilfen sind hiernach angeordnet zwischen Familienbildung (§16 SGB VIII) und den Hilfen zur Erziehung (§27 ff SGB VIII).

Eine Betrachtung des Balkens zwischen „keiner Gefährdung“ und „Gefährdung“ verdeutlicht, dass nach dem Verständnis dieser Grafik bereits Belastungen, Gefährdungslagen etc. – wenn auch geringen Ausmaßes – in den Familien vorhanden sind, wenn Frühe Hilfen als geeignete Unterstützungsform angesehen werden.

Derzeit gibt es kontroverse Diskussionen hinsichtlich verschiedener Formen des Belastungsscreenings (vgl. u.a. Bastian 2011, S. 60 f.), um die Personen und Familien zu erkennen, die zwar Belastungen aufweisen, diese Belastungen jedoch von ihren Ausprägungen noch nicht ausreichen, um eine Hilfe zur Erziehung als Unterstützung anzubieten bzw. zu gewähren. Eine definierte Qualitätsdimension des NZFH für Frühe Hilfen lautet diesbezüglich bspw. „systematisch und objektiviert Risiken von Familien erkennen“ (Renner/Heimeshoff 2010, S. 13). Gemeint ist hier, dass im Vorfeld einer Frühen Hilfe, um dieser Qualitätsdimension zu entsprechen, Familien hinsichtlich der vorhandenen Belastungen durch Risikoscreenings klassifiziert werden sollten. Wie eine solche Klassifizierung erfolgen kann bzw. ob dies überhaupt sinnvoll zu realisieren ist, wird derzeit kontrovers diskutiert (vgl. Kindler/Suess 2010, S. 25).

Im bisherigen Diskurs zur Diagnostik in Frühen Hilfen lässt sich eine große Nähe zur fachlichen Auseinandersetzung mit den (neuen) gesetzlichen Anforderungen im Kinderschutz ausmachen, insbesondere durch den Einsatz der hier diskutierten und angewandten Instrumente und Verfahren. Es stellt sich die Frage, ob Frühe Hilfen durch den Einsatz von Screening- oder Diagnoseverfahren nicht Gefahr laufen, (lediglich) als eine vorgelagerte Kinderschutzmaßnahme angesehen zu werden (vgl. Bastian 2011, S. 118).

Diese Vermutung liegt auch bei einer Betrachtung der Merkmale Früher Hilfen nach einer Auflistung des NZFH nahe. Merkmale von Angeboten sind hiernach:

- Fokussierung auf die Prävention von Vernachlässigung und Misshandlung bei Säuglingen und Kleinkindern beginnend mit der Schwangerschaft bis zum Ende des 3. Lebensjahres
- Früherkennung von familiären Belastungen und Risiken für das Kindeswohl
- frühzeitige Unterstützung der Eltern zur Stärkung der Erziehungs- und Versorgungskompetenz (vgl. Renner/Heimeshoff 2010, S. 12).

Auf Basis dieser Merkmale hat das NZFH eine Begriffsbestimmung Früher Hilfen erarbeitet:

> „Frühe Hilfen bilden lokale und regionale Unterstützungssysteme mit koordinierten Hilfsangeboten für Eltern und Kinder ab Beginn der Schwangerschaft und in den ersten Lebensjahren mit einem Schwerpunkt auf der Altersgruppe der 0- bis 3-Jährigen. Sie zielen darauf ab, Entwicklungsmöglichkeiten von Kindern und Eltern in Familie und Gesellschaft frühzeitig und nachhaltig zu verbessern. Neben alltagspraktischer Unterstützung wollen Frühe Hilfen insbesondere einen Beitrag zur Förderung der Beziehungs- und Erziehungskompetenz von (werdenden) Müttern und Vätern leisten. Damit tragen sie maßgeblich zum gesunden Aufwachsen von Kindern bei und sichern deren Rechte auf Schutz, Förderung und Teilhabe.
>
> Frühe Hilfen umfassen vielfältige sowohl allgemeine als auch spezifische, aufeinander bezogene und einander ergänzende Angebote und Maßnahmen. Grundlegend sind Angebote, die sich an alle (werdenden) Eltern mit ihren Kindern im Sinne der Gesundheitsförderung richten (universelle/primäre Prävention). Darüber hinaus wenden sich Frühe Hilfen insbesondere an Familien in Problemlagen (selektive/sekundäre Prävention). Frühe Hilfen tragen in der Arbeit mit den Familien dazu bei, dass Risiken für das Wohl und die Entwicklung des Kindes frühzeitig wahrgenommen und reduziert werden. Wenn die Hilfen nicht ausreichen, eine Gefährdung des Kindeswohls abzuwenden, sorgen Frühe Hilfen dafür, dass weitere Maßnahmen zum Schutz des Kindes ergriffen werden." (NZFH 2009).

Deutlich werden anhand dieser Begriffsbestimmung zentrale Merkmale Früher Hilfen:

Als Zielgruppe von Angeboten werden hier zunächst alle Schwangeren, Väter und Mütter mit Kindern zwischen 0 und 3 Jahren genannt. „Im Besonderen" richten sich die Angebote jedoch an Schwangere und Eltern in Problemlagen, was auf eine Schwierigkeit bei der Bestimmung der Zielgruppe hindeutet: Die einerseits weit gefasste Zielgruppe „alle (werdenden) Eltern" und die andererseits erfolgte Eingrenzung auf „Familien in Problemlagen" scheint widersprüchlich.

Darüber hinaus wird deutlich, dass Frühe Hilfen nach dem oben angeführten Verständnis eine Kontrollfunktion inne haben: reicht das Angebot nicht aus, so ist es Aufgabe der Frühen Hilfen bzw. der hier tätigen Fachkräfte, eine Weitervermittlung der (werdenden) Eltern in (unter Umständen) intensivere Maßnahmen zu veranlassen.

Die Basis Früher Hilfen, so wird in der Begriffbestimmung weiter deutlich, stellen multiprofessionelle Kooperationen in Form von interdisziplinären Teams in den Angeboten sowie ehrenamtliches Engagement dar. Frühe Hilfen sollen, so die Vorstellung des NZFH, zu einer Vernetzung bzw. einer Kooperation von Angeboten der Schwangerschaftsberatung, des Gesundheitswesens, der Frühförderung und der Kinder- und Jugendhilfe beitragen (s. Abb. 1), mit dem Ziel, flächendeckende Versorgung von Familien mit bedarfsgerechten Unterstützungsangeboten einzurichten (vgl. NZFH 2009).

2 Das Modellprojekt „Guter Start ins Leben"

Das Projekt „Guter Start ins Leben" ist ein Modellprojekt Früher Hilfen in Trägerschaft des Sozialdienstes katholischer Frauen (SkF) und wird an drei Standorten – Frankfurt, Freiburg und Neuss – durchgeführt. Die Finanzierung der begleitenden Evaluation erfolgte über die Aktion Mensch. Laut Projektskizze handelt es sich um ein „Präventionsangebot zum Schutz von Säuglingen und Kleinkinder[n]", das die vorhandenen Angebote aus dem Bereich der „frühen Förderung von Kindern und ihren Familien" ergänzen soll. Ziel ist es, ein „engmaschiges Netz präventiver sozialer Hilfen im Bereich der frühen Hilfen aufzubauen" (Prothmann 2008, o.S.).

Der SkF hat im Vorfeld eine genaue Definition der zur Zielgruppe gehörigen Adressatinnen und Adressaten formuliert. Mögliche Faktoren, die nach dieser Definition ein Risiko für das Aufwachsen der Kinder darstellen, die in den zur Zielgruppe des Angebotes gehörigen Familien leben, sind Armut, Isolation, ungewollte Schwangerschaft, Sucht, Arbeitslosigkeit, psychische Erkrankung, Paarkonflikte, etc. Es handelt sich also um ein Angebot, das als selektives Präventionsangebot – legt man die Begriffsbestimmung Früher Hilfen des NZFH zugrunde – angesehen werden kann.

Da das Vorhandensein der entsprechenden Faktoren laut Konzept für eine manifeste Risikosituation spricht, soll das Modellprojekt einen Interventionsrahmen bieten, in dem „Familien früher als bisher erreicht werden" (Prothmann 2008, o.S.). Ein gebündeltes Maßnahmenpaket für die Zielgruppe, bestehend aus den Angeboten des Modellprojektes, in Verbindung mit bereits vorhandenen Angeboten des SkF, sowie die Kooperation mit anderen Institutionen des Sozial- und Gesundheitswesens sollen dazu führen, dass sich frühzeitig Schutzfaktoren (wie z.B. eine frühe und sichere Bindung des Kindes an eine Bezugsperson) herstellen. Innerhalb des Projektes sind eine Vielzahl von Angeboten über Kurz- bzw. Intensivberatungen, Elternbegleitung, Gruppenangebote bis hin zu aufsuchender Arbeit integriert.

Im Rahmen der begleitenden Projektevaluation wurden Informationen über Art, Intensität und Inhalte der Maßnahmen sowie sozioökonomische Daten über die Adressatinnen und kindbezogene Einflüsse erhoben, insbesondere in Form von für die Modellstandorte entwickelten Dokumentationssysteme, qualitativen (Expert_innen) Interviews mit den Fachkräften vor Ort sowie durch standardisierte Beobachtungen einzelner Kinder. Basis für die nachfolgend dargestellten ersten Einblicke in die Evaluationsergebnisse stellen ausgewählte Daten aus dem Dokumentationssystem der Fachkräfte dar.

3 Erste Ergebnisse: Mütter in Frühen Hilfen

Im Folgenden wird nun herausgestellt, wie sich die erreichten Mütter des Angebotes „Guter Start ins Leben" charakterisieren lassen. Leitend sind hierbei die Fragen: Wie erfolgte der Zugang der Mütter zum Angebot, welche Wünsche und Erwartungen äußern die Mütter, welche Art von Belastungen weisen sie nach Einschätzung der Fachkräfte auf? Die Auswertungen beziehen sich auf 214 zum Zeitpunkt t1[2] erreichte Personen.

2 Im Dokumentationssystem, welches aus einem Aufnahmebogen, einem Hilfetagebuch sowie einem Abschlussbogen besteht, haben die Fachkräfte sozioökonomische Daten über die Mütter, die Mütter belastende Faktoren sowie kindbezogene Einflüsse festgehalten. Die für die folgenden Auswertungen bedeutsamen Daten wurden zum Messzeitpunkt t1, dem Beginn eines Angebotes, sowie zum Zeitpunkt t2, dem Angebotsabschluss erhoben.

Tab. 1: Herkunft der Fälle

Vermittlung in das Projekt (Mehrfachnennungen möglich!)	Antworten	
	N	Prozent der Fälle
Öffentliche Träger der Kinder- und Jugendhilfe	22	10,8
Gesundheitswesen	16	7,6
SkF-externe Beratungsstellen	5	2,1
Sonstige SkF-extern (z.B. ARGE)	9	2,8
Freunde/Bekannte	13	6,1
Selbstmeldungen	69	32,4
SkF-interne Schwangerschaftsberatung	69	32,4
Sonstige SkF-interne, bereits bestehende Angebote (z.B. Kindertagesbetreuung, Familiencafe)	40	18,7
Gesamt	243	114,1

Es konnte in 209 Fällen eine Auswertung der Variabel *Herkunft des Falls* erfolgen. Somit ist in etwa 98% aller Fälle geklärt, wie eine Vermittlung der Mütter in das Projekt geschehen ist. Zu berücksichtigen ist dabei, dass es sich um eine Frage mit der Möglichkeit zur Angabe von Mehrfachantworten handelt. Daher ist die Anzahl der gegebenen Antworten höher, als die Anzahl der ausgewerteten Fälle.

Auffällig ist, dass einige Zugangswege zum Projekt signifikant bevorzugt genutzt werden. Mit insgesamt je über einem Viertel der gesamten Antworten sind die Selbstmeldung sowie die interne Schwangerschaftsberatung die häufigste Art, in das Projekt zu gelangen.

Die Vermittlung über die SkF-interne Schwangerschaftsberatung verdeutlicht, dass viele Mütter bereits früh, noch vor der Geburt ihrer Kinder, Unsicherheiten äußern und in das Angebot aufgenommen werden. Bezogen auf die hohe Zahl der Selbstmelderinnen können verschiedene Gründe eine mögliche Erklärung für dieses Ergebnis darstellen. So könnte die vergleichsweise hohe Zahl der Selbstmelderinnen ein Indikator für die Niedrigschwelligkeit oder auch für einen hohen Bekanntheitsgrad des Angebotes sein: Die Familien suchen von sich aus den Weg in das Projekt, um Rat und Hilfe in ihren verschiedenen Lebenslagen zu erfahren. Diese Tendenz wirft jedoch die Frage auf, ob eben diese Familien nicht auch – aufgrund des Vorhandenseins einer gewissen intrinsischen Motivation zur Hilfesuche sowie einer kritischen Reflexion ihrer Lebenslagen – eine andere, bereits bestehende Hilfemaßnahme bzw. ein klassisches Angebot der Familienbildung aufgesucht hätten, würde das Modellprojekt nicht existieren. Ähnlich formuliert auch das Bundesjugendkuratorium in seiner Stellungnahme zur Debatte um Frühe Hilfen und Kindeswohlgefährdung: „Statt immer neue Modelle für frühe Hilfen zu beginnen und den wirksamsten Kinderschutz zu suchen, sollten die vorhandenen Modelle zur Prävention von Kindeswohlgefährdung intensiv begleitet und ausgewertet werden." (Bundesjugendkuratorium 2008, S. 15). Bevor neue Angebote erprobt werden, sollten den Ausführungen des Bundesjugendkuratoriums folgend bereits im lokalen Kontext bestehende Angebote systematisch ausgewertet werden, um hieran anknüpfend bspw. alternative Zugangswege zu bisher nicht erreichten Adressatinnen zu gestalten oder Angebote durch interdisziplinäre Teams auszuweiten.

Wie der Tabelle 1 weiterhin zu entnehmen ist, spielen alle weiteren Arten der Vermittlung in das Projekt eine eher untergeordnete Rolle.

Die von den erreichten Müttern genannten *Erwartungen und Wünsche* an das Projekt sind vielfältig. Oft geäußert wurde ein allgemeiner Informationsbedarf bezüglich der Pflege und der Ernährung eines Säuglings, das Interesse an einer Teilnahme an Geburtsvorbereitungskursen und Rückbildungsgymnastik sowie eine allgemeine Unsicherheit im Umgang mit dem Säugling/Kleinkind. Darüber hinaus erleben sich viele Mütter als isoliert und erhoffen sich durch das Angebot Kontakte zu anderen Müttern. In Einzelfällen erfolgt die Teilnahme an dem Angebot aufgrund einer Angst vor der Herausnahme des Kindes aus der Familie durch das Jugendamt.

Belastend auf Mütter wirken sich aber auch strukturelle Problemlagen aus. So finden sich unter den geäußerten Erwartungen und Wünschen der Adressatinnen auch Aussagen und Fragen wie beispielsweise:

- Beratung hinsichtlich staatlicher Unterstützungsleistungen aufgrund eines finanziellen Engpasses erwünscht
- Wie schütze ich mich vor drohender Wohnungslosigkeit?
- Belastung durch Arbeitslosigkeit, Probleme mit der ARGE

Mit Blick auf die durch die Fachkräfte *eingeschätzten Belastungen der Familien*, insbesondere der Mütter, die an einem Angebot im Rahmen des Projektes „Guter Start ins Leben" teilnehmen, lassen sich folgende Gruppen von Müttern hinsichtlich externer, die Mutter beeinflussender Faktoren und kindbezogener Einflüsse zusammenfassen:

Tab. 2: Belastungscluster aus Sicht der Fachkräfte

	Cluster			
	1 N=15	2 N=29	3 N=141	4 N=29
Selbstwirksamkeits-gefühl/Einstellung zum Kind belastet	1,28276	-,23552	-,11321	,13001
Partnerschaftsprobleme/ Gewalt gegen das Kind	-1,67635	1,37926	-,19266	,37085
Entwicklung/Situation des Kindes belastet	-,76360	,92333	,09556	,65279
Soziale/berufliche/ finanzielle Situation belastet	,19991	-,42767	-,23114	1,42179

Aufgrund der Ausprägungen von vier Belastungsfaktoren lassen sich die Cluster inhaltlich wie folgt charakterisieren: [3]

Das Cluster 1 kann überschrieben werden mit „Fehlender Kompetenzüberzeugung und fehlender Empathie“. Mütter, die diesem Cluster zugerechnet werden können, sind gekennzeichnet durch Belastungen in Bezug auf ihr Selbstwirksamkeitsgefühl, ihr eher geringes Zutrauen in ihre Fähigkeiten eine gute Mutter zu sein sowie durch ihre wenig positive Einstellung zum Kind bzw. zu ihren Kindern. Zur Erklärung des Belastungsprofils scheint vor allem der Mangel an Kompetenzüberzeugung und eine ablehnende Haltung gegenüber dem Kind ausschlaggebend zu sein, die sich jedoch nicht in Gewalt gegen das Kind äußert. Die Mütter aus diesem Cluster haben nicht das Gefühl, über die nötigen Fähigkeiten zu verfügen, ihrem Kind eine angemessene Erziehung zukommen zu lassen und haben wenig empathisches Interesse am Kind. Darüber hinaus verfügt diese Gruppe über einen hohen negativen Wert im Bereich „Partnerschaftsprobleme/Gewalt gegen das Kind“, was ein weiterer Hinweis für eine von Unsicherheiten gekennzeichnete Beziehung zum Kind sein kann.

Personen, die dem Cluster 2, „Partnerschaftsprobleme und ihre Folgen“, zuzuordnen sind, zeichnen sich durch Partnerschaftsprobleme aus, die sich belastend auf das Kind bzw. die Kinder in den Familien auswirken. Diese Probleme gehen z.T. mit Gewalt gegenüber den Kindern einher. Darüber hinaus erfahren Mütter, die diesem Cluster angehören, wenig bzw. keine Unterstützung

3 Hierbei ist zu beachten, dass aufgrund der Skalierung (1=keine Belastung; 4=hohe Belastung) der einzelnen Items ein hoher positiver Mittelwert eine hohe Belastung bezüglich des betreffenden Faktors bedeutet.

bei der Kinderbetreuung durch Dritte und damit auch wenig Entlastung in diesem Bereich. Partnerschaftskonflikte, die mit Gewalt dem Kind gegenüber einhergehen, haben Auswirkungen auf die Situation bzw. die Entwicklung des Kindes, welche als überdurchschnittlich belastet beschrieben wird.

Die größte Anzahl der Mütter innerhalb der dokumentierten Stichprobe, zusammengefasst im Cluster 3, weisen jedoch keine besonderen Belastungen hinsichtlich der definierten Faktoren auf: So wird weder das Selbstwirksamkeitsgefühl der Personen noch die soziale, berufliche und/oder finanzielle Situation als belastet beschrieben, ebenso wenig werden Belastungen durch Partnerschaftsprobleme angeführt. Die erstgenannten Faktoren zählen jedoch zu den definierten Belastungs- bzw. Risikofaktoren, die Mütter bzw. Familien als Zielgruppe für ein Angebot im Rahmen von „Guter Start ins Leben" charakterisieren.

Personen, die dem Cluster 4 „Geringe Bildung und prekäre Beschäftigungsverhältnisse" angehören, weisen Belastungen innerhalb ihrer finanziellen, beruflichen und/oder sozialen Situation auf. Hierzu zählen auch Belastungen hinsichtlich ihrer Schulbildung: Schulabschlüsse sind oft gar nicht vorhanden oder auf niedrigem Niveau, was eine dauerhafte Integration der Personen in den Arbeitsmarkt außerhalb prekärer Beschäftigungsverhältnisse erschwert und dazu beiträgt, dass die Mütter Belastungen in ihrer finanziellen und sozialen Situation (Wohnumfeld, Spielmöglichkeiten, Beziehungen zu Freunden etc.) aufweisen. Ebenso als leicht überdurchschnittlich belastet werden die Situation des Kindes sowie Partnerschaften beschrieben.

Deutlich wird, dass Mütter im Rahmen von „Guter Start ins Leben" erreicht werden, die sich in ganz unterschiedlichen Lebenssituationen befinden, die jedoch eines gemeinsam haben: sie werden Mütter bzw. sind es gerade geworden und fühlen sich aufgrund dessen mit Unsicherheiten und Fragen konfrontiert. Diese Mütter weisen jedoch der Einschätzung der Fachkräfte folgend mehrheitlich nicht die Belastungs- bzw. Risikofaktoren auf, die sie explizit als Zielgruppe für ein Angebot im Rahmen von „Guter Start ins Leben" charakterisieren würden.

Die Betrachtung der Clusterzusammensetzung lässt somit ebenso wie die hohe Anzahl der Selbstmelderinnen und die Mehrheit der geäußerten Wünsche und Erwartungen an das Projekt den Schluss zu, dass viele der erreichten Mütter auch durch bereits bestehende, etablierte Angebote etwa der Familienbildung erreicht werden könnten, würden diese sich von ihrer „klassischen Mittelschichtsorientierung" (BMFSFJ 2009, S.184) lösen und konzeptionelle Erweiterungen etwa in Form von interdisziplinären Teams zur Klärung von vielfältigen Fragen, die über eine Versorgung und Erziehung des Kindes hinausgehen, anstreben. Dieser Schluss liegt auch aufgrund dessen nahe, dass

Ursachen für die beschriebenen Belastungen bspw. der Personen in Cluster 4 eher in schwierigen strukturellen Rahmenbedingungen zu sehen sind als in Fragen und Unsicherheiten, die aus dem Zusammenleben mit einem oder mehreren Kindern resultieren.

4 Erste Ergebnisse: Veränderungen aus Sicht der Fachkräfte

Zu Hilfebeginn und zum Hilfeende wurden anhand eines Dokumentationssystems Aussagen über Belastungen der erreichten Mütter durch die Fachkräfte erfasst[4]. Anhand dieser beiden Erhebungszeitpunkte t1 und t2 lassen sich Veränderungen hinsichtlich der durch die Fachkräfte erhobenen Risiken erkennen. Hierzu wurden anhand von T-Tests für verbundene Stichproben die Mittelwertunterschiede der als belastend eingeschätzten Faktoren zwischen den beiden Messpunkten t1 und t2 sowie die jeweilige Bedeutsamkeit dieser Veränderung erhoben. Danach wurde für jeden Mittelwertunterschied Cohen's d (vgl. Cohen 1988, S. 45 ff.) berechnet.

Tab. 3: Mittelwertunterschiede zwischen t1 und t2 und Effektstärken der Fachkräftedokumentation

Faktor	Mittelwert t1	Mittelwert t2	Varianz t1	Varianz t2	d (p)
Selbstwirksamkeitsgefühl/ Einstellung zum Kind belastet	1,71	1,36	0,89	0,37	0,51 (0,00)
Partnerschaftsprobleme/ Gewalt gegen das Kind	1,25	1,20	0,42	0,28	0,14 (0,40)
Entwicklung/Situation des Kindes belastet	1,61	1,37	0,80	0,44	0,37 (0,01)
Soziale/berufliche/finanzielle Situation belastet	2,03	1,87	1,10	0,97	0,05 (0,9)

Nach Einschätzung der Fachkräfte wurden vor allem hinsichtlich des Faktors Selbstwirksamkeitsgefühl der Mütter durch das Angebot positive Effekte erzielt, mit p= 0,00 unterscheiden sich die Werte von t1 und t2 signifikant voneinander. Bezogen auf die Belastungen in der kindlichen Entwicklung zeigen sich der Fachkräftedokumentation zufolge ebenfalls positive Effekte.

4 Vgl. zu den erfassten Belastungen zum Zeitpunkt t1 auch Tab. 2

Mit Blick auf die Partnerschaftsprobleme sowie die strukturellen Schwierigkeiten der Mütter konnten jedoch nur sehr marginale bzw. keine Effekte erzielt werden. Die beiden letztgenannten Faktoren zu beeinflussen war zwar kein formuliertes Ziel des Angebotes, jedoch scheinen gerade diese Aspekte die Mütter besonders zu belasten. So äußern die Mütter mehrheitlich den Wunsch bzw. die Erwartung an das Projekt, gerade auch hinsichtlich finanzieller und beruflicher Fragen Unterstützung zu erfahren (s.o.). Zudem bilden nach Einschätzung der Fachkräfte mit Blick auf alle erreichten Personen die Mütter mit Belastungen hinsichtlich der Partnerschaft oder ihrer sozialen, beruflichen und/oder finanziellen Situation jeweils die zweitgrößte Gruppe (vgl. Tab. 2), weshalb es sinnvoll erscheint, insbesondere auch diese Belastungsfaktoren im Rahmen der Angebote in den Blick zu nehmen.

5 Fazit

Resümierend kann festgehalten werden, dass Mütter durch Angebote Früher Hilfen, wie etwa „Guter Start ins Leben“, erreicht werden, welche Unsicherheiten und Fragen äußern, die sich während der Schwangerschaft und in den ersten Lebensmonaten und -jahren ihrer Kindern ergeben. Jedoch scheinen diese Mütter nicht primär Unsicherheiten hinsichtlich der Erziehung und Versorgung ihrer Kinder zu belasten; strukturelle Schwierigkeiten werden mitunter als weitaus belastender erlebt, was sich auch in den von ihnen formulierten Wünschen und Erwartungen an das Projekt widerspiegelt. Diese Wünsche aufgreifend sollten Angebote Früher Hilfen also nicht nur Informationen bezüglich der Säuglingspflege und -ernährung etc. bereithalten, sondern auch Beratung etwa hinsichtlich finanzieller und anderer struktureller Schwierigkeiten anbieten.

Die Bereitstellung der den vielfältigen Bedarfen entsprechenden Hilfen könnte durch eine Reflexion bereits etablierter Angebote erfolgen, mit dem Ziel diese unter Einbezug der Erkenntnisse aus der Evaluation von Modellprojekten (bspw. des NZFH aber auch von Projekten wie etwa „Guter Start ins Leben“) auszubauen bzw. zu erweitern. Dies könnte etwa durch den Einsatz interdisziplinärer Teams oder die Vernetzung mit weiteren Beratungsangeboten und sozialen Diensten geschehen, um den Fragen und Bedürfnissen der Mütter entsprechen zu können.

Literatur

Bastian, Pascal (2011): Der Nutzen psychologisch – klassifikatorischer Diagnoseinstrumente in Frühen Hilfen. Wissenschaftliche Schriften. Münster: Monsenstein und Vannderdat

Bundesministerium für Familien, Senioren, Frauen und Jugend (2009):13. Kinder- und Jugendbericht. Bericht über die Lebenssituation junger Menschen und die Leistungen der Kinder und Jugendhilfe in Deutschland. Berlin

Bundesjugendkuratorium (Hrsg.) (2008): Schutz vor Kindeswohlgefährdung. Anmerkungen zur aktuellen Debatte. München.

Bundesregierung (Hrsg.) (2005): Koalitionsvertrag von CDU, CSU und SPD. http://www.cducsu.de/upload/koavertrag0509.pdf [22.02.2011]

Cohen, Jakob (1988): Statistical power analysis for the behavioral sciences. New York: Erlbaum

Kindler, Heinz/Suess, Gerhard (2010): Forschung zu Frühen Hilfen. Eine Einführung in Methoden. In: Forschung und Praxisentwicklung Früher Hilfen. Köln: Nationales Zentrum Frühe Hilfen. S.25-39

Nationales Zentrum Frühe Hilfen (2009): Begriffsbestimmung „Frühe Hilfen". http://www.fruehehilfen.de/wissen/fruehe-hilfen-grundlagen/begriffsbestimmung/[22.02.2011]

Prothmann, Bettina (2008): Konzeption „Guter Start ins Leben".

http://www.skf-zentrale.de/html/guter_start_ins_leben.html. [22.02.2011]

Renner, Ilona/Heimeshoff, Viola (2010): Modellprojekte in den Ländern – Zusammenfassende Ergebnisdarstellung. Köln: Nationales Zentrum Frühe Hilfen

Sann, Alexandra/Schäfer, Reinhild (2008): Das Nationale Zentrum Frühe Hilfen – eine Plattform zur Unterstützung der Praxis. In: Bastian, P./Diepholz, A./Lindner, E. (Hrsg.): Frühe Hilfen für Familien und soziale Frühwarnsysteme. Münster: Waxmann. S. 103-121

Kim-Patrick Sabla

Vaterschaft und Erziehungshilfen: Väter zwischen sozialen Rollenerwartungen und erlebten Erziehungsschwierigkeiten

Wer die Begriffe Vaterschaft und Jugendhilfe in eine Internet-Suchmaschine eingibt, könnte auf den ersten Blick den Eindruck gewinnen, dass es sich bei Vaterschaft in erster Linie um ein biologisches Faktum handelt, das es unter Umständen mit Unterstützung des Jugendamtes medizinisch nachzuweisen und rechtlich einzufordern gilt, um Fragen des Sorgerechts und des Unterhalts zu klären. Die Beratung und Unterstützung von unverheirateten Müttern bei der Vaterschaftsfeststellung und Geltendmachung von Unterhaltsansprüchen ist in der Tat eine Leistung der Kinder- und Jugendhilfe und nicht selten prägen in diesem Zusammenhang Schwierigkeiten beispielsweise mit zahlungsunwilligen Vätern ein belastetes Bild von Vaterschaft.

Soziale Arbeit in Form von Erziehungshilfen hingegen bietet Eltern – Müttern wie Vätern – eine Bandbreite an Unterstützungsleistungen für die Realisierung eines gelingenden Familienlebens und einer Erziehung, die Kindern und Jugendlichen ein förderliches Aufwachsen ermöglichen sollen. Die Institution Kinder- und Jugendhilfe steht hier wie in anderen Handlungsfeldern vor großen Herausforderungen: Der vielfach beschriebene Wandel von Familie und Elternschaft geht einher mit gesellschaftlichen und politischen Erwartungen einerseits an Familie, andererseits aber auch an die Erbringung und Leistungsfähigkeit familienorientierter Hilfen selbst (vgl. Beckmann et al. 2009). Zu den Zielen einer familienorientierten Kinder- und Jugendhilfe gehört es zunächst unabhängig davon, Familien bei der Verhinderung und Bewältigung von familiären Belastungssituationen und Konflikten, die einen erzieherischen Bedarf erkennen lassen, durch entsprechende sozialpädagogische Leistungen unterstützend und entlastend zur Seite zu stehen. Wenn eine dem Wohl des Kindes oder Jugendlichen entsprechende Erziehung nicht gewährleistet ist, haben die Sorgeberechtigten einen Rechtsanspruch auf Hilfen zur Erziehung. Gleichzeitig lässt sich mit Blick auf Elternverantwortung derzeit eine Akzentverschiebung zwischen Hilfe und Kontrolle beobachten, die für die professionelle Bewertung einer Krise oder eines Risikos nicht folgenlos bleiben (vgl. Oelkers 2011). In einem der bedeutendsten Handlungsfelder der Kinder- und Jugendhilfe sehen sich vor dem Hintergrund des Kindeswohls unterschiedlichste Fachkräfte in ihrer tagtäglichen Arbeit auf mehreren Ebenen konkret mit Vorstellungen von gelingender Erziehung und Elternschaft konfrontiert: Neben den eigenen, subjektiven wie professionellen Vorstellungen von angemessener Elternschaft spielt die Vermittlung von sozialen Erwartungen einerseits und individuellen Möglichkeiten andererseits eine wichtige Rolle in ihrer Arbeit. Für ihre professionelle Einschätzung möglicher familiärer Belastungssituationen und Konflikte ist ihre Bewertung des Erfolgs bzw. der Erfolgsaussichten der Elternschaft ein zentraler Baustein der notwendigen Hilfeplanung. Vor diesem Hintergrund stellt sich die Frage, inwieweit die sozialpädagogischen Fachkräfte diesen sozialwissenschaftlich diagnostizierten Wandel von Vater- und Mutterrollen erleben und inwieweit er die Wahrnehmungen bezüglich erlebter Vaterschaft beeinflusst. Anknüpfend an die Themenstellung dieses Bandes ist es eine leitende These dieses Beitrags, dass der gesellschaftliche Wandel viel mehr zu veränderten Erwartungshaltungen gegenüber Vätern und Müttern beiträgt, als dass er die Elternrollen tatsächlich verändert (vgl. Nave-Herz 2007).

Gleichzeitig sind die Fachkräfte auf die Zusammenarbeit und Mitwirkung der Mütter und Väter als Sorgeberechtigte angewiesen. Hier scheint es ein unterschiedlich stark reflektiertes Allgemeinwissen der Praxis zu sein, dass sich die Zusammenarbeit mit Vätern teilweise schwierig bis unmöglich gestaltet oder einfach an zeitlichen Hürden im Alltag einer Hilfe scheitert. Für viele Praktikerinnen und Praktiker hingegen ist die Zusammenarbeit mit beiden Elternteilen und die Mobilisierung aller an der Erziehung beteiligten Erwachsenen ein zentraler Bestandteil ihrer professionellen Arbeit. Daher lohnt ein Blick auf einen Teilaspekt von Elternschaft, auch wenn oder gerade weil – wie sich theoretisch wie empirisch analysieren lässt – sich der eine Aspekt ohne den andere nicht ohne Weiteres denken lässt: Vaterschaft wie Mutterschaft bedingen einander. Dazu sollen in diesem Beitrag sowohl theoretische Grundlagen diskutiert als auch empirische Hinweise geliefert werden. Im Zentrum der Betrachtung stehen dabei die Ergebnisse einer empirischen Studie (Sabla 2009), bei der mit Vätern[1], die zusammen mit ihren Familien Adressaten der Kinder- und Jugendhilfe sind, teilstrukturierte Interviews geführt worden sind. In dieser Studie ging es darum, Väter sowohl als Erziehende als auch als Adressaten einer Hilfe zur Erziehung zu untersuchen. Damit soll ein Beitrag zu einer

1 Zum Sample gehören sowohl soziale, leibliche, junge, alleinerziehende, erwerbslose und erwerbstätige Väter, die mit mind. einem Kind in einem Haushalt leben und eine Hilfe nach §27 SGB VIII erhalten.

stärker sozialpädagogisch fokussierenden Väterforschung geleistet werden. Das ist eine weitere, leitende These des vorliegenden Beitrags: Es scheint für sozialpädagogische Fragestellungen rund um Elternschaft nicht ausreichend zu sein, die bisherigen sozialwissenschaftlichen Schwerpunkte in der Konzeptualisierung von Vaterschaft zu übernehmen, ohne sie durch stärker sozialpädagogisch relevante Schwerpunkte zu ergänzen. Hierzu schlägt der Beitrag eine interaktionstheoretische Betrachtung von Elternschaft und Familie vor.

1 Ein blinder Fleck: Väter als Zielgruppe der Hilfen zur Erziehung

Aus geschlechterreflexiver Perspektive kann mit Blick auf die Literatur nach wie vor festgestellt werden, dass die differenzierte Betrachtung von Müttern und Vätern als AdressatInnen der Kinder- und Jugendhilfe in weiten Teilen eine Lücke bildet. Generell kann festgestellt werden, dass eine Konzeptualisierung von Vaterschaft aus geschlechtertheoretischer Sicht nur in Ansätzen verfolgt worden ist (vgl. Bereswill et al. 2006, Bruns 2004). Während die unterschiedlichen Lebenslagen und die damit verbundenen Benachteiligungen von Jungen und Mädchen in den Hilfen zur Erziehung in den letzten Jahren zunehmend differenziert beschrieben und analysiert werden, bleiben die Perspektiven auf die Erziehungsberechtigten im Kontext von Maßnahmen der Kinder- und Jugendhilfe verhältnismäßig ‚geschlechtsrollenblind' (vgl. Hartwig 2004). In der Regel wird in den Fachdiskursen scheinbar neutral über Eltern gesprochen und geschrieben. Dabei scheint es mit Blick auf die latente Unterstellung, dass mit dem Begriff Eltern ohnehin implizit die Mütter gemeint sein könnten, unerheblich, welcher Elternteil gemeint ist. De facto verschleiert eine oftmals gut gemeinte Neutralität den Blick für die Analysen der unterschiedlichen Lebenslagen und der unterschiedlichen Beteiligung von Müttern und Vätern in den Hilfen zur Erziehung.

Sofern Vaterschaft in der Fachliteratur und in der nahestehenden Populärliteratur thematisiert wird, scheint diese in weiten Teilen noch beeinflusst von einer stärker psychoanalytischen Sicht auf die Bedeutung der Vater-Abwesenheit und die Auswirkungen „Vaterlose[r] Gesellschaft“ (Mitscherlich 1963, vgl. Matussek 1998). Teile dessen finden sich nach wie vor in der Betrachtung von Familie als Sozialisationsfeld: Hier geht es vor allem um Erklärungsansätze von Devianz bei Jungen, die ohne einen Vaterbezug aufwachsen (vgl. Maag/Reinfried 2008, Bereswill 2006, Böhnisch 2004). Interessanterweise spielt dabei die Bedeutung der Vater-Tochter-Beziehung eine allenfalls zweitrangige Rolle (vgl. King 2006). So scheint auch die aktuelle Debatte um mehr Männer bzw. mehr männliche Fachkräfte in der Sozialen Arbeit, speziell im Kontext der Kindertagesstätten, inspiriert zu sein von der Idee, dass Institutionen der Kinder- und Jugendhilfe einen häuslichen Mangel an Männlichkeit und Vaterschaft zumindest durch einen erhöhten Anteil an männlichen Fachkräften kompensieren können (vgl. Rohrmann 2009). Das Bild von Vätern, deren Familien im Kontakt zur Kinder- und Jugendhilfe stehen, ist tendenziell ein belastetes: Neben den eingangs erwähnten zahlungsunwilligen Vätern, die ihrer Verantwortung willentlich nicht nachkommen, werden Männer als Väter hin und wieder auch als potenzielle Täter thematisiert: Hier sind sie es, die durch häusliche Gewalt und sexuellen Missbrauch erst den Anlass für Mütter und ihre Kinder bieten, sich hilfesuchend an Einrichtungen der Kinder- und Jugendhilfe zu wenden (vgl. Scherr 2010). In diesen Fällen ist die aktive Beteiligung der Väter gegenüber dem Schutz der anderen Familienmitglieder abzuwägen.

Der Diskurs über die Beteiligung von Vätern als potenzielle Adressaten der Erziehungshilfen spiegelt sich gegenwärtigen noch zu wenig in der Fachliteratur wider, obwohl die entsprechenden Fachkräfte über ausreichend viel implizites Wissen verfügen. Hier besteht nach wie vor großer Forschungsbedarf. Bislang ist die Rolle der Professionellen bei der aktiven Beteiligung von Vätern nur in Ansätzen beschrieben und zu wenig empirisch untersucht worden, so dass aktuelle Befunde über Mechanismen des mehr oder weniger bewussten Herausdrängens oder Übersehens der Väter durch die Fachkräfte (vgl. Matzner 2005) eher vorsichtig zu betrachten sind, weil sie sich sicher nicht verallgemeinern lassen. Wie in einigen veröffentlichten Konzepten der Praxis abzulesen ist (z.B. eine Berliner Einrichtung für junge Väter und Mütter; http://junge-muetter-vaeter.de), stellen sich einige Einrichtungen in den Erziehungshilfen der Aufgabe, die Beteiligung von Müttern und Vätern bei der Hilfeplanung und in der Umsetzung der Hilfe möglichst gleichermaßen zu realisieren. Dies ist auch nur sinnvoll, denn erzieherische Schwierigkeiten, wie sie sich oftmals über auffälliges Verhalten der einzelnen Kinder und Jugendlichen in unterschiedlicher Art und Weise, etwa durch Schulverweigerung, äußern, finden nicht selten ihren Ursprung in Konflikten, die Väter und Mütter untereinander austragen. In den Ergebnissen einer Studie zu Deutungsmustern familiärer Belastungssituationen und erzieherischen Notlagen in der Jugendhilfe (Uhlendorff et al. 2006) zeigt sich sehr deutlich, dass eltern- und erwachsenenbezogene Konfliktthemen sehr häufig der Anlass sind, eine Hilfe zur Erziehung in Anspruch zu nehmen, auch wenn in der gegenwärtigen Praxis der Zieldefinition im Rahmen der Hilfeplanung der Fokus einseitig auf die Schwierigkeiten und Belastungen der Kinder und Jugendlichen gerichtet wird (vgl. Uhlendorff et al. 2006). Hier geht es vor allem um Fragen der Funktion als Erziehende, um die Klärung der Elternrollen und der familialen Zeitkonzepte (ebenda). Bevor dieser Aspekt im

Hinblick auf Vaterschaft weiter vertieft wird, soll noch ein Diskurs skizziert werden, der die Wahrnehmung von Vaterschaft auch durch Professionelle derzeit prägen dürfte.

2 Wo bleiben denn die „neuen Väter"?

Bei der Betrachtung des gegenwärtigen Diskurses scheint im Kontext von Familien kaum etwas derart im Wandel begriffen zu sein, wie die Rolle des Vaters. Dieser Wandel ist besonders gekennzeichnet durch eine Abkehr der Männer von traditionellen Rollenverständnissen des Vaters hin zu neuen. Die populärwissenschaftliche Literatur, Angebote von Männerinitiativen und auch die bundesdeutsche Familienpolitik entwickeln und transportieren Leitbilder der neuen, aktiven und auf allen Ebenen involvierten Väter (vgl. Walter 2008, BMFSFJ 2005, Kaufmann 1995). Der Begriff des „neuen Vaters" bietet einen großen Spielraum für Interpretationen, als Leitbild bleibt er aber in seiner Konzeptualisierung weitestgehend diffus. Der Gegenpol eines solchen neuen Vaters ist in jedem Fall der so genannte traditionelle Vater. Der neue Vater ist im Vergleich zu diesem aktiv(er), bringt sich aktiv ein in die Geburtsvorbereitung und übernimmt mit dem Zeitpunkt der Geburt der Kinder einen gleichberechtigten Teil der Kindererziehung und der Aufgaben im Haushalt. Insgesamt ist er im Vergleich zu seinem Vorgänger besser in der Lage, die Balance von Familie und Erwerbsarbeit, von Erzieher und Ernährer für sich und andere familienfreundlicher zu gestalten (vgl. Meuser 2005). Die aktuellen Befunde der Vaterforschung lassen aber im Hinblick auf die praktische Umsetzung einer solchen Vaterschaft derzeit noch Zweifel aufkommen. Diese wird mit der Feststellung, dass eine erhöhte Einstellungsflexibilisierung durch eine vergleichsweise konstante Verhaltensstarrheit von Männern relativiert wird, am besten auf den Punkt gebracht (vgl. ebenda). Nave-Herz hält es trotz der Verhaltensänderungen in einigen Punkten für verfrüht, von einem generellen Wandel der familialen Rollen zu sprechen: „Wenn also auch Veränderungen im Verhalten von Vätern zu beobachten sind, wenn ferner in Bezug auf bestimmte Rollensegmente der Entdifferenzierungsprozess begonnen hat, nämlich die Aufhebung der Zuordnung von expressivem = mütterlichem versus instrumentellem = väterlichem Rollenverhalten, so ist damit aber die polare Anordnung der Vater- und Mutter-Rolle gerade im Hinblick auf die ihnen zugeordneten Funktionen (...) weiterhin noch immer so stark normativ abgesichert, dass es verfrüht erscheint, von einem Wandel dieser familialen Rollen zu sprechen" (Nave-Herz 2007: 61). In diesem Sinne verweisen aktuelle Studien ebenfalls darauf, dass die faktische Umsetzung von Elternschaft vielmehr das Ergebnis einer „widersprüchlichen Modernisierung" (Kerschgens 2009) ist, bei der häufig trotz einer faktisch recht traditionellen Arbeitsteilung normativ eine komplexe Verbindung alter und neuer Deutungsmuster von Mütterlichkeit und Väterlichkeit zu erkennen ist.

Trotz dieser eher vorsichtigen Einschätzungen des tatsächlichen Wandels von Elternrollen, muss davon ausgegangen werden, dass der herrschende Diskurs auch die Wahrnehmung der Professionellen gegenüber Vätern und Müttern prägt. Es könnte sein, dass die tendenziell mittelschichtsorientierten Beschreibungen von ‚aktiver Vaterschaft' auch für Fachkräfte zu einer Art Messlatte geworden sind, an der sich Väter messen lassen müssen, unabhängig davon, ob dies vor dem Hintergrund gesellschaftlicher Rahmenbedingungen für Elternschaft und Familien eine realistische Zielvorgabe sein kann. So wird beispielsweise die gleichberechtigte Aufgabenverteilung zwischen Vätern und Müttern in ihrer Bedeutung als Vorbildfunktion gegenüber den Kindern und Jugendlichen betont (vgl. Krüger 2008). Gleichzeitig sollte das Wissen um die schwierigen Kontextbedingungen von Elternschaft und Familienleben gerade im Blick auf die Balance von Arbeit und Familie allzu hohe Erwartungen dämpfen.

3 Vaterschaft als Verständigungsaufgabe

Um zu verstehen, wieso Einstellungen und Verhaltensweisen von Vätern teilweise so stark auseinander liegen, muss der Kontext von Vaterschaft genauer betrachtet werden. In der folgenden Betrachtung von Vaterschaft geht es vorwiegend um die Kontextbedingungen der sozialen Vaterschaft, die eine biologische Vaterschaft nicht notwendigerweise voraussetzt. Letztere spielt zwar bei der Feststellung der Vaterschaft und der damit verbundenen Rechte und Pflichten vor allem bei nichtehelichen Kindern eine Rolle und besitzt hohe normative Aufladung. Die „Biologisierung der Vaterschaft im Recht" (Scheiwe 2006: 53) bei der rechtlichen Zuordnung der Vaterschaft steht jedoch im Gegensatz zu anderen Rechtsentwicklungen, die die Bedeutung sozialer Vaterschaft und Mutterschaft eher aufwerten (vgl. ebenda).

Bereits die Begriffe „soziale Vaterschaft" und „Vaterrolle" legen eine Theoretisierung von Vaterschaft aus einer sozialkonstruktivistischen Perspektive nahe. Diese ist beispielsweise anschlussfähig an bisherige interaktionstheoretisch-konstruktivistische Konzeptualisierung von Geschlecht, wie sie etwa von Goffman (1994) vorgelegt worden ist. Im Zentrum seiner Arbeiten stehen die Interaktionen und die Darstellung von Männlichkeit und Weiblichkeit sowie die normativen Zuweisungsakte für gesellschaftliche Plätze. Dabei richtet er seine Aufmerksamkeit nicht allein auf die Rollenerwartungen, sondern analysiert das institutionelle Arrangement der Geschlechter, die Geschlechterpolitik von Identitätszuschreibungen, in und mit denen die Geschlechter die soziale Ordnung ihrer Beziehungen herstellen. Daraus lässt sich folgern, dass auch das Vater- oder Muttersein die Bedeutung nicht in sich trägt, sondern erst in den jeweiligen Interaktionen erhält. Die soziale Konstruktion der Geschlechterwirklichkeit kann als Produkt beider Geschlechter verstanden werden, auch wenn sie aus strukturell ungleichen Positionen heraus ihren Beitrag dazu leisten. So lässt sich auch der dynamische Charakter der Vaterrolle erklären. Diese Dynamik ergibt sich nicht nur aus dem Wandel normativer Vorgaben, sondern auch aus den täglich stattfindenden „Interpretations- und Gestaltungsleistungen väterlicher Aufgaben, Verantwortungen und Beziehungen" durch Väter und Mütter selbst (Cyprian 2007: 23).

Um das Verhalten von Vätern zu verstehen, muss es als „Auseinandersetzung mit den verschiedenen zentralen Norm- und Taktgebern der Vaterrolle wahrgenommen und gedeutet" werden (ebenda: 38). Die eigene Biografie, hier vor allem das Erleben von Vaterschaft als Heranwachsender, die Partnerin, die Kinder, die Arbeitswelt, sozial transportierte Bilder von Vaterschaft, das soziale Milieu sowie die institutionellen Bedingungen von Vaterschaft fließen in diese Auseinandersetzung mit ein. Die hohe Variabilität von Vaterrollen lässt den Schluss zu, dass es sich bei der Vaterrolle vergleichsweise um ein „defensives Verhaltensmuster" (ebenda: S. 32) handelt, bei dem sowohl Quantität als auch Qualität dieses Musters von den vorgenannten ‚Taktgebern' abhängig sind.

Ein solches interaktionstheoretisch-konstruktivistisches Verständnis von Elternrollen ist darüber hinaus anschlussfähig an ein theoretisches Verständnis von Familie, wie es erstmals in den 1970er Jahren von Mollenhauer/Brumlik/Wudke (1975) ausgearbeitet worden ist, indem die Familie als ein Lernfeld und Familienerziehung als Kommunikation zwischen dem Elternsystem und zwischen dem Eltern-Kind-System gefasst werden. Demnach stellen sich die in den Erziehungshilfen wiederkehrenden familialen Konflikte als Interaktionsprobleme innerhalb dieser Systeme und zwischen den Systemen dar (vgl. ebenda). Neuerdings wird dieser Ansatz unter dem Begriff „Familie als Herstellungsleistung" (Schier/Jurczyk 2007) auch um den Aspekt des Wandels familialer Lebenswelten ergänzt und bietet eine fruchtbare theoretische Basis für die Betrachtung von und die Arbeit mit Familien: „Familie wandelt sich aufgrund eines gesellschaftlichen Wandels von einer selbstverständlichen, quasi naturgegebenen Ressource zu einer zunehmend voraussetzungsvollen Aktivität von Frauen, Männern, Kindern, Jugendlichen und älteren Menschen, die in Familien leben bzw. leben wollen. Familie als Herstellungsleistung fokussiert zum einen auf die Prozesse, in denen im alltäglichen und biographischen Handeln Familie als gemeinschaftliches Ganzes permanent neu hergestellt wird

(„Doing Family"), zum anderen auf die konkreten Praktiken und Gestaltungsleistungen der Familienmitglieder, um Familie im Alltag lebbar zu machen" (ebenda: 10).

Dass diese Herstellungsleistungen nicht notwendigerweise das Zusammenleben der Familie voraussetzen, wie dies etwa bei Trennungs- und Scheidungsfamilien der Fall ist, zeigt sich in der Empirie am Beispiel der Erziehungseinstellungen von Vätern: Durch alle Väterinterviews hinweg erscheinen Einigkeit und Geschlossenheit im Elternsystem gegenüber den Kindern als eine der wichtigsten Voraussetzungen einer gelingenden Erziehung (vgl. Sabla 2009). Einigkeit in Erziehungsfragen muss in partnerschaftlichen Interaktionen im erzieherischen Alltag, aber auch über Distanzen stets hergestellt werden. Diese Geschlossenheit soll eine erzieherisch günstige Situation herstellen, auch und ganz besonders dann, wenn die Eltern getrennt leben. Einigkeit in den Erziehungsfragen als angestrebte Norm wird in nahezu allen Interviews thematisiert, und zwar immer dann, wenn die Väter gefragt worden sind, was ihnen „besonders wichtig" in der Erziehung ist. Mögliche Versuche des Kindersystems, die Eltern dabei ‚gegeneinander auszuspielen', werden als eine latente Bedrohung und kontinuierliche Bewährungsprobe für Väter und Mütter verstanden (ebenda).

4 Väterrollen aus der Sicht der Väter

Ausgangspunkt einer lebensweltlichen Perspektive auf Vaterschaft, wie sie Zugänge für eine sozialpädagogische Betrachtung und professionelle Bearbeitung familiärer Belastungssituationen erst ermöglicht, ist eine theoriegeleitete Fokussierung auf die subjektiven Beschreibungen und Deutungsmuster der Väter. In ähnlicher Weise versucht eine sozialpädagogisch fokussierende Familienforschung (Knuth/Sabla/Uhlendorff 2009), die familialen Lebenskonzepte von Müttern und Vätern zu untersuchen und dabei die Entwicklung und Reflexion von Familienkonzepten als zentralen Aspekt von familialen Bildungsprozessen empirisch zu rekonstruieren. Im Rahmen einer durchgeführten Pilotstudie hat sich gezeigt, dass die einzelnen Familienmitglieder teilweise sehr konkrete Vorstellungen vom familialen Miteinander und den eigenen Rollen haben und dass sie diese in ihren alltäglichen Interaktionen immer wieder auch neu verhandeln (ebenda). Ein großes Manko der bisherigen Väterforschung ist die ungenügende Abbildung der Komplexität der Vaterrolle (vgl. Cyprian 2007). Häufig fließen nur die Beiträge der Väter in die Betrachtung mit ein, die sich von außen als objektiv beobachtbar und vergleichbar messen lassen (etwa die direkte Zeit, die mit Erziehung und Pflege der Kinder verbracht wird), ohne dass dabei jedoch die indirekten Leistungen wie etwa Rituale beim Zubettbringen der Kinder in ihrer Bedeutung für das Familienleben erkannt werden. Wie in der Aufarbeitung des Forschungsstandes gezeigt werden kann, sind Väter in erster Linie in ihrer Funktion als direkte Ernährer der Familie und für die Sozialisation untersucht worden (vgl. ebenda).

Einen hilfreichen Versuch, demgegenüber „erlebte Vaterschaft" zu konzeptualisieren, stellt das „Konstanzer Väterinstrument (KOVI)" (Wenger-Schittenhelm/Walter 2002) dar. Es handelt sich um einen Fragebogen zum Erleben von Vaterschaft von Männern mit Kindern im Alter von drei bis sechs Jahren. In Anlehnung daran wurde auch im Rahmen der durchgeführten Studie zu Vaterschaft und Erziehungshilfen für die Selbsteinschätzung der interviewten Väter der Begriff „selbstperzipierte väterliche Kompetenz" gewählt (Wenger-Schittenhelm/Walter 2002: 421). Der Fragebogen dient der Erfassung der Vateridentität in Verbindung mit der Erzieherrolle, indem z. B. nach der erzieherischen Kompetenz, der Beziehung zum Kind, der Zeit für gemeinsame Aktivitäten, den bereichernden und den belastenden Aspekten von Vaterschaft gefragt wird. Diese selbstzugeschriebenen Kompetenzen oder Ressourcen werden definiert als „das Ergebnis eines Selbstbewertungsprozesses, dessen Gegenstand die Qualität der Erfüllung der mit der Vaterrolle verbundenen Anforderungen und Aufgaben ist" (ebenda). Eine solche Differenzierung der väterlichen Selbstbeschreibungen gibt nach verschiedenen inhaltlichen Bereichen auch Aufschluss darüber, ob das Konstrukt „selbstperzipierte väterliche Kompetenz" bereichsspezifisch oder global zu konzeptualisieren ist (vgl. ebenda). Damit wird die bereits skizzierte Theoretisierung von Vaterschaft um einen weiteren Punkt ergänzt. Demnach beruhen soziale Rollen nicht nur auf den Erwartungen und Normen der Umwelt an den Inhaber oder die Inhaberin dieser Position sondern auch auf den Bewertungen der eigenen Handlungsentwürfe. In der Empirie stellen sich solche teils selbstkritischen Schilderungen recht unterschiedlich dar, auch wenn es in Teilen weite Übereinstimmung zwischen den Interviewten gibt (vgl. Sabla 2009) Interessanterweise spielen die sozialwissenschaftlich viel diskutierte Funktion des Ernährers und die damit anhängenden Diskurse innerhalb dieser Selbsteinschätzungen eine geringe Rolle. Der Vater als Ernährer und vorwiegend materieller (direkter) Versorger der Familie ist für viele Väter zwar impliziter Bestandteil der vorstrukturierenden Momente familialer Aufgabenteilung und Erwerbstätigkeit, wird aber von den Interviewten nicht als explizit väterliche Aufgabe oder Kompetenz beschrieben (ebenda). Viel bedeutsamer scheinen hier eher indirekte Leistungen des Vaters als Verteidiger seiner Kinder gegenüber Schule und anderer zu sein sowie seine Rolle als Versorger im Sinne der Herstellung von Kontakten zu Ausbildungsstellen oder ähnlichem, was der (beruflichen) Zukunft der Kinder dienen soll. Eine zentrale Rolle spielt dabei für fast alle Väter die Selbsteinschätzung als Erziehende, als jemand, der in seinem Verhalten ein Vorbild ist und aktiv erzieht. In diesem Zusammenhang präsentieren sie sich Väter mit konkreten Erziehungsvorstellungen, deren Realisierung u.a. durch die Inanspruchnahme einer Hilfe zur Erziehung unterstützt werden soll (vgl. ebenda). Wie defensiv dieses Verhaltensmuster und die damit verbundene (Selbst)Zufriedenheit der Väter ist, zeigt sich in ihren Berichten über die Interaktionen mit ihren Kindern: Noch vor der erfragten Selbsteinschätzung folgt in zahlreichen Interviews die berichtete Fremdeinschätzung durch die Kinder im Sinne von „Meine Kinder würden jetzt sagen (...)" (vgl. ebenda). Gerade vor dem Hintergrund der erzieherischen Schwierigkeiten, die Voraussetzung für die Akzeptanz einer Hilfe waren, kann festgestellt werden, dass für Väter, die sich in erster Linie über ihre Funktion als Erziehende identifizieren, ein fortwährendes Abweichen der Kinder von den väterlichen Erziehungszielen einen massiven Angriff auf ihr Rollenverständnis darstellt.

5 Beteiligung aus der Sicht der Väter

Einen Schwerpunkt der nun mehrfach zitierten Studie bildet die Analyse der Beschreibung der Väter des „Eingebundenseins" in und der väterlichen Erwartungen an den Hilfeprozess (vgl. Sabla 2009). Ausgangspunkt der jeweiligen Hilfeform sind unterschiedliche Belastungen, von denen die Väter im Zusammenhang mit erzieherischen Schwierigkeiten berichten. Trotz der wohl faktisch sehr unterschiedlichen Stadien der empfangenen Hilfen lässt sich durch einen synoptischen Vergleich des empirischen Materials erkennen, dass es zwei Merkmale sind, die sich zunächst theoretisch verbinden lassen, um sie dann empirisch zu füllen: Zum einen sind es die Erwartungen der Väter an das Helfersystem, zum anderen die subjektive Einschätzung des Eingebundenseins in die jeweilige Hilfe, die über ein gelungenes „Passungsverhältnis" von Hilfe und Adressat entscheiden. In einem ersten Analyseschritt hat sich dabei herauskristallisiert, dass sich eine ganze Reihe von Interviews durch vergleichsweise hohe Erwartungen an die helfenden Institutionen auszeichnen. Hohe Erwartungen drücken sich aus in Vorstellungen davon, dass die Kinder- und Jugendhilfe in hohem Maß etwas zur Lösung der jeweiligen Schwierigkeiten beitragen kann. Damit verbunden sind auf unterschiedlichem Reflexionsniveau Vorstellungen von der Art und Umfang sowie dem Ziel der Hilfe. Zu den genannten Institutionen gehören interessanterweise vor allem die Schule und das Jugendamt als Vertreter der Kinder- und Jugendhilfe, nur selten werden z.B. freie Träger genannt. Die übrigen Fälle zeichnen sich dadurch aus, dass sie kaum oder keine Erwartungen an institutionelle Helfersysteme formulieren, auch wenn erzieherische Schwierigkeiten ausführlich beschrieben worden sind. Um diesen Unterschied verstehen zu können, hat es sich in einem zweiten Analyseschritt als notwendig erwiesen, die Interviews dahingehend zu untersuchen, inwieweit die sich die Väter subjektiv als eingebunden in den Hilfeprozess erleben. Das Eingebundensein (in Anlehnung an das „Involvement“ im Englischen) stellt sich theoretisch aus zwei verschiedenen Blickwinkeln dar: Einerseits aus der eigenen Leistung, sich aktiv einzubringen und zu partizipieren, andererseits aus der Präsenz des Helfersystems im Sinne eines „passiven Eingebundenwerdens“. Diejenigen, die sich als stark eingebunden in den Hilfeprozess beschreiben, stehen in engem Kontakt zu den genannten Institutionen (Schule, Jugendamt, freie Träger der Kinder- und Jugendhilfe) bzw. zu den helfenden Personen und können diese teilweise namentlich nennen. Das Helfersystem wird insgesamt als hoch präsent empfunden. Die andere Gruppe von Vätern erlebt die Interaktion mit den Institutionen aus einer gewissen Distanz heraus: Sie beschreiben sich als subjektiv wenig eingebunden in den gesamten Hilfeprozess, das Helfersystem wird als wenig präsent empfunden.

Diese beiden Perspektiven – die Perspektive auf das Niveau des Eingebundenseins und die auf das Niveau der Erwartungen – lassen sich zur Konstruktion eines Merkmalsraums miteinander verknüpfen. Für diesen Merkmalsraum lassen sich theoretisch vier Deutungsmuster konstruieren, die mit Hilfe des Materials inhaltlich beschrieben werden konnten.

Tabelle 1: Merkmalsraum hinsichtlich des Eingebundenseins in den Hilfeprozess und der Erwartungen an das Helfersystem

Subjektives Eingebundensein in den Hilfeprozess → Erwartungen an das institutionelle Helfersystem	**Hoch**	**Niedrig**
Hoch	Die zufriedenen Kunden (6 Fälle)	Die unzufriedenen Kunden (4 Fälle)
Niedrig	Die Opfer (2 Fälle)	Die Resignierten (2 Fälle)

Bei dem Versuch, die Fälle dem theoretisch konstruierten Vierfelderschema zuzuordnen, fällt auf, dass sich die überwiegende Zahl der Fälle durch hohe Erwartungen an das Helfersystem auszeichnen. Bezogen auf ihre Erwartungshaltung können alle diese Fälle übergreifend als „Kunden“ bezeichnet werden. In den Beschreibungen der Väter spiegelt sich ein ausgeprägtes Verständnis des professionellen Helfersystems als Dienstleistung wider, das ihnen gegenüber zur Dienstleistung verpflichtet ist (vgl. Uhlendorff et al. 2006). Die Fälle unterscheiden sich aber hinsichtlich der subjektiven Einschätzung des Eingebundenseins in den Hilfeprozess und der wahrgenommenen Präsenz des Helfersystems signifikant. Dies drückt sich vor allem in der Zufriedenheit der Väter bezüglich des Verhältnisses zu professionellen Hilfen aus.

Die Väter, die sich dem Deutungsmuster „zufriedene Kunden" zuordnen lassen, haben hohe Erwartungen an die professionellen Helfersysteme. Sie setzen hohes Vertrauen in die Leistungsfähigkeit des Systems und treten bezüglich ihrer Erwartung als Kunden auf: Sie „beauftragen" die Institutionen und geben in Teilen vor, welche Ziele erreicht werden sollen. Gleichzeitig beschreiben sie sich als stark eingebunden in den gesamten Hilfeprozess und suchen aktiv den Kontakt zu professionellen Helfer_innen und äußern sich hinsichtlich der Kontakt-Dichte und der Qualität des Kontaktes zufrieden (vgl. Sabla 2009). In gleicher Weise äußern die Väter, die sich dem Deutungsmuster „unzufriedene Kunden" zuordnen lassen, hohe Ansprüche an die professionelle Hilfe. Allerdings zeigen sich diese Väter hinsichtlich des eigenen Eingebundenseins in den Hilfeprozess oder hinsichtlich der Präsenz des Helfersystems unzufrieden (vgl. ebenda).

Diejenigen Väter, die kaum oder keine Erwartungen an die professionelle Hilfe formulieren, aber trotzdem eine hohe Präsenz solcher Helfersysteme erleben, beschreiben sich als „Opfer" eines Hilfeprozesses, während die Präsenz der Hilfe als Zwang oder Kontrolle erlebt wird. In beiden Fällen handelt es sich um alleinerziehende Väter, die jede Hilfe als „Angriff" ablehnen (ebenda: 176). Der resignierte Typ beschreibt sich als aktuell wenig in ein institutionelles Helfersystem eingebunden und hat gleichzeitig keine Erwartungen hinsichtlich einer möglichen Unterstützung. Die Resignation ergibt sich teilweise aus gemachten Erfahrungen mit professionellen Helfersystemen, die Anlass sind für das Deutungsmuster „Uns ist nicht mehr zu helfen", so dass nach negativen Erfahrungen überlegt wird, die überwiegend elternzentrierten Schwierigkeiten ohne weitere fremde Hilfe zu bewältigen (ebenda: 178). Es kann hier davon ausgegangen werden, dass die letztgenannten Fälle erst über eine längere Phase der Hilfe zu den „resignierten" Vätern geworden sind. Insgesamt lässt sich für das gewählte Sample jedoch feststellen, dass die Zahl derjenigen überwiegt, die hohe Erwartungen an die Kinder- und Jugendhilfe stellen und größtenteils dies durch aktive Mitwirkung signalisieren (vgl. ebenda: 180). Aus den Darstellungen der Väter lässt sich aber auch ablesen, dass sie mit einer Dienstleistungsorientierung die einzelnen Einrichtungen überfordern. Einerseits tun sie dies, indem sie teilweise sehr hohe Maßstäbe anlegen, was die Kooperation der einzelnen an der Erziehung beteiligten Institutionen (Schule und Jugendamt) untereinander betrifft, was nochmal ein anderes Licht auf die vielfach geforderte Zusammenarbeit von Jugendhilfe und Schule wirft. Andererseits fordern diese Väter Kinder- und Jugendhilfe heraus, indem sie ein

Scheitern der Hilfe als nicht akzeptabel empfinden, weil das Attribut „professionell“ fast schon gleichgesetzt wird erfolgreich (vgl. ebenda: 188).

6 Professionelle Unterstützung und Ermöglichung von Elternschaft

Um die einleitenden These dieses Beitrags, dass der gesellschaftliche Wandel von Familien viel mehr zu veränderten Erwartungshaltungen gegenüber Vätern und Müttern beiträgt, als dass er die Elternrollen tatsächlich verändert, aufzugreifen, muss gesagt werden, dass mit dieser Annahme die überwiegend sozialwissenschaftlich geführten Analysen bezüglich des Wandels von Elternrollen nicht weniger relevant werden. Im Gegenteil versucht dieser Beitrag aufzuzeigen, dass dieser beschriebene Wandel sowohl für Adressatinnen und Adressaten der Erziehungshilfe als auch für die dort Tätigen weitreichende Implikationen haben kann. Auch die weniger sozialwissenschaftlich vorinformierten Adressatinnen und Adressaten erleben den gesteigerten Druck auf und die damit verbundenen Erwartungen an Mütter und Väter, denen gerecht zu werden nicht nur denjenigen Familien schwerfallen dürfte, die sich durch vielschichtige Belastungen des Familienlebens auszeichnen. Gleichzeitig könnten diese Erwartungen den Blick der Fachkräfte auf die Familien, mit denen sie arbeiten, verändern. So manche Fachkraft mag sich schon gefragt haben, wann denn diese „neuen Väter“ auch in ihren Familien ankommen werden. Dabei zeigt sich bei genauerer Betrachtung der aktuellen Väterforschung, dass diese neue Vaterschaft ein Trend ist, der sich vor allem auf der Einstellungsebene der Väter zeigt, während sich das Verhalten eines Großteils der Väter vergleichsweise langsam verändert. Hier gilt es, die eigenen, die gesellschaftlichen Vorstellungen von Vaterschaft und Mutterschaft sowie die Vorstellungen der Adressat_innen zu reflektieren. Ebenso wichtig ist es, die Gründe für die Widersprüche, die sich zwischen väterlichem Verhalten und Einstellungen zeigen, nicht zu individualisieren. Wie hier nur in Ansätzen gezeigt werden konnte, sind sowohl Vaterschaft als auch Mutterschaft eingebunden in weitreichende soziale Kontexte, die eine gelungene Aushandlung und Realisierung elterliche Sorge und Erziehung zunehmend erschweren. Hier müssen Hilfen zur Erziehung Müttern und Vätern helfen, für die Suche nach geschlechtergerechten Lösungen und bei der Balance von Familie und Beruf individuelle Antworten zu finden.

Eine interaktionstheoretische Betrachtung von Familie und Elternschaft im Sinne des „doing family“ eröffnet nicht nur den Blick für täglich stattfindende Aushandlungsprozesse innerhalb der Familie, sondern macht sich stark dafür, die Interaktions- und Kommunikationsfähigkeit der Beteiligten im Konfliktfall professionell zu unterstützen und zu ermöglichen. Hier würde eine frühzeitige Parteinahme für einen Teil der Eltern das Konfliktpotential gegebenenfalls nur erhöhen. Wie sich durch die Empirie gezeigt hat, zeigen auch die Väter, die aufgrund von Trennung und Scheidung getrennt leben von ihren Kindern, den Wunsch nach einer gemeinsamen Verständigung über die Erziehung, auch wenn dies den einzelnen Elternteilen und auch den Fachkräften ein hohes Maß an Einsatz abverlangt.

Es zeigt sich bei der Betrachtung der gegenwärtigen Familienforschung, dass lebensweltliche Aspekte von Vaterschaft, Mutterschaft und Familie zunehmend in das Zentrum rücken. Dies ist vor allem für die Bearbeitung familialer Belastungssituationen hilfreich. Hier erscheint es ebenso dringlich wie sinnvoll, eine differenziertere, sozialpädagogische Betrachtung der Lebenssituation von Müttern und Vätern als AdressatInnen der Kinder- und Jugendhilfe über eine entsprechend Forschung zu realisieren. Darüber hinaus wäre es nach wie vor wünschenswert, die Rolle der Professionellen in den Erziehungshilfen für die elterlichen Aushandlungsprozesse zu untersuchen.

Literatur

Beckmann, Christof et al. (2009): Neue Familialität als Herausforderung der Jugendhilfe. neue praxis, Sonderheft 9/2009

Bereswill, Mechthild/Scheiwe, Kirsten/Wolde, Anja (2006): Vaterschaft im Wandel. Multidisziplinäre Analysen und Perspektiven aus geschlechtertheoretischer Sicht. Weinheim und München: Juventa

Bereswill, Mechthild (2006): Die Bedeutung der Vater-Sohn-Beziehung für die biographischen Selbstbilder männlicher Heranwachsender. In: Bereswill, Mechthild/Scheiwe, Kirsten/Wolde, Anja (Hrsg.): Vaterschaft im Wandel. Multidisziplinäre Analysen und Perspektiven aus geschlechtertheoretischer Sicht. Weinheim und München: Juventa, S. 155-170

Böhnisch, Lothar (2004): Männliche Sozialisation. Eine Einführung. Weinheim und München: Juventa

Bruhns, Kirsten (2004): Geschlechterforschung in der Kinder- und Jugendhilfe. Praxisstand und Forschungsperspektiven. Wiesbaden: VS Verlag

Bundesministerium für Familie, Senioren, Frauen und Jugend (BMFSFJ) (2005): Monitor Familiendemographie. Ausgabe Nr. 3 Väter und Vaterbilder in Deutschland. Berlin: Eigenverlag des BMFSFJ

Cyprian, Grudrun (2007): Väterforschung im deutschsprachigen Raum – ein Überblick über Methoden, Ergebnisse und offene Fragen. In: Mühling, Tanja/Rost, Harald (Hrsg.): Väter im Blickpunkt. Perspektiven der Familienforschung. Opladen und Farmington Hills: Barbara Budrich

Hartwig, Luise (2004): Erziehungshilfen in Zeiten des Gender Mainstreaming. In: Bruhns, Kirsten (Hrsg.): Geschlechterforschung in der Kinder- und Jugendhilfe. Praxisstand und Forschungsperspektiven. Wiesbaden: VS , S. 203-218

Goffman, Erving (1994): Interaktion und Geschlecht. Frankfurt/Main: Campus Verlag

Kaufmann, Franz-Xaver (1995): Zukunft der Familien im vereinten Deutschland. Gesellschaftliche und politische Bedingungen. München: Schriftenreihe des Bundeskanzleramtes, Bd. 16.

Kerschgens, Anke (2009): Die widersprüchliche Modernisierung der elterlichen Arbeitsteilung. Alltagspraxis, Deutungsmuster und Familienkonstellation in Familien mit Kleinkindern, Wiesbaden: VS

King, Vera (2006): Vater-Tochter-Beziehungen. Symbolische Repräsentanz und familiale Interaktion. In: Bereswill, Mechthild/Scheiwe, Kirsten/Wolde, Anja (Hrsg.): Vaterschaft im Wandel. Multidisziplinäre Analysen und Perspektiven aus geschlechtertheoretischer Sicht. Weinheim und München: Juventa, S. 137-154

Knuth, Nicole/Sabla, Kim-Patrick/Uhlendorff, Uwe (2009): Das Familienkonzeptmodell: Perspektiven für eine sozialpädagogisch fokussierte Familienforschung und -diagnostik. In: Beckmann, Christof et al. (Hrsg.): Neue Familialität als Herausforderung der Jugendhilfe. neue praxis, Sonderheft 9/2009, S. 181-194

Krüger, Helga (2008): Genderkompetenz im Kontext von Familie. In: Böllert, Karin/Karsunky, Silke (Hrsg.): Genderkompetenz in der Sozialen Arbeit. Wiesbaden: VS , S. 163-186

Maag, Regula/Reinfried, Hans-Werner (2008): Mangelnde Präsenz des Vaters bei Jungen und Mädchen – ein Aspekt der Jugenddelinquenz. In: Walter, Heinz (Hrsg.): Vater, wer bist du? Auf der Suche nach dem „hinreichend guten" Vater. Stuttgart: Klett-Cotta, S. 175-210

Matussek, Matthias (1998): Die vaterlose Gesellschaft: überfällige Anmerkungen zum Geschlechterkampf. Reinbek: Rowohlt

Matzner, Michael (2005): Väter – eine noch unerschlossene Ressource und Zielgruppe in der Sozialen Arbeit mit Kindern und ihren Familien. In: neue praxis, Heft 6/2005, S. 585-608

Meuser, Michael (2005): Vom Ernährer der Familie zum ‚involvierten' Vater? Zur am-bivalenten Modernisierung von Männlichkeit. In: Heinz, Marion/Kuster, Friederike (Hrsg.): figurationen, gender, literatur, kultur – vaterkonzepte; 6. Jg. 2005. Köln, Weimar, Wien

Mitscherlich, Alexander (1963): Auf dem Weg zur vaterlosen Gesellschaft. Ideen zur Sozialpsychologie. München: Piper

Mollenhauer, Klaus/Brumlik, Micha/Wudke, Hubert (1975): Die Familienerziehung. München: Juventa

Mühling, Tanja/Rost, Harald (Hrsg.) (2007): Väter im Blickpunkt. Perspektiven der Familienforschung. Opladen und Farmington Hills: Barbara Budrich

Nave-Herz, Rosemarie (2007): Familie heute. Wandel der Familienformen und Folgen für die Erziehung. Darmstadt: Wissenschaftliche Buchgesellschaft

Oelkers, Nina (2011): Eltern und Elternschaft. In: Otto, Hans-Uwe/Thiersch, Hans (Hrsg.): Handbuch Soziale Arbeit. 4., völlig neu bearbeitete Auflage. München/Basel: Ernst Reinhardt Verlag, S. 306-312

Rohrmann, Tim (2009). Gender in Kindertageseinrichtungen. Ein Überblick über den Forschungsstand. München: Deutsches Jugendinstitut

Sabla, Kim-Patrick (2009): Vaterschaft und Erziehungshilfen. Lebensweltliche Perspektiven und Aspekte einer gelingenden Kooperation. Weinheim und München: Juventa

Scherr, Albert (2010): Männer als Adressatengruppe und Berufstätige in der Sozialen Arbeit. In: Thole, Werner (Hrsg.): Grundriss Soziale Arbeit. Ein einführendes Handbuch. 3., überarbeitete und erweiterte Aufl., Wiesbaden: VS, S. 559-568

Scheiwe, Kirsten (2006): Vaterbilder im Recht seit 1900. Über die Demontage väterlicher Vorrechte, Gleichberechtigung, Gleichstellung nichtehelicher Kinder, alte und neue Ungleichheiten. In: Bereswill, Mechthild/Scheiwe, Kirsten/Wolde, Anja (Hrsg.): Vaterschaft im Wandel. Multidisziplinäre Analysen und Perspektiven aus geschlechtertheoretischer Sicht. Weinheim und München: Juventa, S. 37-56

Schier, Michaela/Jurczyk, Karin (2007): „Familie als Herstellungsleistung" in Zeiten der Entgrenzung. Aus Politik und Zeitgeschichte Heft 34/2007, S. 10-17

Uhlendorff, Uwe et al. (2006): Sozialpädagogische Familiendiagnosen. Deutungsmuster familiärer Belastungssituationen und erzieherischer Notlagen in der Jugendhilfe. Weinheim und München: Juventa

Wenger-Schittenhelm, Helge/Walter, Heinz (2002): Das Konstanzer Väterinstrument. Ein Fragebogen zu erlebter Vaterschaft. In: Walter, Heinz (Hrsg.): Männer als Väter. Sozialwissenschaftliche Theorie und Empirie. Gießen: Psychosozial-Verlag

Walter, Heinz (Hrsg.) (2008): Vater, wer bist du? Auf der Suche nach dem „hinreichend guten" Vater. Stuttgart: Klett-Cotta

Autorinnen und Autoren

Andresen, Sabine, Prof. Dr., Professorin für Sozialpädagogik und Familienforschung am Fachbereich Erziehungswissenschaften des Instituts für Sozialpädagogik und Erwachsenenbildung der Goethe Universität Frankfurt am Main. Arbeitsschwerpunkte: Kindheits- und Jugendforschung, Familienforschung, Geschichte der Sozialpädagogik, Historische Bildungsforschung, Internationale Reformpädagogik, Geschlechterforschung.
Kontakt: S.Andresen@em.uni-frankfurt.de

Bertram, Birgit, Prof. Dr., Professorin für Soziologie und Sozialpsychologie an der Katholischen Hochschule für Sozialwesen Berlin. Arbeitsschwerpunkte: Erzieherische Hilfen in der teilstationären und stationären Kinder- und Jugendhilfe, Familien- und lebensformbezogene Soziale Arbeit, Soziologische Grundlagen der Sozialen Arbeit mit dem Schwerpunkt familien- und kindheitssoziologische Fragestellungen.
Kontakt: birgit.bertram@khsb-berlin.de

Böllert, Karin, Prof. Dr., Professorin für Erziehungswissenschaft mit dem Schwerpunkt Sozialpädagogik am Institut für Erziehungswissenschaft, Abtlg. II: Sozialpädagogik der Westfälischen Wilhelms-Universität Münster. Arbeitsschwerpunkte: Theorien der Sozialen Arbeit, Soziale Arbeit/Sozialpolitik und sozialer Wandel, Kinder- und Jugendhilfe, Disziplin- und Professionspolitik.
Kontakt: kaboe@uni-muenster.de

Braches-Chyrek, Rita, Dr., Wissenschaftliche Mitarbeiterin am Institut für Sozialpädagogik und Sozialpolitik, Abteilung Bildungs- und Sozialwissenschaften der Bergischen Universität Wuppertal. Arbeitsschwerpunkte: Theorie und Geschichte Sozialer Arbeit, Kindheits- und Geschlechterforschung.
Kontakt: braches@uni-wuppertal.de

Brändel, Birte/Voigt, Anna/Voigt, Sarah, Studentinnen im Diplomstudiengang Erziehungswissenschaft (Arbeitsbereich Sozialpädagogik) an der Westfälischen Wilhelms-Universität Münster.
Kontakt: b.braendel@web.de, a.voigt@uni-muenster.de, s_voigt1@gmx.de

Buschhorn, Claudia, Diplom-Pädagogin, wissenschaftliche Mitarbeiterin im Projekt „Guter Start ins Leben" an der Westfälischen Wilhelms-Universität Münster.
Kontakt: buschhor@uni-muenster.de

Fegter, Susann, Dr. phil, wissenschaftliche Mitarbeiterin am Institut für Sozialpädagogik und Erwachsenenbildung der Goethe Universität Frankfurt a.M. sowie am LOEWE-Forschungszentrum „Individual Development and Adaptive Education of Children at Risk" (IDeA). Arbeitsgebiete: Kindheits-, Familien und Geschlechterforschung (Kinderarmut, Wohlergehen von Kindern, Diskurse um Jungen als Bildungsverlierer, Pädagogik und Differenz, Diskursanalyse nach Foucault
Kontakt: S.Fegter@em.uni-frankfurt.de

Hüning, Johannes, Dr. Phil., Diplom-Pädagoge und Diplom-Sozialpädagoge (FH), leitender Mitarbeiter eines katholischen Trägers Sozialer Arbeit, Lehrbeauftragter am Institut für Erziehungswissenschaft (Arbeitsbereich Sozialpädagogik) an der Westfälischen Wilhelms-Universität Münster.
Kontakt: j.huening@t-online.de

Meuser, Michael, Prof. Dr., Lehrgebiet Soziologie der Geschlechterverhältnisse an der Fakultät für Erziehungswissenschaft und Soziologie, Institut für Soziologie an der Technischen Universität Dortmund.
Kontakt: michael.meuser@tu-dortmund.de

Nave-Herz, Rosemarie, Prof. em. Dr. Dr. h. c., Fakultät 4: Human- und Gesellschaftswissenschaften, Soziologie der Carl von Ossietzky-Universität Oldenburg mit dem Schwerpunkt Familiensoziologie.
Kontakt: rosemarie.nave.herz@uni-oldenburg.de

Oelkers, Nina, Prof. Dr., Lehrgebiet Soziale Arbeit und Devianz an der Hochschule Vechta, Institut für Soziale Arbeit, Bildungs- und Sportwissenschaften (ISBS). Arbeitsschwerpunkte: Wohlfahrt und Wohlergehen, Punitivität und Devianzkontrolle, Transformationsprozesse Sozialer Arbeit.
Kontakt: nin.oelkers@uni-vechta.de

Peter, Corinna, Dr. Phil., Diplom-Pädagogin, Diplom-Sozialarbeiterin (FH) Wissenschaftliche Mitarbeiterin am Institut für Erziehungswissenschaft, Abteilung II – Arbeitsbereich Sozialpädagogik an der Westfälischen Wilhelms-Universität Münster. Arbeitsschwerpunkte: Kinder- und Jugendhilfe, Hilfen

zur Erziehung, familiale Transformationsprozesse, Soziale Arbeit als Organisation und Profession.
Kontakt: corinnapeter@uni-muenster.de

Pothmann, Jens, Forschungsverbund Deutsches Jugendinstitut e.V. Technische Universität Dortmund – Arbeitsstelle Kinder- und Jugendhilfestatistik.
Kontakt: jpothmann@fk12.tu-dortmund.de

Sabla, Kim-Patrick, Prof. Dr., Juniorprofessor für Soziale Arbeit mit Schwerpunkt Gender an der Universität Vechta.
Kontakt: kim-patrick.sabla@uni-vechta.de